beck **I**sche **reihe**

bsr

Dieses Buch ist eine Entdeckungsreise in die Geschichte, die politischen Verhältnisse und die Kultur Argentiniens, die stark von Europa geprägt ist. Politisch war Argentinien unabhängig, wirtschaftlich hing es jedoch von der damaligen Imperialmacht England ab. Denn wirtschaftlich bergauf ging es in Argentinien erst, als die Kühltechnologie erfunden wurde und gefrorenes Rindfleisch nach England verschifft werden konnte.

Wer Argentinien verstehen möchte, der muss in den Alltag des Landes eintauchen und in den Cafés von Buenos Aires verweilen, die eine eigene Atmosphäre ausstrahlen und die Stadt prägen. Auch im Tango werden die Cafés besungen, die Musik drückt die Melancholie eines ganzen Landes aus. Doch komplett wird ein Porträt Argentiniens nur, wenn beschrieben wird, warum die Argentinier anders Fußball spielen als die Europäer und warum ihre Vereine Namen tragen wie «River Plate».

Ingo Malcher ist Politikwissenschaftler und Journalist. Er lebte zehn Jahre als Korrespondent in Buenos Aires und schreibt u. a. für die *taz* und die *Süddeutsche Zeitung.*

Ingo Malcher

Tango Argentino

Porträt
eines Landes

Verlag C. H. Beck

Mit 1 Karte (S. 208 © Peter Palm, Berlin)

Originalausgabe

© Verlag C.H. Beck oHG, München 2008
Gesamtherstellung: Druckerei C.H. Beck, Nördlingen
Umschlagentwurf: +malsy, Willich
Umschlagbild: Schatten von Tangotänzern
© Bildagentur-online
ISBN 978 3 406 56805 3

www.beck.de

Inhalt

Gesellschaft

Vorwort und Gebrauchsanleitung

Das Fenster war geöffnet, auf der Straße Marcelo T. de Alvear hielten die Busse vor der roten Ampel, wenn sie losfuhren, kämpfte die Geschichtsprofessorin gegen den Lärm der Motoren an. So ging es im Minutenwechsel, als ich in Buenos Aires im Jahr 1996 zum Studium eingeschrieben war. Aus dem Lärm der Straße konnte ich das Wort «Frigorífico» herausfiltern und fragte mich, was ein Kühlhaus mit dem Seminar über die argentinische Geschichte zu tun hatte. Das Rätsel sollte sich später lösen.

Es war ein heißer Sommer, aus den Klimaanlagen tropfte das Kondenswasser auf die Straße, an den Kiosken kostete ein Mineralwasser oder eine Limonade mehr als in Deutschland. Bezahlt werden konnte mit Dollarscheinen oder Pesomünzen. Die argentinische Währung war zu dieser Zeit mehr wert als die damals noch existierende D-Mark. Es war die Zeit, als Präsident Carlos Menem eine Fantasieökonomie aufbaute. Privatisierung und Liberalisierung, Außenöffnung und eine starke Währung waren seine Rezepte – gepeppelt und gefördert von westlichen Managern und Experten. Der Zusammenbruch zum Jahreswechsel 2001/02 war vorprogrammiert.

Seither hat sich Argentinien verändert. Aus der Krise ist ein Land hervorgekommen, das selbstbewusster ist und sich anschickt, eine unabhängigere Außenpolitik zu betreiben. Im Inneren kann seit der Krise keine Regierung mehr die ungleichen sozialen Verhältnisse ignorieren. Zu stark sind die politischen Bewegungen geworden, die gelernt haben, dass ihre Stimme durchaus gehört wird. Veränderungen sind in Gang, wie weit reichend sie sein werden, hängt nicht zuletzt von den internationalen Verhältnissen ab und davon, als wie tragfähig sich die Konzepte der neuen Linken in Lateinamerika erweisen.

Argentinien ist ein Land voller Widersprüche. Da sind etwa die reichhaltige intellektuelle Produktion und der schlechte Zustand vieler staatlicher Schulen, vor allem in den abgelegenen Provinzen des Landes. Aber Argentinien ist auch ein Land der Illusionen, das sich in vielen Phasen seiner Geschichte Europa näher fühlte als seinen südamerikanischen Nachbarn. Doch es wäre zu einfach, dieses Bewusstsein, wie es oft geschieht, einfach mit der Arroganz seiner Bewohner abzutun.

Dieses Buch versucht, sich Argentinien anzunähern, seine Mysterien, Illusionen und Widersprüche zu beschreiben. Die Themen sind nicht willkürlich ausgewählt, sondern wurden bewusst ausgesucht. Die Abgeschiedenheit während der Kolonialzeit und die Einwanderungsgeschichte bieten einen Schlüssel zum heutigen Selbstverständnis. Der Peronismus ist in dem Land die wichtigste politische Bewegung der zweiten Hälfte des 20. Jahrhunderts und grundlegend für das Verständnis Argentiniens. Peronismus ist jedoch viel mehr als nur Partei. Er ist eine breite soziale und politische Bewegung die sich permanent verändert. Die Wirtschaftsgeschichte kann helfen bei der Analyse der periodisch wiederkehrenden Krisen. Die Probleme von Schwellenländern wie Argentinien entstehen nicht in einer Regierungszeit, sondern liegen vielmehr in ihrem historisch entstandenen Verhältnis der Abhängigkeit zu den Industrieländern. Illustriert werden die Themenkapitel von im Inhaltsverzeichnis kursiv gesetzten Reportagen, mit dem Ziel, bestimmte Aspekte besser auszuleuchten. Das Porträt des Landes setzt sich aus vielen unterschiedlichen Facetten zusammen, die am Ende hoffentlich ein Gesamtbild abgeben, das dann auch die Bedeutung des Kühlhauses in der argentinischen Geschichte erklärt.

Für Hilfe und Anregungen sei Beatrice Müller, Gerardo Fuksman und Rodolfo Yanzón gedankt.

Politik

Das Land der Widersprüche:
Von der Eroberung bis zu Juan Domingo Perón

Die große Gier
Die Eroberung des Río de la Plata

Der Río de la Plata nährt Illusionen. Silberfluss nannten ihn die spanischen Entdecker. Dabei glänzt der Fluss selbst im stärksten Sonnenlicht nicht silbern, sondern bleibt graubraun. Zu finden ist in ihm einiges, Holzplanken, Flaschen ohne Post, leere Plastikkanister. Doch was nie im Río de la Plata gefunden wurde, ist Silber. Die Geschichte der Eroberung des heutigen Argentinien durch die Spanier ist die Geschichte von Gier und Illusionen.

Man muss sie sich als waghalsige Einzelgänger vorstellen, die unbedingt Geschichte schreiben wollten, die Kapitäne, die im Dienst der spanischen Krone Richtung Südatlantik in See stachen. Ihre Reise führte sie in ein Meer, für das sie noch nicht einmal brauchbare Karten hatten. Sicher waren sie sich nur in der Annahme, dass am Ende ihrer Reise unbeschreibliche Reichtümer auf sie warten würden. Doch statt auf Reichtümer stießen sie im Gebiet des heutigen Argentinien auf den Widerstand der einheimischen Bevölkerung, sie fingen sich Krankheiten ein und litten an Hunger. Über 70 Jahre dauerte die Eroberung des Río de la Plata.

Es war im Oktober 1515, als der Portugiese Juan Díaz de Solís (1470–1516) mit zwei Schiffen den andalusischen Hafen von Sanlúcar de Barrameda verließ. Von der spanischen Krone hatte er den Auftrag, die heute zu Indonesien gehörenden Molukkeninseln zu besetzen. Das spanische Königshaus hoffte, dass es ihm dabei gelänge, den Atlantik und den Pazifik zu verbinden. Im Februar 1516 steuerte Solís in die bräunlichen Gewässer des heutigen Río de la Plata. Er war vermutlich der erste Europäer, der jemals diesen Fluss erreicht hatte. Er taufte ihn auf den Namen «Das Süße Meer». Aus welchen Gründen auch immer hielt der Seefahrer den trüben Fluss für die Route zu den sagenhaften Königreichen Orphir und Tarsis.

Am Ostufer des Flusses ging Solís vor Anker und ruderte am 2. Februar 1516 in Begleitung von nur sechs Seefahrern an Land. Was er nicht wusste: Vom Ufer aus hatte ihn eine Gruppe Einheimischer des Querandí-Stammes beobachtet und verfolgt, als er flussaufwärts kreuzte. Nach einem kurzen Gefecht zwischen den Seefahrern und der einheimischen Bevölkerung wurden Solís und seine Begleiter gefangen, getötet – und offenbar verspeist. Der Rest seiner Mannschaft kehrte daraufhin nach Spanien zurück.

Im Jahr 1526 hörte der Entdecker Sebastián Caboto in Brasilien Geschichten von den Reichtümern des «Süßen Meeres», an dessen Ende eine Silberwüste läge. Daraufhin ließ er frische Nahrungsmittel an Bord laden und segelte zur Mündung des «süßen Meeres». Wie schon zuvor Solís kreuzte Caboto den Fluss hinauf und bildete sich ein, auf der Spur großer Reichtümer zu sein. Er nannte den Fluss «Río de la Plata» – den «Silberfluss», obwohl auch er keinen einzigen Hinweis auf Silberschätze hatte.

Die Mystik des Flusses hielt die Spanier in ihrem Bann. Zwar hatte kaum einer je den Fluss gesehen, trotzdem vermutete die Krone in der Nähe des Río de la Plata unermessliche Reichtümer. Admiral Pedro de Mendoza (1499–1537) wurde damit beauftragt, diese zu erobern. Für diesen Beutezug wurde die größte Expedition ausgestattet, die bis dahin in die Neue Welt ausgelaufen war: 1500 Soldaten auf 14 Schiffen standen unter de Mendozas Befehl, dreimal mehr, als Hernán Cortés für die Eroberung Mexikos befehligte. Zuvor war in Peru Gold gefunden worden, und es herrschte nicht nur in Spanien große Euphorie wegen der Schätze der Neuen Welt.

Im Jahr 1536 erreichten die Eroberer Südamerika. De Mendoza ließ am Westufer des Río de la Plata ein Fort bauen und gründete damit einem Vorläufer von Buenos Aires. Die genaue Stelle der Siedlung ist unter Historikern umstritten. Am wahrscheinlichsten befand sie sich jedoch dort, wo heute der Parque Lezama im Viertel San Telmo liegt. De Mendoza taufte die Siedlung auf den Namen «Nuestra Señora del Buen Ayre». Die Referenz galt dem Wind, einem für europäische Seefahrer wichtigen Schutzpatron. An Land versuchten sich die Seefahrer in der Neuen Welt zurechtzufinden.

Im Juni 1536 kam es zur ersten kriegerischen Auseinandersetzung zwischen Eroberern und Einheimischen. 4000 Indígenas kämpften gegen 300 Spanier am Ufer des Luján-Flusses. Die Einheimischen waren mit Steinen bewaffnet und kannten die Gegend. Die Spanier ritten auf Pferden, hatten Gewehre und Schwerter und siegten bei diesem ersten Gefecht. Aber die Indígenas rächten sich. Sie belagerten die Festung. Die Europäer litten an Hunger, binnen 18 Monaten wurden sie um zwei Drittel dezimiert. Der bayerische Infanterist Ulrich Schmidl aus Straubing nahm an dieser Eroberungsexpedition teil. Er verfasste damals den ersten schriftlichen Bericht über Buenos Aires: «Nicht nur, dass wir Ratten, Mäuse, Schlangen oder Insekten essen mussten. Wir mussten unsere Schuhe und Leder und alles Mögliche verzehren.» Die Eroberer waren verzweifelt. Schmidl schreibt, dass drei Spanier aus Hunger ein Pferd stahlen, sie wurden gefoltert und gestanden, das Tier gegessen zu haben. Trotz des Geständnisses wurden die Diebe gehängt. Am nächsten Morgen fehlte den Gehenkten das Fleisch an den Oberschenkeln. Andere Bewohner hatten es den Toten abgeschnitten, um es zu essen.

Bald darauf verließ Mendoza die Neue Welt und segelte zurück Richtung Spanien. Er war an Syphilis erkrankt und starb noch auf der Rückreise. Auch er hatte am Silberfluss kein Silber gefunden, während die Eroberer in Peru, Mexiko und Mittelamerika ihre Truhen mit Gold füllten. Zurückgelassen in Buenos Aires hatte Mendoza 500 Europäer, die sich vom Ackerbau ernährten und alles, was sie zum Leben brauchten, selbst herstellen mussten. 1541 befahl der Vertreter der spanischen Krone im 1537 gegründeten Asunción, im heutigen Paraguay, die Auflösung der Siedlung von Buenos Aires. Ihre Bewohner ließen die Pferde frei und zogen nach Asunción.

Westliche Teile des heutigen Argentinien wurden von den Eroberern erst sechs Jahre später betreten. In Peru war die Eroberung zu diesem Zeitpunkt bereits abgeschlossen, und der spanische König gab drei großen Feldherren den Auftrag, in die Inka-Region Tucma vorzustoßen, welche die heutigen westlichen argentinischen Provinzen La Rioja, Tucumán, Salta und Jujuy umfasste. Die Eroberer vermuteten in der Gegend große Schätze, kehrten aber mit leeren Händen zurück. Nach ihnen kamen die spanischen Siedler, die aus Peru gekommen waren. Sie gründeten die Städte Santiago del

Estero (1556), Londres de Catamarca (1558), Mendoza (1561), San Juan (1562), Córdoba (1573), Salta (1582), La Rioja (1591) und San Luis (1596). All diese Städte ordneten sich in das koloniale System der spanischen Krone ein. Politisch hingen sie von der Hauptstadt der Kolonialgebiete Lima (heutiges Peru) ab und von Charcas (heute Sucre, Bolivien), wo die Königliche Audienz, die höchste Verwaltungseinheit der Spanier, ihren Sitz hatte. Ziel der Kolonialverwaltung war es, ihr Reich vom Pazifik bis zum Atlantik auszudehnen. Der Eroberer Jerónimo Luis de Cabrera (1528–1574) stieß im Auftrag des Vizekönigs Francisco Toledo Richtung Atlantik vor. Im Jahr 1573 gründete er die Stadt Córdoba, im heutigen Stadtteil Yapeyú.

Hafen ohne Rechte
Die zweite Gründung von Buenos Aires

Buenos Aires war zu dieser Zeit als Stadt noch nicht wiedergegründet worden. Das Potenzial des Hafens erkannte der Richter Juan de Matienzo, der in der Kolonialverwaltung in Charcas tätig war. Im Jahr 1566 schrieb er an den König, es sei nötig, den Hafen von Buenos Aires zu bevölkern, da die Bewohner dort durch den Handel sehr wohlhabend werden könnten. Angeführt von Juan de Garay, zog später eine Expedition von Asunción aus Richtung Buenos Aires. Garay war 14 Jahre zuvor in Peru angekommen und hatte an zahlreichen Eroberungsfeldzügen teilgenommen. Am 11. Juni 1580 gründete Garay Buenos Aires zum zweiten Mal. Noch am selben Tag ließ Garay die Beamten ihren Amtseid schwören. Danach zeichnete er auf einem Stück Kuhhaut einen Plan von der Stadt, wie er sie sich vorstellte. Er verteilte die darauf eingezeichneten Parzellen und gestand den Neubürgern das Recht zu, die Pferde einzufangen, die Jahre zuvor von den ersten Stadtgründern freigelassen worden waren.

Zentral war für Garay die Versorgung der neuen Stadt. Inzwischen gab es mehrere Städte in der Region, in den ersten Jahren erhielten die Siedler ihren Nachschub aus Asunción und Santa Fe. Garay selbst überlebte die Gründung der Stadt nur um drei Jahre. Im März 1583 wurde er während einer Reise nach Santa Fe von Querandíes umgebracht, als er mit seinem Konvoi das Nachtlager aufgeschlagen hatte. In ihren ersten 100 Jahren war Buenos Aires eine Barackensiedlung im Sumpfgebiet. Im Jahr 1600 zählte sie etwa 500 Einwohner, wobei die Zahl der Indígenas unbekannt ist. Die Stadt blieb an der Peripherie des spanischen Imperiums in der Neuen Welt. Die damaligen Zentren waren Lima und die Minen von Peru, die nächstgelegene Verwaltung saß in Asunción. Für die Spanier war Argentinien zunächst uninteressant. Zwar reichte das Kolonialreich mittlerweile vom Pazifik bis zum Atlantik. Doch Reichtümer wie Gold und Silber wurden im heutigen Peru und Bolivien gefördert, nicht am Río de la Plata. Auch war Buenos Aires lange nicht die wichtigste Stadt auf dem Gebiet des heutigen Argentinien. Wesentlich bedeutender waren Córdoba und Tucumán.

Buenos Aires war vielmehr das letzte Glied einer Kette, die von Peru an den Atlantik reichte und die Minen mit Nahrung, Maultieren und Kleidern versorgte. Das größte Problem der Stadt war, dass sie ihren Standortvorteil eines Atlantikhafens kaum nutzen konnte. Die Krone hatte Buenos Aires verboten, freien Außenhandel zu betreiben. Die Spanier wollten nicht ihre Seeherrschaft einsetzen, um die über den Atlantik segelnden Händler vor Piraten zu schützen. Jährlich bewilligte die Krone ein Schiff, um Güter zu liefern. Die meisten Waren kamen daher über die Karibik nach Panama, wurden dann auf dem Landweg zum Pazifik transportiert und nach Lima verschifft. Von Lima ging es dann wieder auf dem Landweg nach Buenos Aires. Dies hatte zur Folge, dass dort ein Hufeisen mehr kostete als ein Pferd. Es herrschte Mangel an so gut wie allen Produkten.

Daher blieb Buenos Aires vergleichsweise arm. Am hundertsten Gründungstag im Jahr 1680 zählte die Stadt 5000 Einwohner. Doch die Bewohner von Buenos Aires wussten sich zu helfen. Als Reaktion auf die schlechte Versorgungslage entwickelte sich ein blühender Handel mit Schmuggelware. Mit Beginn des 18. Jahrhunderts wurde Buenos Aires eines der größten Handelszentren Südamerikas, dank des Schmuggels. Alle Anstrengungen der spanischen Krone, Schmuggel und Schwarzhandel zu stoppen, scheiterten. Fremde Schiffe meldeten sich in Seenot und liefen in Buenos Aires ein. Nachts löschten sie ihre Ladung. Schlecht bezahlte Beamte konfiszierten illegale Güter, um sie ihren Eigentümern auf Scheinauktionen wieder zu verkaufen. Es dauerte lange, bis die spanische Krone einsah, dass sie den Schmuggel nicht kontrollieren konnte.

Doch längst zeichnete sich eine schleichende Katastrophe ab: Der Anteil der Indígenas an der Bevölkerung war dramatisch gesunken. Dies hatte mehrere Gründe. Zum einen gab es nach wie vor Gefechte zwischen einigen Indígenas und den Eroberern. Zum anderen zogen sich die Indígenas durch den Kontakt mit den Europäern Krankheiten zu, gegen die sie keine Abwehrkräfte besaßen. Die Einheimiscshen wurden von den Eroberern aus ihrer Umgebung herausgerissen und an Orten angesiedelt, wo sie leichter zum Katholizismus bekehrt werden konnten und wo ihnen einfacher Steuern abgenommen werden konnten, was die Gemeinschaften oftmals auseinanderriss.

Aufschwung in der Kolonie
Das Vizekönigreich La Plata

Die Gegend südlich von Buenos Aires blieb Wildnis und Indígena-Land und wurde von den Eroberern kaum je betreten. In den nördlicheren Landesteilen ging der Aufbau der Kolonie weiter voran. Im Jahr 1776 reformierte die Krone die Kolonialordnung und machte Buenos Aires zur Hauptstadt des Vizekönigreichs Río de la Plata, das sich vom heutigen Bolivien bis nach Paraguay und Uruguay erstreckte. Bald gab die Krone auch den Handel frei, Buenos Aires war damit an den Weltmarkt angeschlossen und konnte seinen Standortvorteil eines Atlantikhafens ausspielen. Der Handel sorgte für einen enormen Aufschwung in der Stadt: Die Straßen wurden gepflastert und beleuchtet, ein Krankenhaus wurde gebaut und ein Theater eröffnet. Ende des 18. Jahrhunderts standen in Buenos Aires acht Kirchen und ein Dom. Regelmäßig machten Schiffe im Hafen fest, auf denen neue Einwanderer ins Land kamen. Um 1800 lebten in Buenos Aires 38 000 Menschen, 14 000 mehr als noch 1778. In Córdoba wurden um diese Zeit zwischen 73 000 und 80 000 Einwohner gezählt. In Salta de Tucumán registrierte die Stadtverwaltung 1794 117 354 Einwohner.

Auch wenn die Einwohnerzahl wuchs, so blieb die Gesellschaft doch streng hierarchisch organisiert. Die politische Macht hatte die Kolonialverwaltung, Kirche und Militär hatten einen großen Einfluss. Der Besitz einer Familie wies ihr ihre Stellung in der Gesellschaft zu. Aber die Gesellschaft war nicht starr, sozialer Aufstieg war möglich. Besonders in Buenos Aires bildete sich eine Schicht der Händler und Kaufleute heraus. Im Jahr 1778 gaben 24 Prozent der Befragten an, Händler zu sein, 28 Prozent bezeichneten sich als Handwerker. Die Händler waren das Bindeglied zwischen den europäischen Märkten und den Märkten des Vizekönigreichs – eine sehr rentable Scharnierfunktion. Seit der Öffnung des Handels 1778 stieg der Export von Leder nach Europa sprunghaft an, ebenso wie der Import von Werkzeugen aus Europa. Für die größten Firmen in Buenos Aires war die Globalisierung des Handels längst Realität: Sie hatten alle einen Partner in der spanischen Hafenstadt Cádiz und einen Vertrauten in Charcas, wo das meiste Geld zu verdienen war.

Aber nicht nur die Stadt erlebte einen Boom, auch das Land. Es entstanden Betriebe, in denen Agrarprodukte verarbeitet wurden: Fleisch wurde durch Pökeln haltbar gemacht, aus Schafwolle wurden Stoffe gewebt, Früchte wurden eingekocht und zu Schnaps gebrannt. Um 1800 fingen die reichen Familien aus Buenos Aires damit an, enorme Ländereien für die Viehzucht zu kaufen. In der Landwirtschaft sahen sie eine Art Rückversicherung für ihre Handelsgeschäfte. Einige gingen dabei auf Nummer sicher und kauften Land in schon befriedeten Gegenden. Andere investierten in Farmen südlich von Buenos Aires, wo es noch immer Konflikte mit den Indígenas gab – und setzten damit stillschweigend darauf, dass diese bekämpft würden. Auf dem Land entstand eine Unterschicht aus Vagabunden. Geflüchtete Kriminelle, entflohene Sklaven und desertierte Soldaten lebten als Nomaden in der Pampa, folgten den Herden und töteten Rinder wegen des Fleisches und der Häute. Die Männer trugen Messer, ausgebeulte Hosen und spanische Hüte. Auch einen Namen hatten sie: «Gauchos», ihre Frauen wurden «Chinas» genannt. Den Männern eilte der Ruf voraus Spieler und Messerstecher zu sein, sie konnten reiten wie der Teufel.

Argentinien den Argentiniern!
Die Abnabelung von der Alten Welt

Der wirtschaftliche Aufschwung gab den Menschen ein neues Selbstbewusstsein. Die Criollos, in Südamerika geborene Nachfahren der Eroberer, betrachteten die von Spanien entsandten Beamten immer mehr als Fremde. In sämtlichen Kolonien in Lateinamerika ist seit Mitte des 18. Jahrhunderts eine Abnabelung von den spanischen Kolonialherren zu beobachten. Die Unabhängigkeit der englischen Kolonien in Amerika und die Französische Revolution in Europa veränderten die politischen Rahmenbedingungen. Die Krone reagierte und verbot die Lektüre der revolutionären Schriften von Rousseau und Montesquieu. Die Porteños, wie die Einwohner von Buenos Aires wegen des Hafens («puerto») bis heute heißen, interessierte das wenig. Sie verschlangen die illegale Lektüre. Durch Briefe von Verwandten in Europa erfuhren sie, dass die Französische Revolution die aristokratische Ordnung bedrohte.

Die Ereignisse in Europa sollten auch bald die Verhältnisse in den südamerikanischen Kolonien verändern. Nachdem Napoleon weite Teile Italiens erobert hatte, schickte er sich an, die Weltmacht der Engländer über die Meere zu brechen. Der spanische König Carlos IV. war durch den Frieden von Basel (1795) dazu gezwungen, Frankreich im Krieg gegen England zu unterstützen. Aber Carlos IV. fürchtete auch, von den Überseekolonien abgeschnitten zu werden, falls die Engländer als Seemacht zu stark würden. Doch die englische Übermacht auf dem Meer konnte auch die französisch-spanische Allianz nicht stoppen. Am 21. Oktober 1805 erlitten die Alliierten in der Schlacht von Trafalgar eine verheerende Niederlage. Spanien verlor dabei einen Großteil seiner Flotte und seinen Status als Seemacht. Die Schlacht sicherte England die Macht über die Weltmeere für ein weiteres Jahrhundert.

Ohnehin waren die Handelsverbindungen zwischen der Kolonialmacht und den Kolonien bereits seit 1796 häufig unterbrochen gewesen, weil die spanische Flotte an der Seite Frankreichs in Kriege eingreifen musste. Durch die Vernichtung eines Großteils der spanischen Flotte konnte das Königreich seine Kolonien nicht mehr versorgen, im Hafen von Buenos Aires vergammelten die Exportprodukte. Die Kolonien mussten sich die Werkzeuge für den Bergbau in den Minen des heutigen Peru und Bolivien von neutralen Schiffen liefern lassen. Dadurch verstärkten sich der Handel und der Kontakt zu anderen Nationen. Schiffe unter US-Flagge liefen die Häfen von Mexiko, Panama und Buenos Aires an. Schiffe aus England machten in kurzen Friedenszeiten in den Häfen Südamerikas fest. Nur die Schiffe einer Nation wurden im Hafen von Buenos Aires streng kontrolliert: die französischen. Die Kolonialbeamten fürchteten, die Franzosen könnten verbotene republikanische Schriften in die Region schmuggeln und so einen Aufstand schüren.

Auf allen Ebenen gab es Konflikte zwischen den neuen einfluss-reichen Familien in den Kolonien und den spanischen Herrschern. Die Criollos wollten sich immer weniger nach den spanischen Ge-setzen richten. Während einer Forschungsreise durch Venezuela, Mexiko und Peru (1799–1804) beobachtete auch Alexander von Humboldt diese Tendenz. Er sagte voraus, dass die Criollos in Amerika schon bald ein neues politisches Modell einführen wür-den. Grundlage dieses Modells wären das politische System Eng-lands und die französische Philosophie.

In den Intellektuellencafés von Buenos Aires wurde dieses neue Modell schon heftig debattiert. Man fragte sich, wie das Land aus-sehen könnte, wenn die Spanier nicht mehr die Herren im Land wä-ren. Mit dem *El Telégrafo Mercantil* erschien um 1800 die erste Zeitung des Vizekönigreichs. Aber sie wurde nur kurze Zeit später von den Kolonialherrschern wieder verboten. Später debattierte der neue *El Telégrafo* die Neuigkeiten des europäischen Denkens. Zu den Themen der Zeitungen gehörten die Kritik an der Sklave-rei, die Bildung der Frau, auch forderten sie ein neues Theater und Theaterklassen durch europäische Schauspieler. Insgesamt wurde die Gesellschaft kritischer und sensibler. *El Telégrafo* veröffentlichte Gedichte, in denen sich die Autoren als «Argentinier» bezeichnen. Unter den Argentiniern wuchs der Wunsch nach Unabhängigkeit.

Keine neue Fremdbestimmung!
Die Unabhängigkeit Argentiniens

Dieser Wunsch nach Unabhängigkeit schloss eine neue Fremdherr-schaft aus. Als im Juni 1806 der Kommandeur eines englischen Flottengeschwaders beschloss, Buenos Aires anzugreifen, stieß er auf erbitterten Widerstand – und gab ungewollt einen Impuls zur Unabhängigkeit des Landes. Sir Home Popham war damals auf der Rückreise von Südafrika nach England. Zuvor hatte er Kapstadt eingenommen, und da England seit 1804 ohnehin im Krieg mit Spanien stand, beschloss der Seefahrer, ohne Befehl Buenos Aires zu erobern. Unterstützt von Kanonenbooten und 1641 Soldaten, landete er am 25. Juni 1806 in Quilmes, nahe Buenos Aires. Er be-lud Schiffe mit Kriegsbeute und schickte sie nach England. Der spanische Vizekönig Marqués de Sobremonte bewies nicht gerade Heldenmut, als er vor den anrückenden Engländern nach Córdoba floh. Keine spanischen Hilfstruppen setzten sich gegen die englischen Eroberer zur Wehr. Stattdessen kämpfte eine Truppe aus 900 freiwilligen Porteños und 500 Soldaten unter Führung des französischen Marineoffiziers Santiago Liniers gegen die Engländer. Es gelang den Porteño-Milizen unter Führung von Liniers, die Eindringlinge zurückzuschlagen. Dies stärkte ihren Wunsch nach Unabhängigkeit. «Ganz sicher, wir wollten die alte Herrschaft oder keine», schrieb Manuel Belgrano, Unabhängigkeitskämpfer, Intellektueller und Erschaffer der argentinischen Fahne, später in seiner Autobiografie. Dieses galt auch noch ein Jahr später, als die Engländer 1807 erneut versuchten, die Stadt einzunehmen. Generalleutnant John Whitelocke war mit 9000 Soldaten gekommen, um Buenos Aires zu erobern. Die Porteños setzten sich erneut zur Wehr. «Das Feuer, dem die Truppen ausgesetzt waren, war von extremer Gewalt. Jeder Hausbesitzer verteidigte seinen Besitz, und jedes Haus wurde zu einer kleinen Festung. Es ist nicht übertrieben zu sagen, dass alle Männer von Buenos Aires zur Verteidigung aufgebracht wurden», berichtete Whitelocke später. Auch diese Invasion wurde zurückgeschlagen.

Der zweimalige Erfolg gegen die Engländer bestärkte die Porteños darin, sich auch gegen die Spanier zu erheben. Die Zeit dafür schien reif, als im Mai 1810 Frankreich Südspanien besetzte und die Oberste Zentraljunta nach Cádiz floh. Damit war der Kontakt zwischen spanischer Krone und Kolonie abgeschnitten. Ein Geheimbund um Manuel Belgrano, den Präsidenten der Kaufmannschaft, betrat die politische Bühne. Eine Offizierseinheit setzte den Vizekönig Cisneros fest und erzwang die Einberufung eines Cabildos, eines Stadtrats. 450 Porteños waren geladen, die meisten von ihnen aus der kreolischen Elite. Zwei Tage lang wurde in dem Gremium diskutiert, dann fiel die Entscheidung. Das Cabildo setzte am Abend des regnerischen 25. Mai 1810 den Vizekönig ab, eine Junta der *Criollos* kam an die Macht. Im Laufe der «Mai-Revolution» entmachteten die Porteños alle spanischen Beamten. Auch wenn sich die Revolutionäre formell nicht von Spanien losgesagt hatten, so gelang es den Spaniern später nie wieder, die Stadt zu kontrollieren.

Der Befreier
San Martín und die Unabhängigkeitsschlachten

Der Sturz des Vizekönigs zog viele Revolutionäre an. Darunter auch José San Martin, der im heutigen Argentinien geboren wurde, später im Dienst der spanischen Krone in Nordafrika, in Portugal und den Pyrenäen kämpfte. San Martín war ein zurückhaltender und gebildeter Mann. Mit dem Vorsatz, Amerika zu befreien, reiste er über London zurück nach Argentinien. Er war davon überzeugt, dass die junge Republik Argentinien bedroht sei, solange sie von Nachbarländern umgeben war, die von Spanien beherrscht wurden. Deshalb bildete er schon im Jahr 1814 eine Armee aus, welche die Unabhängigkeit Chiles und Perus erkämpfen sollte. Jahre verbrachte er damit, seine Expedition nach Chile vorzubereiten. Mit Pferden und Kriegern überquerte er schließlich die Anden. In der Schlacht von Chacabuco schlug er die Spanier und besetzte Santiago. 1818 gewann er auch die entscheidende Schlacht von Maipú und setzte eine nationale Regierung ins Amt. Statt selbst Präsident Chiles zu werden, zog er weiter nach Peru und schlug die Spanier bei Pisco. Am 18. Juli 1821 rief er in Peru die Unabhängigkeit aus. Als Simón Bolívar San Martín militärische Unterstützung verweigerte, überließ er ihm Peru und kehrte zurück nach Argentinien. Doch die dort bereits tobenden Kämpfe zwischen Unitaristen, die einen starken Einheitsstaat wollten, und Föderalisten raubten ihm den Mut. 1824 verließ er gemeinsam mit seiner Tochter Mercedes Amerika und zog nach Europa. Am Nachmittag des 17. August 1850 starb er im Alter von 72 Jahren in Boulogne-sur-Mer (Frankreich).

Unabhängig und uneinig
Das befreite Argentinien

San Martín hatte sehen müssen, dass mit der Unabhängigkeit längst keine Einigkeit einkehrte. Die Revolution drohte an den Revolutionären zu scheitern. Denn längst nicht alle Städte im Landesinneren wollten sich von den Kaufleuten aus Buenos Aires das politische Tagesgeschäft diktieren lassen. Im heutigen Salta, in Jujuy, in Tucumán und in Catamarca florierten die Landwirtschaft und die Produktion von Textilien für den Bergbau in Alto-Peru. Kein

Wunder, dass die dort herrschende Schicht alles andere als begeistert war von der Idee der Händler aus Buenos Aires, Leder und Pökelfleisch zu exportieren und im Gegenzug die Zölle für Importwaren zu senken – dies hätte ihren Markt kaputt gemacht. Selbst in den landwirtschaftlich orientierten Provinzen Santa Fe, Entre Ríos und Corrientes, wo die Produzenten eigentlich vom Freihandel profitiert hätten, fürchtete man die politische Macht der Porteños.

Argentinien war zwar unabhängig, aber gespalten. Um die Situation zu beruhigen und um San Martíns Angriff auf Chile und Peru auf eine rechtliche Grundlage zu stellen, berief die Regierung von Buenos Aires für März 1816 eine verfassunggebende Versammlung ein. Vier Monate lang wurde in dieser Versammlung debattiert, ehe der Kongress von Tucumán am 9. Juli 1816 die Unabhängigkeit der «Vereinten Provinzen Südamerikas» von Spanien und «von jeder anderen ausländischen Herrschaft» verkündete. Die von Belgrano gestaltete weiß-blaue Fahne wurde als offizielle Flagge gehisst. Damit hatte Argentinien zwei Unabhängigkeitstage: den 25. Mai und den 9. Juli. Bis heute sind beide Tage Feiertage. Doch auch am 9. Juli 1816 konnten sich die Kongressteilnehmer nicht über die künftige Staatsform einigen. Anstatt eines Präsidenten bestimmten sie nur einen Direktor der Republik. Während des Kongresses standen sich zwei Lager gegenüber: Die Föderalisten (konservative Grundbesitzer) stellten sich gegen die liberalen Unitarier (progressive Kaufleute, meist aus Buenos Aires). Als Folge wurde Argentinien von mehreren ländlichen, teilweise sogar lokalen Autoritäten beherrscht. In der Provinz Buenos Aires regierten im Jahr 1820 sogar 24 Gouverneure.

Die Konfrontation zwischen Föderalisten und Unitariern führte ab 1820 zur Auflösung des nationalen Staates, zahlreiche Provinzstädte erklärten ihre Autonomie. Zum ersten Mal betraten Caudillos die Bühne des politischen Argentiniens, ein Phänomen, das die nächsten 200 Jahre die Politik des Landes beeinflussen sollte. Die Caudillos waren Provinzgrößen, oftmals Landbesitzer aus einer traditionellen Familie, die ihre Provinz beherrschten und die Sprache des Volkes sprachen. Sie fochten untereinander Kriege aus und kämpften gegen Buenos Aires.

Rinder und Bildung
Der Aufstieg von Buenos Aires zur Metropole

In Buenos Aires orientierte man sich zu dieser Zeit intellektuell an Europa. Am 12. August 1821 weihte Bernardino Rivadavia die «Universidad Pública de Buenos Aires» ein. Nach zahlreichen Auslandsreisen wollte der Innen- und Außenminister von Buenos Aires ein Erziehungssystem aufbauen, das der jungen Republik gebildete Bürger heranziehen sollte. Für damalige Verhältnisse war es alles andere als selbstverständlich, dass die Universität von der Kirche unabhängig war. Dies hat Rivadavia viel Kritik eingebracht. Rivadavia war es auch, der Architekten ins Land holte. Der Franzose Prósper Catelin lieferte die Pläne für die neoklassische Kathedrale an der Plaza de Mayo, Charles Henri Pellegrini ließ sich in Paris zum Architekten ausbilden und erbaute später das Teatro Colón.

Besonders förderte Rivadavia die Viehwirtschaft. Bei Feldzügen in die Provinz eroberte das Militär fruchtbares Land von den Indígenas, und Rivadavia verteilte es an einige Familien, die damit wohlhabend und einflussreich wurden. Er legte damit den Grundstein für die großen Estancias in der Provinz Buenos Aires und für den Großgrundbesitz der Elite. 80000 Quadratkilometer, fast die Fläche der gesamten Provinz Buenos Aires, wurden unter etwa 500 Personen aufgeteilt.

Die Hoffnung auf einen Einheitsstaat hat Rivadavia nie aufgegeben. Im Jahr 1824 schaffte er es, mit anderen Unitaristen einen Kongress zu dominieren, der die «Vereinigten Provinzen des Río de la Plata» ausrief und beschloss, nationale Institutionen zu schaffen. Am 7. Februar 1826 wurde Rivadavia zum Präsidenten des neuen Staates berufen. Doch die Reaktion der Provinzen kam prompt und war eindeutig. Sie protestierten scharf gegen die Idee einer neuen Verfassung und der Einheit des Landes. Die einheitliche Republik wurde nur wenige Monate alt, 1827 trat Rivadavia zurück und ging ins Exil.

Die Diktatur des *Caudillo*
Juan Manuel de Rosas

Im Jahr 1828 wurde Juan Manuel de Rosas, mächtiger Rinderzüchter und Caudillo der Pampa, Gouverneur von Stadt und Provinz Buenos Aires. Ob mit den Gauchos auf dem Land, ob mit der
Stadtbevölkerung, Rosas konnte mit allen umgehen. Er war elo-
quent und redegewaltig, Kritiker ließ er einschüchtern. Als Bünd-
nispartner brachte er die Großgrundbesitzer und die Kaufleute von
Buenos Aires auf seine Seite. Doch als ihm zu Ende seiner ersten
Amtszeit im Jahr 1832 die von ihm geforderten Sondervollmachten
als Gouverneur versagt wurden, trat er ab. Seine Strategie war es,
als Feldherr das Gebiet der Provinz Buenos Aires zu vergrößern
und als großer Krieger zurückzukehren. Im Jahr 1833 griff er in
einem Feldzug die Indígenas in der Pampa an. Damit folgte Rosas
einer Forderung der Großgrundbesitzer. Mit seiner Gauchoarmee
kam er bis an den Río Negro und zog die Grenze der Provinz
Buenos Aires bis tief in den Süden. Damit sicherte er den Großgrundbesitzern weitere 70000 Quadratkilometer Weideland. Indígenas, die nicht kooperierten, wurden bitter bekämpft, 6000 von
ihnen wurden getötet.

Als Rosas 1835 erneut Gouverneur wurde, festigte er seine auto-
ritäre Herrschaft. Rosas war ein selbstherrlicher Diktator. In den
Kirchen von Buenos Aires hingen Bilder von ihm. Darunter stand:
«Rosas, der Erneuerer der Gesetze». Mit Gewalt und seiner «Mazorca», der Geheimpolizei, sicherte Rosas seine Macht. Zahlreiche
Schulen ließ er schließen und radikale Bücher verbieten. Wer sich
ihm in den Weg stellte musste damit rechnen, nachts von der «Mazorca» die Kehle durchgeschnitten zu bekommen.

Widerstand, so schien es, machte ihn nur stärker. Zwar schickte
Rosas lediglich eine Protestnote nach London, als die Engländer
1833 die Falklandinseln einnahmen. Aber ansonsten ließ er kaum
eine Gelegenheit zum Kräftemessen aus und bekriegte sich mit anderen Caudillos. Wegen seiner Schutzzollpolitik, die dafür sorgte,
dass Buenos Aires wirtschaftlich boomte, blockierten die Briten
und Franzosen den Río de la Plata gleich zweimal. Rosas hielt ihnen stand. Auch als französische Truppen 1838 einmarschierten,
schlug Rosas sie zurück. Aber der Diktator hielt sich nicht ewig.
Seine «Mazorca» terrorisierte die Bevölkerung, wichtige Intellek-

tuelle wie Bartolomé Mitre, der spätere Präsident Argentiniens und Gründer der Tageszeitung *La Nación*, flohen ins Exil, und die Kosten für die ständigen Kriege schmerzten die Kaufleute. Also setzten sich die Porteños und einige Provinzen gegen Rosas zur Wehr.

Sein politisches Ende bereitete ihm Justo José de Urquiza, Gouverneur der Provinz Entre Ríos und einer von Rosas einstigen Befehlshabern. 1851 schloss sich Urquiza mit Uruguay und Brasilien zusammen, die es sich nicht mehr bieten lassen wollten, dass sich Rosas ständig in ihre Angelegenheiten einmischte. Im Februar 1852 erlitt Rosas in der Schlacht von Monte Caseros eine Niederlage und floh ins Exil nach England. Mit Urquiza ersetzte ein Caudillo den anderen.

Aber Urquiza erkannte, dass das Land dringend institutionell geeint werden musste, um am Welthandel besser partizipieren zu können. Zu diesem Zweck berief er die Provinzgouverneure 1853 zu einer verfassunggebenden Versammlung nach Santa Fe ein. Die damals verabschiedete Verfassung der «Federación Argentina» ist in ihren Grundzügen noch heute gültig. Wegen der Rivalität zwischen Porteños und Provinzbürgern wurde darin den Provinzen Autonomie zugesichert.

Erst im Jahr 1862 war der Einheitsstaat komplett, Präsident wurde Bartolomé Mitre. Damit hatten sich die Unitarier durchgesetzt, die Porteños gewannen politisch an Gewicht. Mit Mitre begann die Entwicklung des modernen Argentinien, sein Ziel war es, das Land zu einen und mit den Caudillo-Strukturen und ihren Gaucho-Armeen aufzuräumen.

Die Regierungen unter Präsident Bartolomé Mitre und unter Domingo Faustino Sarmiento (1868–1874) mühten sich, den eingeschlagenen Modernisierungspfad zu vertiefen. Sie förderten die Einwanderung aus Europa und bauten das Schulwesen aus. Sarmiento ließ kurz nach seinem Amtseid eine Volkszählung durchführen. In Argentinien lebten zu diesem Zeitpunkt 1,7 Millionen Menschen. Zwölf Prozent von ihnen waren Ausländer und 70 Prozent Analphabeten. Sarmiento erkannte schnell, dass Argentinien über zu wenig Lehrer verfügte, um den Kindern lesen und schreiben beizubringen. Also suchte er nach Schulmeistern, die eine demokratische Orientierung hatten. In den USA wurde er fündig, wo er 67 Lehrerinnen und Lehrer anheuerte. Mit ihnen gründete er die ersten gemischten Schulen in Paraná und Tucumán. Seine

Initiative zeigte Wirkung. Gegen Ende des 19. Jahrhunderts war die Analphabetenrate in Argentinien so niedrig wie in keinem anderen Land Amerikas. Nicht nur um das Schulwesen kümmerte sich Sarmiento. Er hatte den Aufbau eines kompletten Staates im Blick. In seine Präsidentschaft fällt die Gründung von Einrichtungen wie dem *Amtlichen Mitteilungsblatt,* dem Meteorologischen Institut in Córdoba, dem Statistikinstitut und dem Naturwissenschaftlichen Museum in Buenos Aires. Nicht zuletzt wurde unter Sarmiento das «Gesetz für öffentliche Bibliotheken» verabschiedet. Über 100 Bibliotheken wurden zu dieser Zeit im ganzen Land eröffnet.

Zivilisation und Barbarei
Caudillos und die städtische Gesellschaft

Sarmiento selbst war ein philosophischer Autodidakt. In seinem 1845 veröffentlichen Werk «Barbarei und Zivilisation. Das Leben des Facundo Quiroga» (Frankfurt a. M. 2007) unternahm er den Versuch, die Geschichte Argentiniens zu interpretieren, und lieferte eines der wichtigsten Werke der argentinischen Literatur und eine Radiografie der damaligen Gesellschaft. Er beschrieb die Riten und den Alltag der Gauchos und deutete die Geschichte des Landes anhand des Lebens des Caudillos Facundo Quiroga aus La Rioja. Facundo Quiroga war – für Sarmiento das Paradebeispiel des Caudillos, der seinen eigenen Interessen folgte und kein Interesse hatte am Aufbau einer Nation. «Facundo ist nicht gestorben! Er lebt in der Politik und den Revolutionen Argentiniens», warnt Sarmiento zu Beginn seines Buch vor neuen Caudillos und hatte damals vor allem den Diktator Juan Manuel de Rosas vor Augen (2007:9), den er hartnäckig bekämpft hatte.

Die Geschichte Argentiniens unterteilt Sarmiento in zwei Etappen: in Barbarei und Zivilisation. Die Gauchos und Caudillos betrachtet Sarmiento als Barbaren. Die Zivilisation ist das urban-kulturelle Leben der Stadt. In der argentinischen Geschichte entsteht für Sarmiento die Figur des Gauchos durch das dünn besiedelte Land und die Einsamkeit. Unter diesen Bedingungen ist es dem Gaucho nicht möglich, in der Zivilisation zu leben. Dies hat Folgen für die Entwicklung des Landes. «Die Gesellschaft ist völlig verschwunden; was bleibt, ist die feudale Familie, vereinzelt, auf sich selbst zurückgeworfen; und da es kein gesellschaftliches Band gibt, wird jede Art von Regierung unmöglich: Die Gemeindebehörde ist nicht vorhanden, die Polizei kann nicht tätig werden, und die Gerichtsbarkeit hat nicht die Mittel, die Gesetzesbrecher zu fassen», schreibt Sarmiento (2007:40).

Die Caudillos wie Facundo Quiroga sind das Ergebnis einer sozialen Desintegration des Landes. Der Caudillo steht bei Sarmiento für die Tyrannei an der Regierung. Der Gaucho, der dem Caudillo untersteht, ist zwar ein guter Arbeiter, der viel Spezialwissen gehortet hat. Aber er folgt dem Caudillo blind und ist zugleich sein Opfer, da dieser ihn für seine eigenen Interessen benutzt. Das Problem in der argentinischen Geschichte besteht für Sarmiento darin, dass das weite Land die Einsamkeit und das nichtgesellschaftliche Leben, die Barbarei, automatisch hervorgebracht hat. Ein isolierter Mensch kann nicht beim Aufbau einer Gesellschaft mitwirken. Deshalb ist es für den Aufbau der argentinischen Gesellschaft wichtig, dass staatliche Institutionen diese Isolation aufbrechen. Bildung, Religion, Politik müssen in repräsentative Institutionen im Dienste des Staates überführt werden. Denn zivilisiert ist für Sarmiento das Bürgertum, das gebildet zu sein hat, in einer Gesellschaft lebt und für seine Ideale kämpft. Doch Caudillos wie Facundo Quiroga verhindern den Aufbau einer demokratischen, modernen Gesellschaft. Ihre Reiterarmeen würden den Triumph «des Landes über die Stadt» vorbereiten, was für Sarmiento eine Niederlage von «Geist, Regierung und Zivilisation» bedeutet (2007:75).

Konträr zu Sarmientos Facundo steht das von José Hernández 1872 veröffentlichte Gedichts «Der Gaucho Martín Fierro». Darin lehnt er die europäischen Tendenzen in Sarmientos Denken ab und beschreibt das Leben und Schicksal eines Gauchos. «Hören Sie nun die Geschichte eines Gauchos, der vom Gesetz gejagt wurde, der ein hart arbeitender Vater und ein liebender Ehemann gewesen ist – und trotz allem als Krimineller behandelt wurde», heißt es bei Hernández.

Die wirtschaftliche Zukunft Argentiniens, so schien es, lag damals auf dem Land. Der Weizenanbau, später die Schaf- und die Rinderzucht machten die Großgrundbesitzer der Pampas und die Händler der Städte reich. Zu dieser Zeit expandierte die Wirtschaft, die «Belle Époque» von Buenos Aires, mit italienischer Oper, französischem Theater und Revueshows, wurde finanziert von der Geldquelle Landwirtschaft.

Bedroht sahen die Argentinier diesen Aufschwung von den letzten überlebenden Indígenas. Bei einem Überfall im Jahr 1876 hatten sich die Einheimischen sogar bis auf 250 Kilometer an Buenos Aires herangetraut. Auch hatten die Ranqueles-Indígenas unter ihren Häuptlingen Calfucurá und Catriel weite Teile des Gebiets, das Juan Manuel de Rosas 1833/34 für die Provinz Buenos Aires erkämpft hatte, zurückerobert und waren dadurch für die sehr mächtigen Großgrundbesitzer eine Bedrohung. Entsprechend stark setzten diese die Regierung unter Druck. So befahl Präsident Nicolas Avellaneda (1874–1880) dem General Julio Argentino Roca, die Indígenas zu unterwerfen. Rocas Feldzug wurde noch lange danach in den Geschichtsbüchern als «die Eroberung der Wüste» bezeichnet, ganz so, als ob dort niemand gelebt hätte. Tatsächlich aber kämpfte Rocas bis unter die Zähne bewaffnete Truppe gegen die letzten Indígenas Argentiniens. Während Rosas 1833/34 noch Bündnisse mit den Einheimischen geschlossen hatte, führte Roca einen Vernichtungsfeldzug. Nur ein Bruchteil der Indígenas überlebte diesen Krieg. 350000 Quadratkilometer ihres Landes eroberte Roca damals, dazu nahm er Patagonien in Besitz. Argentinien hatte damit einmal mehr sein Territorium vergrößert und noch mehr Weide- und Ackerland. Der Aufbau des modernen Argentinien ist eng verbunden mit den Interessen der damaligen Oberschicht und den Gewaltexzessen von Rocas Eroberungsarmee. Die Argentinier dankten Roca für seinen Feldzug und machten ihn im Jahr 1880 zum Präsidenten.

Die Kunde vom reichen Argentinien zog Tausende von Immigranten aus Europa an. Von 1857 bis 1898 ließen sich etwa eine Million Europäer in dem jungen Staat nieder. Die meisten Immigranten zu dieser Zeit waren Kleinbauern aus Norditalien. Die zweitgrößte Gruppe kam aus Spanien. Auch 17 000 Deutsche lebten 1895 in Argentinien. Viele der Immigranten reisten als Passagiere dritter Klasse mehrere Wochen lang über den Atlantik. Die meisten kamen mit wenig Geld nach Argentinien und hofften auf einen Neuanfang in dem noch jungen Land. Die Angekommenen konnten fünf Tage kostenfrei im «Hotel de Immigrantes» am Hafen absteigen.

«Aber in was für einem Land leben wir? Welche Sprache, welche Bräuche sind hier vorherrschend? Die Stadt Buenos Aires ist kosmopolitischer als jede europäische Stadt, ohne London auszunehmen», schrieb der italienische Journalist José Ceppi, der unter dem Pseudonym Aníbal Latino in der Zeitung *La Nación* publizierte. In der Tat: Der Straßenbahnschaffner war ein Franzose, der Straßenhändler kam aus Italien, und in den Cafes bedienten spanische Kellner. Die Hälfte der Bevölkerung von Buenos Aires bestand zu dieser Zeit aus Immigranten.

Der hohe Anteil von Ausländern in der Stadt Buenos Aires hatte einen Grund. Anders als in den USA war es den Einwanderern nach Argentinien nicht möglich, ein eigenes Stück Land zu erwerben. Die mächtigen Großgrundbesitzer weigerten sich, ihre Ländereien aufzuteilen, die Oligarchie klebte an ihren Privilegien. Zwar wurde die Einwanderung aus Europa gefördert, dies bedeutete aber nicht, dass man den Neubürgern Rechte zugestand. Viele Einwanderer verließen das Land wieder, weil sich ihre Hoffnung auf eine bessere Zukunft nicht erfüllt hatte. Zwar wurden Gesetze erlassen, wonach der Grundbesitz maximal 40 400 Hektar betragen durfte. Aber viele schrieben die Landtitel auf falsche Namen um. Den Einwanderern wurden stattdessen Pachtverträge über zwei Jahre ohne die Möglichkeit zur Verlängerung angeboten. Die Landbesitzer stellten Saatgut und Werkzeug, die Einwanderer die Arbeitskraft. Oftmals war die nächste Stadt kilometerweit entfernt. Die sozialen Kontakte der Pächter beschränkten sich auf die

Pulpería im Dorf. Dort gab es Rotwein, Fleisch und trockene Kekse. Nur wenige Straßen verbanden die Städte im Landesinneren, es mangelte an Kirchen, Ärzten und Schulen. Viele der Landpächter kehrten desillusioniert in die Stadt zurück und mussten in den engen Conventillos, in Mietskasernen, leben.

Das organisierte Bürgertum
Entstehung der Parteien

Mit den europäischen Einwanderern kam auch deren politisches Gedankengut in das Land. Sozialismus und Anarchismus fanden bei Argentiniens Arbeitern Anhänger. Die Criollo-Mittelschicht gründete im Jahr 1890 Argentiniens erste Massenpartei: die Unión Civica Radical (UCR), die Radikale Bürgerunion – an der mit Ausnahme des Namens nichts radikal war und die vor allem gegen die Privilegien der Oligarchie kämpfte. Die Großgrundbesitzer fanden ihre politische Heimat in der Konservativen Partei. Bis zum Jahr 1930 setzte der Mittelstand Schritt für Schritt seine liberal bürgerlichen Forderungen gegen die Oligarchie durch. Das parlamentarische System stabilisierte sich, im Jahr 1912 wurde das allgemeine Männerwahlrecht eingeführt. Die UCR gewann 1916 mit ihrem Vorsitzenden Hipólito Yrigoyen die Präsidentenwahlen. Der Einfluss der Partei wurde unter dem exzentrischen Yrigoyen immer größer, mit Elan kämpfte er gegen die Privilegien der Oligarchie. Er war vor Perón der populärste Politiker des Landes und ein Caudillo alter Schule. Als Präsident bezog er ein einfaches Apartment über einem Zigarrenladen in der Brasil-Straße von Buenos Aires. Sein Jurastudium hatte er abgebrochen, um als Rinderzüchter reich zu werden. Im Präsidentenamt verdiente er genug Geld mit der Fleischproduktion, dass er sein Regierungsgehalt spendete. Der Staat war er, und einmal in der Woche empfing er die Bürger, die ihm ihre Sorgen schilderten.

Ungleiche Kämpfe
Die ersten Arbeiterproteste

In die Amtszeit Yrigoyens fielen auch die ersten großen Streiks der sich organisierenden Arbeiterklasse. Im Dezember 1918 bestreikten 2500 Arbeiter den Metallbetrieb Pedro Vasena e Hijos, sie forderten höhere Löhne und den Achtstundentag. Der Streik zog sich hin, und als im Januar die Polizei anrückte, eskalierte die Situation. 30 Arbeiter wurden verletzt, vier Arbeiter waren am Abend tot, zwei von ihnen wurden zu Hause erschossen, keiner war bei den direkten Auseinandersetzungen ums Leben gekommen. Es folgte eine Woche, die als «Semana Trágica» in die Geschichte Argentiniens eingehen sollte. Am 9. Januar 1919, dem Tag nach dem Polizeieinsatz, war Buenos Aires eine Geisterstadt. Die Geschäfte blieben geschlossen, die Theater sagten Vorstellungen ab, die Straßenbahn fuhr nicht.

Nur ein großer Trauerzug zog durch die Stadt. Es waren die Arbeiter, die ihre Toten beerdigen wollten. Frauen, Männer und Kinder mit roten Fahnen, Sozialisten und Anarchisten marschierten auf der Straße, um ein Zeichen zu setzen, dass sie keine Angst hatten vor denjenigen, denen das Land gehörte. Es waren Tausende Arbeiter, die die Avenida Corrientes hinaufmarschierten, zum Friedhof Chacarita. Als der Zug an einer Kirche vorbeikam, riefen einige Anarchisten antiklerikale Parolen. In der Kirche hatten sich Polizisten verschanzt, sie eröffneten sofort das Feuer auf die Demonstranten. Erst gegen fünf Uhr am Nachmittag kam der Trauerzug auf dem Friedhof an. Dort tauchten während der Rede eines Arbeiterführers plötzlich hinter der Friedhofsmauer Polizisten auf. Erneut fielen Schüsse, zwölf Menschen starben auf dem Friedhof. Tags darauf kam es in der ganzen Stadt zu Arbeiterprotesten. Die Oberschicht befand, man müsse durchgreifen, einige von ihnen bewaffneten sich und schlossen sich zur Parapolizeitruppe «Patriotische Liga Argentiniens» zusammen. Ihre bewaffneten Banden durchkämmten Arbeiterquartiere, überfielen Bibliotheken und sozialistische Clubs. Sie griffen das jüdische Viertel Once an, auf der «Jagd nach dem Russen», sie zündeten Synagogen an und Bibliotheken. Insgesamt fielen dem Terror 700 Menschen zum Opfer.

1900 war Buenos Aires mit über einer Million Einwohner die größte Stadt Lateinamerikas und die zweitgrößte nach New York auf dem amerikanischen Kontinent. Argentinien zählte damals 4,6 Millionen Einwohner. Das Land blickte zuversichtlich in seine Zukunft. Längst war die Landwirtschaft nicht mehr die alleinige Triebfeder, der Bergbau warf Gewinne ab, und es entstand eine Industrie. Auf der edlen Avenida de Mayo eröffnete das Café Tortoni, ein beliebter Intellektuellentreffpunkt. Mit dem 1908 eingeweihten Teatro Colón wurde ein glanzvolles Opernhaus geschaffen. Der koloniale Charakter der Stadt wurde ausgekehrt, es gab Prachtstraßen, Jacarandabäume, Statuen aus Marmor. Der Park Bosques de Palermo wurde nach seinem Vorbild, dem Bois de Boulogne bei Paris, umgestaltet, die Avenida 9. de Julio den Champs-Élysées nachgebildet. Britische Architekten bauten die Bahnhöfe Retiro und Constitución. Pferdekarren wurden durch Straßenbahnen ersetzt. Ingenieure fahndeten auf der ganzen Welt nach einer Sorte Teer, die im Sommer nicht schmelzen würde. Die Einkaufsstraße Calle Florida entstand, die Avenida Corrientes als Nachtlebenmeile, nördlich der Plaza de Mayo entstand das Bankenviertel.

Doch auch das boomende Argentinien blieb von der Weltwirtschaftskrise des frühen 20. Jahrhunderts nicht verschont. Der 1928 wiedergewählte Yrigoyen stand ihr hilflos gegenüber. Als die New Yorker Börse im Oktober 1929 einbrach, ließ Yrigoyen aus Angst vor einer Kapitalflucht die Caja de Convensiónes schließen, wo die argentinische Währung gegen Gold und Silber eingetauscht werden konnte. Doch der Außenhandel Argentiniens sank rapide, der Haushalt kippte, und die Auslandsschulden stiegen ebenso wie die Arbeitslosigkeit. Argentinien war in einer schwierigen Lage.

Am Weihnachtsmorgen des Jahres 1929 wartete der Fahrer Yrigoyens auf den Präsidenten vor dessen Wohnung in der Brasil-Straße. Es war ein sonniger Sommermorgen, auf der Straße spazierten die Porteños, die sich nichts dabei dachten, als ein Mann mit braunem Anzug sich dem Wagen näherte. Plötzlich zog er eine Pistole und feuerte auf den Präsidentenwagen. Sofort gab der Fahrer mit Yrigoyen auf dem Rücksitz Gas, raste im Zickzack die

Straße entlang. Die Leibwächter stürzten sich auf den Schützen. Sie schossen so lange auf den blutenden Fastmörder, bis seine Muskeln aufhörten zu zucken – 20 Kugeln hatte er im Leib. Der Tote war Gualterio Marinelli, ein Dentaltechniker und ehemaliger Anarchist. Warum er auf Yrigoyen feuerte? «Es ist wahr, dass der arme Gualterio Anarchist war, aber er sprach immer gut von Präsident Irigoyen. Immer», zitierte das *Time Magazine* damals einen Gemüsehändler des Viertels Constitución. Der Mordversuch blieb ein Mysterium.

Das Attentat hätte Yrigoyen eine Warnung sein können. Die konservative Rechte und das Militär hatten sich gegen ihn zusammengeschlossen. «Nichts wird passieren», sagte der selbstherrliche Yrigoyen, als er von einem Mitarbeiter vor einem Putsch gewarnt wurde. «Das sind Agitationen, die gehen vorbei.» Doch er hatte sich getäuscht. Als er im Jahr 1930 krank im Bett lag, putschten die Militärs, angeführt von den Generälen José F. Uriburu und Augustín P. Justo. «Den Rufen des Volkes folgend und mit der patriotischen Unterstützung des Heeres und der Kriegsflotte haben wir die Regierung der Nation übernommen», hieß es im Manifest der Putschisten.

Der Putsch als Instrument der Politik
Die Militärs mischen sich ein

Mit dem Putsch von 1930 setzte eine neue Ära in der argentinischen Politik ein: die des Militärs. In den kommenden 50 Jahren sollten sie noch öfter die demokratische Ordnung aushebeln, und immer klangen ihre Manifeste ähnlich. Sofort nach dem Staatsstreich versuchten die Putschisten die bürgerliche UCR politisch zu vernichten. Uriburu warf die UCR-Mitglieder aus der staatlichen Verwaltung und jagte sie ins Exil. Aber sein Kamerad Justo stemmte sich gegen ihn. Justo kam aus der UCR, und es gelang ihm, Uriburu dazu zu zwingen, Wahlen abzuhalten. Im Jahr 1932 gewann Justo durch Wahlbetrug, die UCR war nicht zugelassen.

Die folgenden Jahre gingen als «Década Infame» in die Geschichtsbücher ein. Sie waren geprägt von Wahlfälschungen und Militärregierungen. Im Zweiten Weltkrieg blieb die Regierung zunächst neutral. Argentinien lieferte weiterhin Fleisch und Treibstoff nach England, viele Militärs bewunderten Deutschland.

Infolge des Krieges und der Handelsbeschränkungen stiegen in Argentinien die Armut und die Unzufriedenheit unter der Bevölkerung. Die Offiziere um den militärischen Geheimbund Grupo de Oficiales Unidos (GOU) nutzten diese Situation und putschten 1943. Die Generäle Arturo Rawson (1943), Pedro Pablo Ramirez (1943/44) und Edelmiro Farrell (1944–1946) lösten sich als Präsidenten ab. Unter den Verschwörern befand sich auch der Oberst Juan Domingo Perón. Er übernahm in der neuen Regierung das Sekretariat für Arbeit und Sozialfürsorge. Als zuständiger Minister lieh er den Gewerkschaften sein Ohr und wurde bei ihnen sehr populär. Als Farell Präsident wurde, schaffte es Perón auf den Posten des Kriegsministers. Im Februar 1945 verlangten die USA von Argentinien, dass das Land Deutschland den Krieg erklärte. Erst wenige Wochen vor Hitlers Selbstmord in Berlin verkündete Farell die Kriegserklärung. Mit dem Vorrücken der alliierten Truppen in Europa wurde auch die Militärregierung in Argentinien immer unpopulärer. Allein Perón genoss großes Ansehen. Aber er wollte nicht als Präsident eingesetzt, sondern durch Wahlen legitimiert werden. Deshalb verhandelte an er allen Fronten. Der argentinischen Elite erläuterte er sein Wirtschaftsprogramm und versprach staatliche Kredite für die Industrie. Vor Arbeitern stichelte er gegen die Elite und versprach einen Mindestlohn. Im Februar 1946 war er am Ziel und wurde zum Präsidenten gewählt.

«Perón, Perón, wie groß bist du»
Perón und der Peronismus

«Ich weiß, dass Gott mit uns ist,
weil er mit den Einfachen ist
und die Überheblichkeit der Oligarchie verachtet.
Deshalb wird der Sieg unser sein.»
Eva Duarte de Perón, 17. Oktober 1951

«Für einen Peronisten gibt es nichts Besseres
als einen anderen Peronisten.»
Juan Domingo Perón, in:
Veinte Verdades de la Doctrina Nacional Justicialista,
Oktober 1950

Nation und Arbeiterstolz
Eine breite Bewegung

Keine politische Bewegung hat Argentinien in der zweiten Hälfte
des 20. Jahrhunderts derart geprägt wie die Peronisten. Zum sechsten Mal sind die Peronisten in Argentinien 2007 an die Regierung
gekommen. Von 1946 bis 1955 führte Juan Domingo Perón das
Land. Im Jahr 1973 wurde er wiedergewählt, starb kurz darauf,
seine Frau Maria Estela Martínez de Perón übernahm die Amtsgeschäfte, ehe sie 1976 von den Militärs abgesetzt wurde. 1989 bis
1999 zog der Peronist Carlos Menem in die Casa Rosada ein, von
2003 bis 2007 war Néstor Kirchner Präsident, ihm folgte seine
Frau Cristina Fernández als erste gewählte Präsidentin. Doch Peronismus an der Regierung bedeutet nicht, dass damit die politische
Richtung vorgezeichnet ist.

Der Soziologe Ricardo Sidicaro arbeitete in seinem Standardwerk «Los tres Peronismos» heraus, wie die peronistische Bewegung in unterschiedlichen Epochen unterschiedliche politische
Programme hervorgebracht hat. Sidicaro definiert den ersten Peronismus an der Regierung (1946–1955) als staatsinterventionistisch

und auf Klassenkonsens ausgelegt. Den zweiten Peronismus (1973–1976) als bürokratisch und pragmatisch. Den dritten, den von Carlos Menem (1989–1999), bezeichnet er als neoliberalen Peronismus. Eine erweiterte Neuauflage des Buches liegt noch nicht vor, die auch den vierten Peronismus von Néstor Kirchner analysieren würde (2003–2007), der auf Staatsinterventionismus und Verteidigung der Rechte der Unter- und Mittelschicht setzte.

Der ideologische Bogen des Regierungs-Peronismus ist weit gespannt. Und entsprechend gespalten ist die peronistische Bewegung. Sie umfasst Provinzcaudillos und urbane Intellektuelle, hemdsärmelige Gewerkschafter und Anzug tragende Geschäftsleute, kämpfende Arbeitslose und zufriedene Angestellte, in den 1970er-Jahren beherbergte sie auch linksradikale Guerilleros und rechtsextreme Pistoleros. Sie alle eint ein strammer Nationalismus, koloriert mit Arbeiterfolklore. Ihr kleinster gemeinsamer Nenner ist die Verehrung Juan Domingo Peróns und seiner zweiten Frau Eva («Evita») Duarte de Perón. Die beiden gehören dort zur Requisite der Bewegung, ebenso wie der Peronistenmarsch von 1949, dessen einpeitschende Melodie von einem Sportklub geklaut wurde:

Los muchachos peronistas,
todos unidos triumpharemos
y como siempre daremos
un grito de corazón:
Viva Perón! Viva Perón!

Ese gran argentino,
Quien se supo conquistar
La gran masa de pueblo
Combatiendo el capital.

Perón, Perón, que grande sos,
Perón, Perón, cuanto valés,
Perón, Perón, Perón, Perón,
sos el primer trabajador.

(Die peronistischen Jungs,
alle gemeinsam werden wir siegen,
und wie immer werden wir von uns geben
einen Ruf aus ganzem Herzen:
Es lebe Perón! Es lebe Perón!

Dieser große Argentinier,
Der zu erobern wusste
Die große Masse des Volkes
Im Kampf gegen das Kapital.

Perón, Perón, wie groß bist du,
Perón, Perón, wie stark du bist,
Perón, Perón, Perón, Perón,
Du bist der erste Arbeiter.)

Der Held der Arbeiter
Juan Domingo Perón

Juan Domingo Perón wurde am 8. Oktober 1895 in Lobos in der
Provinz Buenos Aires geboren. Im Alter von 15 Jahren trat er in die
Militärschule ein. Als Leutnant nahm er später an der Unterdrü-
ckung der Streikwelle der Arbeiter im Januar 1919 teil. Zehn Jahre
später heiratete er seine erste Frau, die 13 Jahre jüngere Aurelia
Tizón, die früh starb. Perón war Soldat, aber er hatte immer auch
seine eigene Agenda im Kopf. 1930 schloss er sich den Militärs an,
die den Putsch gegen den Präsidenten Hipólito Yrigoyen vorbereite-
ten. Im Kreise der Verschwörer schlug sich Perón auf die Seite der
Moderaten um General Agustín Justo. Der Putsch war für Perón
ein Karriereschritt, er wurde ins Verteidigungsministerium berufen. Zwischen 1939 und 1941 wurde Perón als Militärattaché in
Italien abgestellt. Er beobachtete Francos Aufstieg in Spanien und
bewunderte Benito Mussolini. Nach seiner Rückkehr aus dem Ausland zog es ihn abermals zu Verschwörern. Als Mitglied der Grupo
de Oficiales Unidos (GOU) putschte er am 4. Juni 1943 die Regierung aus dem Amt. In einem ihrer Dokumente begründeten die
Putschisten ihren Schritt: «Es sind zwei Aktionen des Feindes aus-
zumachen: der Druck der Kraft der Vereinigten Staaten, der immer
stärker wird; und die Bedrohung einer kommunistischen Revolution nach Art einer Volksfront.» Dieses Credo, Antiimperialismus
und Antikommunismus, wird sich ein Leben lang durch Peróns
Denken hindurchziehen.

Die argentinische Arbeiterbewegung war sehr stark geworden.
1945 zählte sie 969 Organisationen mit 528 523 Mitgliedern mit
den Kommunisten als zweitgrößten Kraft. Als Arbeitsminister ver-

suchte Perón, die Radikalisierung der Werktätigen zu verhindern, nicht ohne Erfolg. Und bald sollte er eine wichtige Unterstützerin finden. Bei einer Benefizgala im Luna-Park von Buenos Aires traf er eine 24-jährige Frau. Sie stammte aus ärmlichen Verhältnissen, war als fünftes uneheliches Kind in einem kleinen Dorf in der Provinz Buenos Aires geboren. Die Hauptstadt hatte sie mit dem Traum angezogen, Schauspielerin zu werden. Als Sprecherin der Radioserie «Heldinnen der Geschichte» war ihr ein bescheidener Durchbruch gelungen. Ihr Name: Eva Duarte. An der Seite von Perón wurde sie zur strahlenden Symbolfigur.

Peróns Kameraden war die Beziehung zu dem Starlet ein Dorn im Auge. Aber Perón hielt an ihr fest, heiratete sie und glänzte durch sie. Aus Eva Duarte wurde Eva Duarte de Perón, genannt «Evita». Zusammen wurden sie das glamouröseste Regierungspaar, das Argentinien je hatte. Im Umgang mit der Macht setzte das Paar auf Peróns Ausstrahlung, Evitas Talent und die neuen Technologien. Das Radio war ihr Propagandainstrument. «Radio Nacional» sendete das Programm «Für eine bessere Zukunft». Hinter den Reglern: Evita und Juan Domingo. Peróns durchdringende Stimme tönte aus dem Lautsprecher, er hatte sich trotz seines Aufstiegs in die eleganten Kreise von Buenos Aires seinen Arbeiterjargon bewahrt. Im Radio klang dies so: «Ich vertraue den Menschen, die arbeiten, weil sie mich noch nie betrogen haben. Eine Sache, die ich von den Mächtigen nicht behaupten könnte.» Solche Botschaften fanden Widerhall bei den Gewerkschaften, Perón verkaufte sich geschickt als Verfechter der Arbeiterrechte. Dank ihm wurde den organisierten Arbeitern im Land geregelte Arbeitszeiten und Weihnachtsgeld, Rente und Ferien zugestanden – Rechte, für die sie lange gekämpft hatten.

Der Begründer der argentinischen Soziologie Gino Germani glaubt, dass Perón die Einsamkeit und die Sehnsucht nach Harmonie der eingewanderten Arbeiter für sich nutzen konnte. Die Soziologen Miguel Murmis und Juan Carlos Portantiero kommen in ihrem Klassiker «Estudios sobre los orígenes del Peronismo» (1971) zu dem Schluss, dass es vor allem Peróns Bündnis mit der alten Gewerkschaftsgarde war, die ihm die Unterstützung des Proletariats sicherte. Zudem hatten die Arbeiter in Perón zum ersten Mal einen Minister, der ihre Belange ernst nahm. Daniel James zitiert in seinem bahnbrechenden Werk «Resistencia e Integración» (1990)

den Dialog zwischen Mariano Tedesco, dem Gründer der Textilar-
beitergewerkschaft, und Perón:

– «Sie sind Tedesco? Sohn von Italienern, oder?»
– «Ja, Coronel.»
– «Ich dachte es mir schon. Was ist los, Tedesco?»
– «Es ist ganz einfach, Coronel: viel Arbeit, wenig Kohle.»
– «Das ist klar. Wo?»
– «Wir arbeiten nachts in… Sie bezahlen uns 3,30 Pesos die Nacht.»
– «Was für ein Wahnsinn! Sofort werden wir das regeln. Ich werde die
  Besitzer der Fabrik rufen lassen, damit sie ein Abkommen mit euch
  schließen. Wie viel wollt ihr verdienen?»
– «Wir kriegen 3,30 Pesos die Nacht, aber gerecht wären 3,50.»
– «Alles wird gut werden. Es kann nicht sein, dass man die Arbeiter
  noch immer so ausbeutet.»
– «Danke, Coronel.»
– «Tedesco, Sie bleiben hier, der Rest kann gehen, und habt Ver-
  trauen.»

Perón besaß ein perfektes Gespür für heikle Situationen. Er war mit
einer strategischen Intelligenz ausgestattet, die es ihm erlaubte, sich
als Führer zu inszenieren. In seinem Buch «Conducción Política»
(1971) schrieb er: «Die Aktion der Masse ist ein ewiges und uner-
schütterliches Prinzip der Führung, alle Führungen im Militär oder
der Wirtschaft benutzen sie. Das bedeutet: Man darf nicht Tropfen
versprenkeln, man muss mit dem Eimer das Wasser ausschütten,
damit man einen Effekt erzielt. Das bezeichnet man als das Prinzip
der Ökonomie der Kräfte, und das bedeutet, man darf nicht versuchen, überall stark zu sein, sonst ist man am Ende nirgendwo stark.
Man muss stark sein an einem Ort und in einem Moment.»
    Wenig begeistert von Peróns Stärke und Aufstieg waren seine
Offizierskameraden. Seit Ende 1944 vereinte Perón zahlreiche Äm-
ter auf sich, er war Arbeitsminister, Kriegsminister und Vizepräsident. Am 9. Oktober 1945 zwangen ihn die Militärs zum Rücktritt von allen Ämtern und verbannten ihn auf die Insel Martín
García im Río de la Plata. Eva Duarte zögerte nicht lange und bat
sofort Cipriano Reyes um Hilfe, den Chef der Fleischarbeiter-
gewerkschaft. Dann überschlugen sich die Ereignisse. Reyes überzeugte die anderen Gewerkschaftsführer, ihre Mitglieder zu mobi-

lisieren. Ein Streik wurde ausgerufen, zuerst in dem Arbeitervorort Avellaneda, später im gesamten Großraum von Buenos Aires. Per Radio riefen die Gewerkschaften ihre Mitglieder auf die Straße. Die Militärregierung wusste, dass sie reagieren musste. In der Nacht vom 16. auf den 17. Oktober kurz nach Mitternacht brachte sie Perón in das Militärkrankenhaus in der Straße Luis Maria Campos von Buenos Aires. Als Perón sich dort einrichtete, waren die Arbeiter schon längst auf der Straße.

Um 7.00 Uhr meldete die Polizei, dass 1000 Personen daran gehindert wurden, die Plaza de Mayo zu betreten. Kurz darauf wurde bekannt, dass die Züge im Süden der Stadt nicht mehr fuhren, weil die Arbeiter sie gestoppt hatten. Um 8.30 Uhr löste die Polizei eine Demonstration auf der Independencia-Straße auf. Um 8.40 Uhr hatten sich 1500 Personen bis zur Plaza de Mayo durchgeschlagen. Um 9.00 Uhr marschierten auf der Straße Alsina etwa 4000 Personen Richtung Plaza de Mayo. Um 9.30 Uhr trieb die Polizei 10000 Demonstranten auf der Pueyrredón-Brücke auseinander. Die Hängebrücke wird hochgezogen, damit aus den Arbeiterquartieren niemand mehr nach Buenos Aires über den Fluss gelangen kann. Um 10.00 Uhr tickert die Meldung ein, dass es einer Gruppe von Demonstranten trotzdem gelungen ist, den Fluss zu überqueren, der Demonstrationszug ist zehn Blocks lang. Aus allen Richtungen marschieren die Arbeiter durch die Stadt – ein Bild, das man dort noch nicht kannte. Im Zentrum von Buenos Aires pflegten die Herren mit dunklem Anzug, dunkler Krawatte und nie ohne Hut zu flanieren. Die Arbeiter trugen fleckige Hosen und offene Hemden. An der Plaza de Mayo badeten sie ihre wundgelaufenen Füße in dem eleganten Brunnen.

Am frühen Abend des 17. Oktober standen 300000 Arbeiter vor dem Präsidentenpalast – die Zeitung *La Época* will gar eine Million Menschen gezählt haben – und forderten die Rückkehr Peróns. Dies war die Geburtsstunde der peronistischen Bewegung. Derweil trifft sich der amtierende Präsident Farrell mit Perón in seiner Residenz. «Was machen wir jetzt, Perón?», fragte Farrell. «Mein General», sagte Perón, «man muss Wahlen ausrufen, damit die politischen Kräfte miteinander konkurrieren.» – «Das ist schon alles bereit», versicherte Farrell. «Gut, dann gehe ich nach Hause.» Farrell packte Perón am Arm und rief: «Machen Sie keinen Mist, diese gereizte Meute wird uns den Regierungssitz niederbrennen.»

Kurz nach elf Uhr abends stand Perón auf dem Balkon der Casa Rosada. Er reckte seine Arme Richtung Himmel, grüßte mit dem Handrücken, wie es sein Markenzeichen wurde. Er sagte: «Arbeiter! Vor fast zwei Jahren habe ich euch von genau dieser Stelle gesagt, dass ich drei ehrenvolle Dinge habe: ein Soldat zu sein, ein Patriot zu sein und der erste argentinische Arbeiter zu sein.» Tosender Applaus. «Dies ist ein demokratisches Fest, gefeiert von einem Volk, das stundenlang zu Fuß marschierte, um seine Rechte einzufordern. (…) Es sei dies die Stunde der Republik, die eine unzerstörbare brüderliche Verbindung herstellt zwischen dem Volk, dem Heer und der Polizei. Es sei diese Verbindung ewig, damit dieses Volk wachsen möge in der spirituellen Einheit der Wahrheiten und authentischen Kräfte der Nationalität und der Ordnung.» Das Land war nach dem 17. Oktober ein anderes Land. Der Peronismus war die Vertretung einer neuen Klasse, die der Arbeiter und Tagelöhner. Durch Perón fanden sie ihre politische Artikulation und wurden wahrgenommen. Kurz danach wurden Wahlen ausgerufen.

Die Gewerkschaften, das Heer und die katholische Kirche stellten sich hinter Perón, der im Wahkampf noch einen unfreiwilligen Unterstützer fand. Die USA beschuldigten Argentinien, Nazikriegsverbrechern Unterschlupf zu gewähren. Der neue Gesandte der USA in Buenos Aires, Spruille Braden, mischte sich in den Wahlkampf ein und versuchte Peróns Sieg mit allen Mitteln zu verhindern. Er erreichte das Gegenteil in einem Land, das sich lange Jahre gegen die Fremdbestimmung seiner spanischen Kolonialherren gewehrt hatte. Auf Versammlungen skandierten die Peronisten: «Braden oder Perón.» Die Wahlen wurden so zu einem Ereignis, bei dem die Souveränität des Landes auf dem Spiel stand.

Im Februar 1946 gewann Perón deutlich die Wahlen für Parlament und Senat, seine Partei stellte fast alle Provinzgouverneure. Die Historikerin María Sáenz Quesada bemerkt dazu in ihrer Geschichte Argentiniens: «Der Triumph von Perón bei den Wahlen im Februar 1946 ermöglichte eine in diesem Jahrhundert unbekannte Erfahrung. Ein General mit einem feinen Gespür für den Volksgeschmack wird während der kommenden Jahre das Einkommen zugunsten der unteren Klassen umverteilen. (…) Der Slogan ‹gerecht, frei, unabhängig› beschrieb die neue Wirklichkeit des peronistischen ‹neuen Argentinien›.» (2001: 540)

Der ideologische Kitt der Bewegung waren Nationalismus, Katholizismus und eine Form des Klassenkompromisses. Immer wieder sprach Perón vom «Dritten Weg». Er sagte: «Unsere Bewegung ist nicht kommunistisch, wir sind auch keine Nazis, wie man uns nachruft. Unsere Bewegung ist vor allem eines: argentinisch!» Im Sinne einer klassenübergreifenden Regierung versuchte Perón nach gewonnener Wahl, Arbeiter und Unternehmer an einen Tisch zu bringen. Ziel müsse der gemeinsame Aufbau des Landes sein. Er hob per Dekret die Löhne um 30 Prozent an, verbesserte den Kündigungsschutz und stärkte die Gewerkschaften. In einer Rede im Arbeitsministerium erklärte er, warum: «Um zu vermeiden, dass die Massen zu weit mit ihren Forderungen gehen, ist das erste Mittel, die Massen zu organisieren.» Den Gewerkschaftsdachverband Confederación General del Trabajo (CGT) baute Perón zu einem wichtigen Machtfaktor auf. Er verbesserte das Rentensystem, das Sozialsystem, regelte den Urlaubsanspruch, das Recht auf Krankenversorgung. Er förderte die Industrie und den internen Markt, er verstaatlichte die Eisenbahn und die Telefongesellschaft, indem er sie ihren Besitzern abkaufte.

Doch Peróns Wirtschaftspolitik war nur mäßig erfolgreich. Nach dem Zweiten Weltkrieg waren die Zielmärkte für Industrieexporte durch Zollschranken verschlossen. Und die USA schlossen Argentinien vom Marshallplan aus, weil europäische Nazikriegsverbrecher in Argentinien untergetaucht waren. Das bedeutete, dass die Europäer mit ihren Marshallplangeldern nichts von Argentinien kaufen durften. Dennoch stiegen in Argentinien zwischen 1946 und 1949 die Reallöhne um 60 Prozent, die staatlichen Ausgaben verdreifachten sich im selben Zeitraum. Perón baute Arbeiterwohnungen und Sportstadien, Schulen und moderne Kliniken, es gab kostenlosen Urlaub in Gewerkschaftscamps. Während Peróns Amtszeit besuchten doppelt so viele Kinder die Grundschule wie zuvor, die Zahl der eingeschriebenen Studierenden an den Universitäten verdoppelte sich. Die Stiftung Eva Maria Duarte de Perón verteilte Spenden an die Ärmsten – und machte sich damit bei den Damen der Oberschicht unbeliebt, weil sie das Monopol auf karitative Dienste nur ungern abgaben. Das Geld für ihre Stiftung stammte von Unternehmern und Arbeitern.

Perón veränderte die politische Kultur des Landes, der Gegensatz zwischen Volk und Oligarchie wurde von ihm stark betont.

Zweifellos schaffte er sich damit Feinde in der Oberschicht. Im Umgang mit ihnen war er nicht zimperlich. Die oppositionelle Zeitung *La Prensa* wurde geschlossen und enteignet, *La Nación* erhielt nur eine geringe Menge an Papier. Ungebremst setzte Perón den Umbau des Landes fort. 1949 rief er Wahlen für eine verfassunggebende Versammlung aus und ließ in das neue Grundgesetz die Arbeiterrechte hineinschreiben. Damit nicht genug. Bei den Wahlen 1951 durften Argentiniens Frauen zum ersten Mal wählen. Treibende Kraft dahinter war seine Frau Eva Duarte. Die feministische Vorkämpferin Alicia Moreau de Justo durfte jedoch nicht wählen gehen, wegen oppositioneller Aktivitäten wurde sie von Perón verfolgt. Seiner Popularität schadete dies jedoch nicht. Perón und Evita triumphierten an den Urnen.

Die Rattenroute
Perón und die Nazis

Schon im Februar 1945 wandte sich der damalige US-Finanzminister Henry Morgenthau besorgt an seine Kollegen: «Neue Berichte zeigen eindeutig, dass Argentinien nicht nur ein mögliches Fluchtland für Naziverbrecher ist, sondern auch Ort der Finanz- und Wirtschaftsaktivitäten der Nazis war und ist», heißt es in einem Brief Morgenthaus an die Mitglieder der US-Regierung. Am 7. April 1945 antwortete ihm die US-Botschaft in Buenos Aires: Die Diplomaten schätzten, dass die Nazis nur einen Monat vor ihrer Niederlage eine Milliarde Dollar nach Argentinien geschafft hätten. Davon seien 40 Millionen Dollar in Versicherungsfirmen, 500 Millionen Dollar in Land- und Gutsbesitz, 105 Millionen Dollar in Banken und 500 Millionen Dollar in Handelsfirmen geflossen. Außerdem, so die US-Botschaft in ihrer Note, seien mehrere Millionen Dollar Bargeld transferiert worden. Ob diese Zahlen stimmen, wird durchaus bezweifelt. Viele westliche Botschafter hielten sie damals für fragwürdig. Sicher ist jedoch, dass Perón ab 1946 versuchte, deutsche Ingenieure nach Argentinien zu locken. Sicher ist auch, dass Perón Mitglieder seiner Regierung dazu abstellte, flüchtende Nazis nach Argentinien zu lotsen.

Dort trafen sie auf eine starke nationalsozialistische deutsche Gemeinde. Knapp 40000 Deutsche lebten damals in dem Land, die argentinische NSDAP-Ortsgruppe war eine der stärksten Naziauslandsorganisationen weltweit. Am Kiosk kauften die Deutschen in Argentinien meistens die «Freie Presse», ein strammes Naziblatt und auflagenstärkste deutschsprachige Zeitung. Ihr späterer Chefredakteur Wilfried von Oven war Pressereferent von Propagandaminister Heinrich Goebbels gewesen. Kontaktmann zwischen deutscher Gemeinde und Perón war der deutsche Unternehmer Ludwig Freude. In seinem Haus im Stadtteil Belgrano organisierte er regelmäßige Treffen zwischen argentinischen Militärs und Repräsentanten der deutschen Botschaft. Das US-Außenministerium sah in ihm einen der Drahtzieher der Naziflucht nach Argentinien. Ludwig Freude betrieb mit seinem Sohn Rodolfo die Firma Araya S. A., beide hatten Perón schon als jungen Offizier kennengelernt.

Als Perón Präsident wurde, bezog Rodolfo Freude ein Büro im Regierungspalast Casa Rosada, er baute für Perón einen Geheimdienst auf und wurde kurzzeitig sein Privatsekretär. Wichtig war Freudes Tätigkeit vor allem für die «Nachzügler-Kommission», die von Perón eingesetzt wurde. Ihre Aufgabe bestand darin, Nazis unbeschadet und unerkannt aus Europa nach Argentinien zu bringen. Die meisten von ihnen schifften sich in Genua ein. Die «Nachzügler-Kommission» besorgte Papiere, Visa, Plätze auf Schiffen.

In der «Nachzügler-Kommission» tummelten sich, nach Erkenntnissen des Dachverbands jüdischer Organisationen in Argentinien, Nazis wie Branko Benzon, Exgesandter Kroatiens in Berlin, und Jacques Marie de Mahieu, ein französischer Rassentheoretiker. Eine Schlüsselrolle in der «Nachzügler-Kommission» hatte der ehemalige SS-Obersturmführer Horst Fuldner, der maßgeblich daran beteiligt war, Adolf Eichmann und Josef Mengele ins Land zu holen. Etwa 2000 überzeugte Nazis kamen zwischen 1945 und 1949 nach Argentinien. Der argentinische Journalist Uki Goñi, der die Fluchtroute der Nazis nach Argentinien erforscht hat, schätzt, dass darunter mindestens 300 Kriegsverbrecher waren.

Mindestens einen von ihnen hat Perón persönlich getroffen. Pierre Daye kollaborierte in Belgien während der deutschen Besatzung mit den Nazis und wurde 1946 in Abwesenheit zum Tode verurteilt. Auch ihm gelang die Flucht nach Argentinien, im Dezember 1947 empfing ihn Perón in der Casa Rosada mit zwei weiteren Nazikollaborateuren. In Dayes Tagebuch, das Uki Goñi in Belgien fand, schrieb er nach dem Treffen: «Der Präsident wusste,

dass alle diese Leute in ihren jeweiligen Ländern zum Tode verurteilt worden waren. Und ich bewundere seine unabhängige
Meinung und seinen Mut, mit dem er uns im Regierungspalast
empfing.»

In Argentinien fanden viele Nazis ein neues Zuhause, so etwa
der für die Judentransporte der Reichsbahn zuständige Staatssekretär im Verkehrsministerium Albert Ganzenmüller, Goebbels'
Personalchef Erich Müller und Hjalmar Schachts Stellvertreter
Heinrich Dörge. Die deutsche Gemeinde nahm die flüchtigen Nazis
bereitwillig auf. Der ehemalige SS-Offizier Erich Priebke, der 1944
in Rom an den Geiselerschießungen in den Ardeatinischen Höhlen
beteiligt war, kam als Otto Pape ins Land, in dem Andenort Bari-
loche lebte er jedoch lange unter seinem richtigen Namen. Adolf
Eichmann arbeitete später bei Mercedes-Benz in Argentinien, ehe
er 1960 entführt und 1962 in Jerusalem zum Tode verurteilt wurde.
Seine letzten Worte waren: «Es lebe Deutschland! Es lebe Argentinien! Es lebe Österreich! Ich werde nicht vergessen!»

Es waren nicht nur Peróns Sympathien für die deutschen Fa-
schisten, die ihn dazu trieben, die Nazis mit offenen Armen zu
empfangen. Er war besessen von der Idee, aus Argentinien ein In-
dustrieland zu machen, und die Neuankömmlinge sollten dabei als
Fachkräfte mit anpacken. Unter Leitung von Kurt Tank (als «Pedro
Mathies» 1947 eingereist) arbeiteten 60 deutsche Rüstungsingeni-
eure in Argentinien für die Luftfahrtindustrie. Tank hatte bei Fo-
cke-Wulf an der Entwicklung eines Düsenjets mitgearbeitet und
sollte auch für Perón ein solches Flugzeug bauen. Ihm zur Seite
stand der Fliegeroberst Horst Rudel, den Perón zu seinem Luftwaf-
fenberater ernannt hatte. Der von Tank konstruierte Düsenjet
stürzte beim Testflug jedoch ab.

Peróns Denken war mit dem Konzept des Nationalsozialismus
kompatibel. Nationalismus, sozialer Ausgleich, Militarismus passten in Peróns Weltbild. Attraktiv für Perón war auch, dass sich die
Nazis mit den USA angelegt hatten. Die Großmacht betrachtete
Perón als Gegner, wie es viele ehemalige Kolonialländer tun. Der
Antikommunismus Hitlers war ein weiterer Berührungspunkt zwischen den Nazis und Perón. Man macht es sich daher zu einfach,
wie Norberto Galasso (2005) in seiner detaillierten und umfas-
senden Perón-Biografie, Peróns Hilfe für Nazikriegsverbrecher nur
darauf zurückzuführen, dass er Techniker im Land haben wollte.

Auch ist Nationalismus in einer ehemaligen Kolonie nicht weniger verwerflich als in einem anderen Staat. Aber bis heute weigern sich die Peronisten, dieses Kapitel ihrer eigenen Vergangenheit aufzuarbeiten.

«Santa Evita»
Der Tod einer Heiligen

Es war um fünf vor halb neun Uhr am Abend des 26. Juli 1952, als Eva Duarte starb. Perón rief zwei Tage Staatstrauer aus. Ihr Leichnam wurde in der Zentrale der CGT aufgebahrt, Tausende Argentinier pilgerten zu der Toten, um von ihr Abschied zu nehmen. Erst am 9. August wurde der Sarg geschlossen. Doch dann entführte eine Gruppe von Offizieren eines Nachts die Leiche, um sie im Büro ihres Anführers in einer Kiste zu verstecken. Nach einer jahrelangen Odyssee über Mailand und Madrid wurde die Tote schließlich im Familiengrab der Duartes auf dem Aristokratenfriedhof von Recoleta in Buenos Aires beigesetzt.

Eva Duartes Figur ist so widersprüchlich wie der Peronismus. Im Winter trug sie Pelz, im Sommer teures Tuch, war immer behangen mit Edelsteinen. Und doch war sie eine kämpferische Anwältin der Armen. Ihre Stiftung verteilte Kleidung und Fahrräder, Nahrungsmittel und Bettlaken. Evita war eine Wohltäterin. Eine Frau, die denjenigen ihre Stimme lieh, die keine hatten. Aber sie wurde auch gehasst. Tage nach ihrem Tod tauchten in Buenos Aires Wandschriften auf: «Es lebe der Krebs!» Evita war die Ikone der Armen, verhasst bei den Reichen. Der Schriftsteller Eduardo Galeano formuliert es in «Erinnerungen an das Feuer» so: «Die Sattgegessenen hassten sie. Sie hassten sie, weil sie arm war, weil sie eine Frau war, weil sie frech war. (...) Sie war geboren zur Dienerin, höchstens Schauspielerin billiger Melodramen. Doch Evita hatte den ihr zugewiesenen Platz verlassen. Sie wurde geliebt, sie wird geliebt von den Unerwünschten. (...) Evita war die blonde Fee, die den Leprakranken und den Zerlumpten umarmte, sie stiftete dem Verzweifelten Frieden, sie war eine unerschöpfliche Heilquelle, die Arbeit gab und Matratzen, Schuhe und Nähmaschinen, Gebisse, Brautkleider. Die Unglücklichen bekamen diese Almosen von der Seite und nicht von oben, obwohl Evita atemberaubende Juwelen trug und im Winter Pelzmäntel zur Schau stellte. Selbst für ihren Luxus wurde sie gefeiert. Das Volk fühlte sich durch ihren königlichen Schmuck nicht erniedrigt, sondern gerächt. (...) Erleichtert atmeten die Wucherer, die Händler, die Herren Landbesitzer auf. Wenn Evita tot ist, ist der Präsident Perón ein Messer ohne Klinge.»

In der Tat schien es so, als wäre Perón nach Evitas Tod sein politisches Geschick abhandengekommen. Wirtschaftspolitisch musste er einlenken und setzte wieder auf die Agrarwirtschaft statt auf die Industrie. Argentinien sammelte ein jährlich wachsendes Defizit im Außenhandel an, permanent lähmten Stromausfälle die Argentinier. Dazu legte sich Perón mit einem seiner wichtigsten Verbündeten an, der katholischen Kirche.

Für die Kirche waren ihre Stellung im Staat, der Religionsunterricht an den Schulen und das Verbot der Ehescheidung heilig. Doch je autoritärer Perón sich im Amt gebärdete, umso kritischer wurden die Kleriker. Schließlich versuchten sie, eine christlich-demokratische Partei aufzubauen, wofür sich Perón rächte. Er begann der Kirche die Grundsteuer für ihre Immobilien abzuknöpfen, Glaubensbekundungen im öffentlichen Raum verbot er, den Religionsunterricht schaffte er ab, er legalisierte die Prostitution und die Ehescheidung. Schließlich ließ er die Trennung von Kirche und Staat in der Verfassung verankern. Dieser politische Schnellschuss kostete Perón die Unterstützung vieler Katholiken und der Amtskirche, der Vatikan exkommunizierte ihn. Aber auch in den eigenen Reihen verlor er wichtige Unterstützer.

Denn für die peronistischen Christen im Militär ergab sich aus dieser Gemengelage eine schwierige Frage: Wem galt ihre Loyalität? Am 16. Juni 1955 bombardierte ein Jagdfluggeschwader die Casa Rosada. Die CGT rief ihre Mitglieder auf, die Plaza de Mayo um Perón zu schützen, als ein zweiter Angriff geflogen wurde. Vom Balkon rief Perón: «Der Gewalt müssen wir mit noch mehr Gewalt begegnen. Derjenige, der, egal, an welchem Ort, versucht die Verfassung anzugreifen oder die Ordnung zu stören, kann von jedem Argentinier getötet werden. Und wenn einer von uns fällt, dann fallen fünf von ihnen.» Aber seine Worte retteten ihn nicht mehr.

In Córdoba traten Soldaten in den Ausstand, von Perón geschickte Truppen verweigerten die Befehle, ein Kriegsschiff drohte, Granaten auf die Treibstoffdepots der Häfen von Mar del Plata, La Plata und Buenos Aires zu feuern. In den frühen Morgenstunden des 21. September 1955 floh Perón in die paraguayische Botschaft und bat um Asyl. Am nächsten Morgen ging ein langer heftiger Regen auf Buenos Aires nieder. Trotzdem zog es mehrere Tausend Menschen auf die Straße, um das Ende von neun Jahren peronistischer Regierung zu feiern. In Córdoba taufte der Anführer der Putschisten, General Eduardo Lonardi, den Putsch «Befreiungsrevolution». Kurz darauf stieg er die Treppe zu einem Flugzeug hinauf, das ihn nach Buenos Aires bringen sollte. Auf der Seite der Maschine stand: «Christus siegt». Umgehend verbot er die Partei der Peronisten.

Der Pate von Madrid
Peronismus ohne Perón

Nach einer Odyssee über Paraguay, Venezuela und Panama zog Perón 1960 nach Madrid. Das Viertel Puerta del Hierro liegt im Nordosten der Stadt und zählt zu den exklusivsten Quartieren. Dort ließ sich der Arbeiterpräsident in der Navalmanzano-Straße Nummer 5 eine Villa bauen, der er den Namen «17 de Octubre» gab. Das Haus wurde zum Reiseziel von Abordnungen seiner Organisationen aus Argentinien. In der Heimat war die Lage vertrackt für seine Bewegung. Die Militärs unterdrückten jede Regung des Peronismus, der Expräsident war Persona non grata. Perón hielt sich als der Pate der Bewegung im Hintergrund. Er erteilte Befehle, gab Ratschläge, sendete Grußadressen. Der Peronismus war in Argentinien zwar verboten, aber dennoch lebendig. Trotz der Entfernung war Peróns Einfluss auf die nationale Politik sehr groß. Im Jahr 1958 half er dabei, Arturo Frondizi zum Präsidenten zu machen, und kam damit aus dem politischen Abseits heraus. Sein Ziel war die Rückkehr. In Argentinien tauchten an Fabrikwänden die Buchstaben «PV» auf: «Perón vuelve – Perón kommt zurück». Doch ohne Perón spaltete sich seine Bewegung in zwei Lager. Auf der einen Seite waren die eher konservativen Gewerkschaftsapparate, auf der anderen Seite die radikale Jugendbewegung. Die Gewerkschafter blieben in ihrer Mehrheit nationalistisch. Die jungen Wilden wollten mit Perón eine Revolution nach kubanischem Vorbild anzetteln. In Madrid war Perón ein Mittler zwischen den unterschiedlichen Strömungen. Er wusste, er brauchte sie beide für seine Rückkehr.

Studieren und Demonstrieren
Politische Bewegung an den Universitäten

Die kubanische Revolution im Jahr 1959 führte vielen Studierenden in Argentinien vor Augen: Ein anderes Land war möglich. Und zwar nicht nur, weil ein Argentinier eine der treibenden Kräfte dieser Revolution gewesen war, der Guerillero Ernesto «Che» Guevara. Eine Mischung aus kubanischer Revolutionsromantik und peronistischem Vaterlandsglauben ließen an den Universitäten in Argentinien eine neue Linke entstehen. Doch schon 1966 wurden sie heftig verfolgt. Nach seinem Putsch gegen den gewählten Präsidenten Arturo Illia verbot General Onganía die politischen Parteien und errichtete eine Diktatur. Mit Onganía hatte ein erzkonservativer Moralmilitär die Macht an sich gerissen. Die Polizei war dazu angehalten, Liebespaare auf der Straße zu kontrollieren, die Satirezeitschrift *Tía Vicente* wurde verboten und die Universitäten wurden nach Rebellen durchsucht. In den Gefängnissen wurde gefoltert.

Als Studierende in Córdoba gegen die hohen Mensapreise auf die Straße gingen, schlugen die Sicherheitskräfte brutal zurück. Bei den Straßenschlachten wurde ein Student getötet. Als dann in Córdoba am 29. Mai 1969 die Arbeiter der Automobilindustrie für höhere Löhne streikten, schlossen sich die Studierenden ihnen an. Wieder gingen die Sicherheitskräfte äußerst brutal vor, es folgte eine dreitägige Straßenschlacht. Geschäfte wurden geplündert, Barrikaden gebaut, es fielen Schüsse. 30 Menschen starben beim sogenannten Córdobazo, Hunderte wurden festgenommen.

Paradoxerweise setzte die Militärregierung nach der Säuberung der Universitäten mit Justino O'Farrell und Gonzalo Cárdenas zwei progressive Professoren an der Facultad de Filosofia y Letras der Universität von Buenos Aires ein. Gemeinsam führten sie eine exzentrische Art der Lehre ein: die «Cátedras Nacionales» – «nationale Lehrstühle». Eduardo Anguita und Martín Caparros beschreiben sie in ihrem dreibändigen Klassiker «La Voluntad»: «Die Nationalen Lehrstühle waren Seminare und Vorlesungen, die parallel zum restlichen Lehrangebot stattfanden. (...) Das zentrale Thema war die ‹nationale Befreiung›. Es wurde davon ausgegangen, dass die europäische intellektuelle Tradition in peripheren Ländern überdacht werden musste, weil sie in diesen Ländern nicht funktionierte, da sie mit einer anderen Wirklichkeit konfrontiert sind. Es gab in den Nationalen Lehrstühlen eine soziologische Strömung, die mit der klassischen Soziologie diejenigen Themen behandeln wollte, die von der liberalen Soziologie nicht behandelt wurden. Und es gab eine philosophische Strömung, die nach einer Form suchte, die Sozialwissenschaften als etwas zu denken, das mit den Kämpfen der Arbeiterklasse und den Traditionen und Texten des Peronismus zusammenhing. Dies war eine Form zu denken, die genau dort über den Marxismus hinausgehen wollte, wo dieser eurozentristisch und dogmatisch war.» (1997:318).

Verkehrte Welt – in den Aulas der Universität von Buenos Aires entstanden während der Diktatur von Onganía Freiräume für die politische Linke und die Peronisten. Horacio González lehrte damals in den Cátedras Nacionales und ist noch heute Professor für Soziologie an der Universität von Buenos Aires und Direktor der Nationalbibliothek. Er erinnert sich: «Wir hatten damals mit den Nationalen Lehrstühlen fast die gesamte Fakultät in unserer Hand, und wir machten, was wir für richtig hielten. Für die Militärs war das kaum zum Aushalten: Wir nahmen die Prüfungen in einer anderen Art und Weise ab, lasen Mao Tse-tung, wir unterstützten die Guerilla und waren gegen Onganía.»

Und er ließ einen argentinischen Klassiker lesen: Juan Domingo Perón. González versuchte ihn damals mit dem italienischen Marxisten Antonio Gramsci zusammen zu denken. Dabei verglich er Peróns Schrift «Apuntes de la historia militar» (1950), in der es um Schlachten und militärische Führung geht, mit Gramscis «Gefängnisheften» (1991), in denen der Italiener das Konzept des Stellungskriegs entwickelte, mit dem die gesellschaftliche Hegemonie erobert werden sollte. González gesteht heute ein: «Es war unmöglich, Gramsci, so wie ich ihn heute sehe, mit Perón zu vereinen.» Aber der Versuch war Programm, die Nationalen Lehrstühle versuchten den Peronismus mit dem Marxismus zu fusionieren.

Doch solch subversives Denken tolerierten die Militärs nicht auf Dauer, die Studentenbewegung war eine Bedrohung für sie. Deutlich wurde dies am 25. Juni 1969, als 500 Studierende und Professoren die Fakultät besetzten, um gegen den Besuch von Nelson Rockefeller zu protestieren, damals Vizepräsident der USA. Als die Polizei Tränengasgranaten auf das Gebäude feuerte, warfen die Studierenden mit dem Mobiliar auf die Beamten. Später stürmte die Polizei das Gebäude, befreite den als Geisel gehaltenen akademischen Direktor und nahm fast alle Besetzer fest, darunter auch Professor Horacio González. Den kulturellen Aufbruch im Land konnten die Militärs trotz harter Repression nicht stoppen. Es entstanden oppositionelle Zeitungen, etwa *La Opinión* unter dem Chefredakteur Jacobo Timerman. Eduardo Galeano gab die Literaturzeitschrift *Crisis* heraus. Es war die Zeit politisch bewegter Schriftsteller wie dem großen Julio Cortázar und Juan Gelman. Auf dem Gebiet der bildenden Künste bewegte sich ebenfalls sehr viel. In der Florida-Straße hatte das Instituto Di Tella eröffnet, es versammelte die künstlerische Avantgarde. Antonio Berni fing an, für seine satirischen Skulpturen Eisenschrott und alte Stoffe zu verwenden. Auch das Kino wurde politisch. Osvaldo Getino und Fernando Solanas brachten «La hora de los hornos» (1968) in die Kinos, der wegen peronistischer und revolutionärer Inhalte verboten wurde. Torre Nilsson filmte 1970 «El Santo de la espada», und Héctor Olivera machte aus Osvaldo Bayers Buch «La Patagonia Rebelde» (1973) einen Film.

Die Revolution war zu dieser Zeit in Lateinamerika mehr als nur eine Utopie. Das kleine Kuba konnte sich trotz aller Anfeindungen durch die USA behaupten. In Chile wurde 1970 der Sozialist Salvador Allende zum Präsidenten gewählt. In vielen Ländern bildeten sich Guerillagruppen.

Montoneros
«Soldados de Perón»

Auch in Argentinien griffen Revolutionäre zur Gewalt. Es war am Morgen des 29. Mai 1970, als drei Männer in Militäruniform an der Tür einer Wohnung des Gebäudes in der Montevideo-Straße 1053 in Buenos Aires klingelte. Sie gaben an, die Leibwächter von General Pedro Eugenio Aramburu zu sein. Seine Frau ließ sie eintreten, bot ihnen an, sich zu setzen. Die Männer lehnten höflich ab. Als Aramburu aus dem Badezimmer kam, gaben sie ihm die Hand und sagten: «General, Sie kommen mit.» Gemeinsam fuhren sie im Aufzug die acht Stockwerke des Gebäudes hinunter, stiegen in einen Peugeot 504 und rasten davon. Am Nachmittag meldeten die Radiosender: «General Aramburu wurde entführt.» Aber niemand wusste, von wem.

Aramburu war im Jahr 1955 am Putsch gegen Perón beteiligt gewesen und übernahm später die Amtsgeschäfte als Präsident. In seine Amtszeit fiel das Massaker von José León Suarez im Jahr 1956, als unter der Führung von General Juan José Valle etwa 300 Peronisten, Zivilisten und Militärs einen Aufstand probten. 18 aufständische Soldaten und 13 Zivilisten wurden ermordet, eine Gruppe Arbeiter auf der Mülldeponie hingerichtet. Einen Tag nach der Entführung boten die Kidnapper an, den General gegen inhaftierte Guerilleros zu tauschen. Präsident Onganía lehnte dies ab. Danach wurde hinter dem Spiegel der Bar *Albor II* im Viertel Belgrano von Buenos Aires ein Schreiben gefunden:

«PERÓN KOMMT ZURÜCK
Buenos Aires, 29. Mai 1970
Mitteilung Nr. 1
AN DAS VOLK DER NATION:

Unser Kommando hat um 9.30 General Pedro Eugenio Aramburu festgenommen, mit dem Ziel, ihm einen revolutionären Prozess zu machen. Pedro Eugenio Aramburu werden 108 Fälle des VATERLANDSVERRATS angelastet und der MORD AN 27 ARGENTINIERN.

Zu gegebener Zeit wird man das gefällte Urteil des Prozesses bekannt geben.
PERÓN ODER TOD
ES LEBE DAS VATERLAND
Comando Juan José Valle
Montoneros»

Für die Sicherheitskräfte war das Schreiben ein Mysterium. Unter dem Namen «Montoneros» hatten sie keine peronistische Gruppierung in ihren Akten. Früher, als es den Beamten lieb sein konnte, machten die Entführer ernst. Am 1. Juni 1970 wurde der General erschossen. Die Montoneros hatten mit dem Mord an Aramburu die politische Bühne betreten – sie sollten eine der schlagkräftigsten Guerillas des Landes werden. Ihr Kampf galt den herrschenden Militärs und hatte zum Ziel, Peróns Rückkehr zu erzwingen.

Im März 1970 waren die Montoneros noch ein verschworener Kreis. Lediglich zwölf Mitglieder zählte die Organisation, fast alle entstammten Mittelklassefamilien aus Córdoba und Buenos Aires. Auf ihren Gang in den Untergrund hatten sie sich gut vorbereitet. Sie trainierten Judo und Taekwondo, sie überfielen Polizeistationen und Banken, um Waffen und Geld zu erbeuten. Niemals hinterließen sie dabei Bekennerschreiben, sie zogen es vor, diese Aktionen wie die Taten gewöhnlicher Krimineller erscheinen zu lassen.

Nach dem Mord an dem General übermittelten sie über einen Kontaktmann ein Schreiben an Perón in Madrid. Darin schrieben sie: «Der einzig mögliche Weg, damit das Volk die Macht übernimmt und einen nationalen Sozialismus aufbaut, ist der totale revolutionäre Krieg, der als zentrale Achse und Antrieb den Peronismus hat. Die Methode hierfür ist der Krieg der urbanen und ländlichen Guerillas.» Perón las das Schreiben und steckte es ein. Er dachte eine Woche lang darüber nach. Dann schrieb er, dass der Mord an Aramburu «eine Aktion war, die sich alle Peronisten gewünscht hatten». Er fand aber, dass die «legalen Organisationen» in den Widerstand eingebunden werden müssten, um die «öffentliche Meinung» zu beeinflussen. Nur mit Gewalt könne man nicht siegen. Um die legal arbeitenden Gruppen zu schützen, sollten die Montoneros sich unabhängig von ihnen bewegen. Als Kriegstaktik schlug er vor: «Mit gezielten Operationen dort zuschlagen, wo es schmerzt (...) Aber vor allem müsst Ihr verstehen, dass Ihr Euch in einem revolutionären ‹Krieg› befindet, in dem alles erlaubt ist, wenn es den Zielen dient.»

Vor allem an den Universitäten rekrutierten die Montoneros neue Guerilleros. Sie waren aber längst nicht die einzige bewaffnete peronistische Gruppe zu dieser Zeit. Mit ihnen konkurrierten die Fuerzas Armadas Revolucionarias (FAR), die Fuerzas Armadas Peronistas (FAP), die Fuerzas Armadas de la Liberación (FAL) und das trotzkistische Ejército Revolucionario del Pueblo (ERP), das neben Angriffen auf das Militär auch karitative Hilfe leistete, indem seine Kommandos in den Slums Lebensmittel verteilten, die sie vorher gestohlen hatten. Im ersten Halbjahr 1971 gingen 316 bewaffnete Aktionen auf das Konto dieser Gruppen. Im Jahr 1971 schlossen sich die peronistischen Guerilleros zusammen und riefen die Organizaciones Armadas Peronistas (OAP) ins Leben. Sie entführten Unternehmer und Militärs, erschossen Sicherheitskräfte und Politiker.

Den Montoneros gelang es, sich eine Massenbasis in der peronistischen Bewegung aufzubauen. Studierende und Gewerkschafter stießen zu der Organisation oder zu einer der in der Legalität arbeitenden peronistischen Gruppen, die Kontakte zu den Montoneros hatten. Zu Demonstrationen konnten sie Tausende von Menschen mobilisieren. Diese skandierten: «Wäre Evita noch am Leben/Sie würde Montonera werden.» Bis 1973 legten die Montoneros zahlenmäßig stark zu. Richard Gillespie, Autor des Standardwerks «Soldiers of Perón – Argentina's Montoneros» (1983), schätzt, dass die Montoneros am Ende etwa 5000 aktive Mitglieder hatten, 3000 davon waren bewaffnet. Die Montoneros waren eine stark hierarchische Organisation, die in mehreren Zellen arbeitete. Ihr Chef wurde Eduardo Mario Firmenich, ein katholischer Nationalist, der sehr stark auf seine persönliche Sicherheit bedacht war – aber keine Probleme hatte, seine eigenen Leute in Lebensgefahr zu bringen, das instrumentelle Verhältnis zu Menschen der Montoneros-Führung traf Mitglieder und Gegner gleichermaßen.

Unter dem Kommando von Firmenich terrorisierten die Montoneros das Establishment. Polizei und Militär folterten Guerilleros und diejenigen, die sie verdächtigten dazuzugehören, mit Elektroschocks. Längst sahen sich die Montoneros als bewaffnete Avantgarde ihrer Bewegung und dichteten den Peronisten-Marsch um:

Con fusil en la mano
y Evita en el corazón
Montoneros, Patria o Muerte
Son Soldados de Perón. (1973)

Mit der Waffe in der Hand
und Evita im Herzen
Montoneros, Vaterland oder Tod,
sind Soldaten von Perón.

Ihre Gewalt hatte sich verselbstständigt, doch ihr Wirken hatte konkrete Folgen. Der Historiker Richard Gillespie bilanziert: «Dadurch, dass die Guerillas ein Klima der Unabhängigkeit und sozialen Unordnung gestiftet haben, haben sie ohne Zweifel die Entscheidung der Militärs beschleunigt, sich in die Kasernen zurückzuziehen und eine politische Lösung für die argentinische Krise zu finden.» (1982:145) Am 11. März 1973 durften die Argentinier nach Jahren der Diktatur wieder wählen. Auch die Peronisten waren zugelassen und gewannen mit Héctor Cámpora die Wahlen. Ihr Slogan: «Cámpora an die Regierung, Perón an die Macht». Von Madrid aus bestimmte Perón die Minister, für Arbeit und Soziales setzte er seinen Privatsekretär José López Rega ein.

Als Cámpora am 25. Mai 1973 seinen Amtseid schwor, waren die Montoneros eine starke militärisch-zivile Organisation. Sie hatten direkten Einfluss auf zahlreiche Provinzregierungen, im Parlament saßen ihre eigenen Abgeordneten, ihre Stimme zählte in der Arbeiterbewegung und in der Studierendenbewegung. Auch in den Slums konnten sie politisch Fuß fassen.

Aber nicht alle, die der Organisation einmal nahestanden, waren begeistert. Horacio González erinnert sich: «Es ging schlecht auseinander zwischen uns und den Montoneros. In dieser Zeit ist die theoretische Debatte untergegangen. Wir lasen die Papiere der Montoneros, und es waren Papiere, aus denen ein sehr primitiver Marxismus sprach, der uns nicht überzeugte.»

Sieg des Pragmatismus
Peróns dritte Präsidentschaft

Mit einem Peronisten in der Casa Rosada stand der endgültigen Rückkehr von Perón nichts mehr im Weg. Bei seiner Ankunft am 20. Juni 1973 strömten fast eine Million Menschen zum Flughafen von Buenos Aires. Doch während Perón an Bord seiner Maschine über Buenos Aires kreiste, kam es zum schlimmsten Massaker in der Geschichte seiner Bewegung. Auf der Haupttribüne und in den Bäumen hatten sich Scharfschützen verschanzt. Als die Montoneros sich mit ihren Transparenten der Haupttribüne näherten, eröffneten sie das Feuer. Aber auch die Montoneros trugen Waffen und schossen zurück. Die Zahl der Toten des Massakers von Ezeiza wird auf über hundert geschätzt. Die Montoneros beschuldigten Peróns ehemaligen Privatsekretär López Rega als Befehlsgeber der Schüsse. Die rechten Peronisten behaupteten, sie hätten ein Attentat gegen Perón gefürchtet. Das Drama von Ezeiza war die erste gewalttätige Auseinandersetzung zwischen den beiden Strömungen des Peronismus.

Nach seiner Rückkehr setzte Perón den gewählten Präsidenten Cámpora massiv unter Druck, sodass dieser zurücktrat und Wahlen für September 1973 ausrief. Perón misstraute seiner eigenen Bewegung derart, dass er als Kandidaten für das Amt des Vizepräsidenten seine Frau María Estela «Isabel» Martínez de Perón auf den zweiten Listenplatz hob. Perón wusste, dass seine Gesundheit angeschlagen war, und wollte sein politisches Erbe im Falle seines Todes nicht in die Hände der Partei legen. Mit überwältigender Mehrheit von 61,85 Prozent der Stimmen wurde Perón zum Präsidenten gewählt. Politisch schwebte ihm der «Dritten Weg des Peronismus» vor, ähnlich der westeuropäischen Sozialdemokratie. Damit bremste er diejenigen aus, die seine Rückkehr mit einem «nationalen Sozialismus» verbunden hatten.

Stattdessen legte Perón einen Sozialpakt auf, mit dem er betriebliche Konflikte zu neutralisieren versuchte. Er träumte von der «Potenz Argentiniens», die daraus entstehen sollte, dass das Land die Welt ernährte. Europa und die USA brauchten Lebensmittel, so sein Kalkül – und Argentinien sollte sie produzieren. Parallel dazu wollte er den Export von Industriegütern fördern. Zunächst ging sein Plan auf. Argentinische Produkte wurden nach Europa verschifft, die Einnahmen aus dem Außenhandel stiegen, doch dann drückte der Ölpreisschock das Land in die Krise.

Am 1. Mai 1974 rief Perón die Arbeiter auf die Plaza de Mayo. Wie am 17. Oktober 1945 stand er auf dem Balkon des Regierungspalastes. Aber das Land hatte sich verändert. Eine Panzerglasscheibe schützte Perón vor vermeintlichen Gewehrkugeln. Es war verboten, während der Demonstration andere Symbole zu tragen als die argentinische Fahne. In Trommeln schmuggelten die Montoneros Spraydosen auf die Plaza, mit denen sie ihre Symbole auf die Fahnen sprühten. Als sie Perón auf dem Balkon sahen, skandierten sie Rufe gegen seine Frau María Estela Martínez. Perón schaute einen Moment irritiert auf die Menge. Dann brach es aus ihm heraus: «Die Regierung setzt sich für die Befreiung des Landes ein, nicht nur vom Kolonialismus, sondern auch von den Infiltrierten, die uns von innen heraus verraten, sie sind gefährlicher als unsere äußeren Feinde.» Er nannte die Montoneros «Dummköpfe» und rief: «Geht mir nicht auf die Eier.»

Ohne dass jemand das Kommando dazu gegeben hätte, verließen die Montoneros augenblicklich die Plaza. Es war das letzte Mal, dass sie kamen, um Perón zu sehen. Der Platzverweis war der Anfang einer Säuberungswelle. Im Parlament setzte Perón Anfang

1974 härtere Gesetze gegen die Guerilla durch. Linksperonisten flogen aus der Partei. Die Guerilla ermordete und entführte Politiker, Militärs und Unternehmer. Längst hatte der Sozialminister López Rega eine Parapolizei aufgebaut, die Acción Anticomunista Argentina, genannt «Triple A», die ihrerseits mordete und folterte. Ihr Treiben konnte Perón nicht entgangen sein.

Perón starb am 1.Juli 1974 in seiner Residenz in Olivos. Die CGT und ihre 62 Organisationen riefen einen Generalstreik aus. Perón wurde in einen Sarg gelegt, auf dem stand: «Der erste argentinische Arbeiter». Tausende verabschiedeten ihn. Er war der Einzige, der die Einheit der peronistischen Bewegung hätte wiederherstellen können.

Der Weg in die Diktatur
María Estela «Isabel» Martínez de Perón

Nach Peróns Tod übernahm seine Frau María Estela «Isabel» Martínez de Perón die Amtsgeschäfte. Martínez wurde 1931 in La Rioja als Tochter einer Mittelklassefamilie geboren. Sie lernte Perón im Exil kennen, sie heirateten in Spanien. Zeit ihres Lebens musste sie mit Evita konkurrieren, privat wie politisch. Sie musste sogar hinnehmen, dass Evitas Sarg eines Tages im gemeinsamen Haus in Madrid in ein Zimmer gestellt und wie ein Heiligenschrein gepflegt wurde. Als Präsidentin war sie das Gegenteil zu Evita, sie war höchst konservativ und reserviert.

Kurz nachdem Martínez ihren Amtseid gechworen hatte, verlagerten die Montoneros ihre Organisation in den Untergrund. Als illegale Gruppe finanzierten sie sich durch Entführungen. Die bewaffneten Aktionen der Montoneros und die Gewalt der «Triple A» schufen ein Klima des Chaos und der Angst. Schließlich befahl Martínez dem Militär, die «subversiven Aktionen im ganzen Land zu ersticken». Soldaten durften fortan Verdächtige stellen, ohne die Polizei zu benachrichtigen. Mit Martínez setzte der argentinische Staatsterror ein (siehe Kapitel: «Morde ohne Leichen»).

Das Gefühl des Chaos wurde durch die instabile Wirtschaft noch verstärkt. Im Juni 1975 war der Peso überbewertet, die Exporte gingen zurück, das Haushaltsdefizit lag bei zwölf Prozent, und die Inflation galoppierte mit 40 Prozent. Die Regierung entschloss sich zu einer Schocktherapie. Sie wertete die Währung ab, über Nacht schmolzen die Einkommen und Ersparnisse der Argentinier zusammen, Benzin wurde um 175 Prozent teurer. Die Gewerkschaften gingen auf die Barrikaden, es kam zum ersten Generalstreik gegen eine peronistische Regierung. Martínez wurde in einer Privatklinik interniert, ihr Diskurs klang hilflos: «Alle Argentinier sollen glücklich werden.» Diese Worte überzeugten niemanden im Land. Wilde Gerüchte machten die Runde. Martínez sollte Gelder aus einem Solidaritätsfonds für private Ausgaben umgeleitet haben.

Das argentinische Drama
Der Putsch von 1976

Am 24. März 1976 putschte das Militär gegen Martínez. Die Putschisten errichteten die blutigste Diktatur in Lateinamerika zu dieser Zeit. Das Militär machte Jagd auf Mitglieder der Montoneros und auf jeden, den sie dafür hielten. Menschen verschwanden und wurden brutal gefoltert. Intellektuelle und Politaktivisten flohen zu Tausenden ins Exil. Die Brutalität kannte keine Grenzen. Schon ein Heft der Zeitschrift *La causa peronista* konnte genügen, um von der Straße weg verhaftet zu werden. Der Staatsterrorismus kannte keine Gnade.

Die Guerilla war schon Ende 1975 stark geschwächt gewesen. Einmal noch bäumten sich die Montoneros auf. Ihre Chefs waren in Kuba und Italien im Exil und glaubten, dass einige Hundert Kämpfer genügen würden, einen Volksaufstand herbeizuführen. Sie riefen im Dezember 1976 zur Gegenoffensive auf und befahlen exilierten Montoneros, nach Argentinien zurückzukehren. Doch der Geheimdienst war gewarnt und griff die Guerilleros schon am Flughafen ab. Die Montoneros reisten in ihren sicheren Tod. Aus dem Exil befehligte ihr Chef Firmenich Ende 1979 eine zweite Offensive. Doch da verweigerten ihm viele Mitglieder den Befehl. Firmenich weist bis heute jegliche Verantwortung dafür von sich. Das Regime brach 1983 ohne den Widerstand der Montoneros zusammen, nachdem die Militärs den Falklandkrieg verloren hatten.

In freien Wahlen wurde der Kandidat der UCR, Raúl Alfonsín, zum Präsidenten gewählt. Und von Anfang an hatte er einen starken Gegner: die Gewerkschaften der CGT. Ab November 1986 verschrieben sich die Peronisten dem Kampf gegen die junge Regierung. Verheerend war, dass die wirtschaftliche Situation sehr zerbrechlich war. In drei Jahren rief die CGT 13 Generalstreiks aus. Das Land stand am Rande des Kollapses, Alfonsín verlor 1989 die Wahlen, an die Regierung kam der Peronist Carlos Saúl Menem.

Der dritte Peronismus
Carlos Saúl Menem – der moderne Caudillo

Goldene Manschettenknöpfe, den Leibfriseur bei Staatsbesuchen immer im Gefolge und die pathetische Aura eines Sonnenkönigs – Carlos Menem liebte die Macht, er berauschte sich an ihrer Glorie. Der ehemalige Rechtsanwalt aus der Provinz La Rioja genoss das Licht der Scheinwerfer und die Blitzlichtgewitter. Und keiner hatte die Scheinwerfer und Blitzlichter so perfekt im Griff wie er. Menem wurde während seiner Amtszeit (1989–1999) der erste Privatfernseh-Caudillo. Aber er verstand es auch am Kabinettstisch, geschickt die Fäden zu ziehen, kein Minister mit Format blieb unter dem Machiavelli der Pampas zu lange auf seinem Posten. Menem ist ein Beispiel für die Anpassungsfähigkeit des Peronismus, der einen mafiösen Machtapparat kontrolliert und in den stolzen Gewerkschaften sein wichtigstes Standbein hat. Bis in die Kapillargefäße der Gesellschaft ist der Peronismus mit seinen Baiseinheiten vertreten. Und Menem wusste sie zu nutzen. Es gelang ihm als Peronisten, die Prinzipien des klassischen Peronismus zu verraten. Kaum war er im Amt, begann er ein beispielloses Privatisierungsprogramm durchzusetzen, er senkte die Außenzölle, koppelte den Peso an den US-Dollar. Damit leitete er einen rücksichtslosen Umbau des Staates ein und verdoppelte die Arbeitslosenzahlen (siehe Kapitel: «Sie sollen alle abhauen»). «Der Peronismus gegen den Staat» betitelt Ricardo Sidicaro sein Kapitel über den dritten Peronismus an der Regierung (2002:143). Den nach Schweiß riechenden Peronismus hat Menem in einen argentinischen Thatcherismus verwandelt, sämtliche Vorwürfe wegen Korruption prallten an ihm ab. Ebenso wie der Vorwurf seines ehemaligen Innenministers, die Menem-Regierung sei «ein Nest voller Giftschlangen». Den Zusammenbruch dieses Fantasiemodells zum Jahresende 2001 musste Menem nicht mehr im Präsidentenamt erleiden.

Obwohl Menem radikal privatisierte und die Menschen ihre Arbeitsplätze verloren, hielten die Gewerkschaften während seiner Amtszeit der neolibealen Reformen weitgehend still. Erst unter seinem Nachfolger von der UCR, Fernando de la Rúa, traten sie wieder auf den Plan. In 720 Amtstagen riefen die Peronisten zu zwölf Generalstreiks gegen ihn auf. Doppelt so viele, wie sie unter Menem in zehn Jahren angezettelt hatten. Schließlich stürzte de la Rúa kurz vor Weihnachten 2001 über den Widerstand der Straße und eine der schwersten Wirtschaftskrisen des Landes, die er von Menem vererbt bekam. Sein Nachfolger: der Peronist Adolfo Rodriguez Saá. Es ist der Sarkasmus der argentinischen Geschichte, dass die Peronisten politisch von einer Krise profitieren konnten, die sie mit zu verantworten haben. Dennoch erwies sich der spätere peronistische Übergangspräsident Eduardo Duhalde als der Mann, der die Krise langsam entschärfen konnte. Als er zurücktrat und 2003 Wahlen ausgerufen wurden, war der Peronismus alles andere als einig, aber trotzdem die einzige starke politische Kraft. Gleich drei Peronisten konkurrierten um das Präsidentenamt: der neoliberale Expräsident Carlos Menem, der Übergangspräsident Adolfo Rodríguez Saá, der Gouverneur Néstor Kirchner aus der Provinz Chubut. Mit einer hauchdünnen Mehrheit und 22 Prozent der Stimmen machte Kirchner das Rennen.

Renaissance des Linksperonismus
Néstor Kirchner

Als Kirchner an einem sonnigen 25. Mai 2003 seinen Amtseid leistete, hing an fast jedem Laternenpfosten der Avenida de Mayo eine blau-weiße argentinische Fahne. Kirchner hatte seine Amtsübernahme pompös inszeniert. Vor dem Kongress stürzte er sich in die Menge, Tausende waren gekommen, ihm zuzujubeln. Auch wenn der Präsident für kurze Sekunden im Tumult nicht zu sehen war, so sah man doch fast immer seine ausgestreckten Zeige- und Mittelfinger. «Der Sieg ist meiner», wollte er zeigen. Mit zahlreichen Blessuren und einem blauen Auge erreichte er die Casa Rosada. «Estilo K.» tauften die Medien seine Art. K. wie Kamikaze – oder Kirchner.

Und genauso regierte er. In der Casa Rosada empfing er ungewöhnliche Gäste: Arbeitslosenführer kamen; Hebe de Bonafini, die Präsidentin der Menschenrechtsgruppe «Mütter der Plaza de

Mayo», saß bei Kirchner am Schreibtisch; ebenso Überlebende der Folterlager der Diktatur. Dann machte er sich daran, den Obersten Gerichtshof zu reformieren, er reverstaatliche Firmen, die Menem privatisiert hatte, er setzte durch, dass Argentinien nur wenige seiner Schulden begleichen muss – alles mit einer Sturheit, die nur wenige dem lispelnden und schielenden Kirchner zugetraut hätten.

Aufsehen erregte sein Umgang mit den Verbrechen der Militärdiktatur. Ende 2003 hoben Kongress und Senat auf sein Betreiben die Amnestiegesetze auf, Verfahren gegen 2600 Militärs der Diktatur wurden eröffnet. Bis zu diesem Datum konnten sich die Militärs hinter das Befehlsnotstandsgesetz von Präsident Alfonsín und das Amnestiegesetz von Präsident Menem zurückziehen und brauchten keine Strafverfolgung zu fürchten. Auch ein Symbol der Militärs tastete er an. Aus der Kaserne der Escuela Mecánica de la Marina (ESMA), einer berüchtigten Folterstätte der Diktatur, machte er eine Gedenkstätte. Doch Kirchners symbolische Politik drohte symbolisch zu bleiben. Der Rechtsanwalt Rodolfo Yanzón vertritt zahlreiche ehemalige ESMA-Häftlinge und ist Nebenkläger in Verfahren gegen die Militärs. «Es gibt offenbar den politischen Willen, die argentinische Vergangenheit aufzurollen», sagt er, «dem müssen aber auch Taten der Justiz folgen.» Denn die Verfahren gegen ehemalige Diktaturmilitärs sind Mammutfälle. Die ermittelnden Richter räumen selbst ein, dass sie damit überfordert sind. «Die Gerichte brauchen mehr Geld und mehr Möglichkeiten für die Ermittlungen», sagt Yanzón. Anstatt eines Staatsanwalts müssten sich fünf hinter diese Fälle klemmen, die Richter bräuchten eine ganze Heerschar von Ermittlern. Sonst drohten die Verfahren in der Justizbürokratie stecken zu bleiben. «Hierfür muss», so Yanzón, «die Regierung die nötigen Entscheidungen treffen.»

Kirchner zeigte einmal mehr die Anpassungsfähigkeit des Peronismus und wie gut er dazu in der Lage ist, verschiedene soziale Kräfte zu integrieren. Aber sein politischer Stil wurde gegen Ende seiner Amtszeit autoritärer, zuweilen führte er sich auf wie ein Alleinherrscher. Viele oppositionelle Bewegungen neutralisierte er. Zur Jahreswende 2001/02 zogen die Argentinier mit dem Slogan «Que se vayan todos» – sie sollen alle abhauen – auf die Straße und stürzten den damaligen Präsidenten Fernando de la Rúa. Von der Bewegung des «Que se vayan todos» bis zu Kirchner war nur wenig

Zeit vergangen. Aber Kirchner beruhigte das Land. Seinem Peronismus ist es gelungen, die kritischen Stimmen in sich aufzusaugen. Sogar Teile der Arbeitslosenbewegung der Piqueteros band er in sein Projekt mit ein. Regelmäßig blockierten sie Straßen, um staatliche Hilfen zu erzwingen. Kirchner machte sie zu Regierungsdemonstranten. So schreibt der Soziologe Federico Schuster (2004, S. 107): «Was wir gerade im Großraum Buenos Aires beobachten können, ist, dass es zwischen den alten peronistischen Stadtteilführern und den neuen Piquetero-Führern im Alltag keine klare Grenze gibt. Die Dinge überlappen sich. (...) Es gibt keinen generellen Bruch zwischen Peronismus und Piqueteros.»

Dies liegt auch daran, dass die peronistischen Führer in den Stadtvierteln organische Führer ihrer Klasse sind. Sie kennen ihre Basis, sie sind mit ihr aufgewachsen und haben mit ihr praktische Politik gelernt. Damit verfügen sie über Fähigkeiten und Wissen, wie sie in stärker institutionalisierten Politikbereichen nicht mehr zu finden sind. Auf ihnen baut der Peronismus seine Macht auf, sie organisieren die Basis und die machtvollen Demonstrationen. Die Basis selbst hat dabei wenig mitzureden. Die peronistische Führung betrachtet ihre Basis als Soldaten der Bewegung. Für den Besuch von Wahlkampfveranstaltungen erhielten die Massen bei Kirchner Geschenke, wie es bei Peronisten üblich ist.

Trotzdem hat der Peronismus auch unter Kirchner eine Mutation erfahren. «Peronismus K.» nennen das einige Zeitungen. Eher kann der Peronismus Kirchners als ein politisches Programm gesehen werden, das sich an die sozialen Verhältnisse zum Zeitpunkt seiner Wahl anpasste: Krise, Straßenproteste, Armut. Kirchner versuchte darauf eine Antwort zu finden, war getrieben von politischen Gruppen. Er reihte sich ein in die lateinamerikaweite Linkswende mit Lula da Silva in Brasilien, Hugo Chávez in Venezuela, Tabaré Vázquez in Uruguay, Evo Morales in Bolivien. Die politische Stimmungslage auf dem Kontinent hatte sich nach der Jahrtausendwende verändert, auch in Argentinien.

Ein halbes Jahrhundert des Peronismus
Die Dynamik des Unvorhersehbaren

Ein halbes Jahrhundert lang hat der Peronismus die argentinische Politik geprägt, und es sieht nicht danach aus, als würde sich dies so schnell ändern. Horacio González sagt: «Der Peronismus kann definiert werden, wie Dante Panzeri den Fußball definiert hat: als ‹die Dynamik des Unvorhersehbaren›.» 1943 war der Peronismus Konsequenz der Verhältnisse und die Folge der politischen und sozialen Veränderungen im Land. Mit ihm erhielten die Industriearbeiter und die Tagelöhner eine politische Stimme und eine politische Bewegung, welche die Kraft hatte, konkret ihre Lebensbedingungen zu verändern. Dass der Peronismus nach dem Sturz Peróns 1955 weiterlebte, lag am Mythos Peróns und an der Erinnerung, welche die unteren Klassen Argentiniens an die Verbesserung ihrer Lebensverhältnisse hatten.

Keine andere Kraft schaffte es, den Peronismus zu ersetzen. Die peronistische Basis waren bis zu Menem diejenigen, die in den Slums leben, die als Arbeiter tätig sind oder als Tagelöhner. Den klassischen Parteien wie der Radikalen Bürgerunion (UCR) ist es nicht gelungen, sich eine Basis unterhalb der Armutslinie aufzubauen. Es gelang ihnen nicht, die Mittelschicht und die Oberschicht komplett auf ihre Seite zu bringen, damit es für einen Wahlsieg hätte reichen können. Kirchner und seine Frau Cristina Fernández schafften das Gegenteil, sie gewannen die Wahlen, weil sie den Peronismus mit seinem Mitte-links-Diskurs auch für die urbane Mittelklasse wählbar machten.

Für die Mittelklasse kommt den Peronisten ihre ideologische Dehnbarkeit entgegen. In den Armenvierteln hingegen setzen sie auf direkte Hilfe. Dort bauen sie in ihren Basiseinheiten Suppenküchen, Schulen und schaffen Arbeit. Auf diese Weise entsteht eine klientelistische Wechselwirkung: Die Armen brauchen die Peronisten, um zu überleben. Die Peronisten brauchen die Armen als Stimmgeber und Demonstranten. Keine andere Partei hat ein solch dichtes Netz in den Slums und den Stadtteilen wie die Peronisten. Dieses Netz ist nach wie vor eines der wichtigsten organisatorischen Standbeine der Peronisten.

Sicherer Hafen

Deutsche Juden und Kommunisten flohen nach 1933 nach Buenos Aires, dort trafen sie auf die größte NSDAP-Auslandsorganisation der Welt. Nach dem Zweiten Weltkrieg wurde Argentinien dann zum Ziel von flüchtenden Nazis. Die Geschichte einer Abrechnung, die nie stattfand.

Am Kai von Genua warteten im Winter 1948 außer Jacques Arndt nur drei Passagiere. Einer von ihnen fiel ihm sofort auf: ein schlanker, hochgewachsener Mann, der etwas abseits der Gruppe stand, weder Englisch noch Italienisch sprach und äußerst zurückhaltend war. Ein Nazi, war Arndts erster Gedanke, als sie die Treppe zu dem Frachter hochstiegen, der kurz darauf Richtung Buenos Aires ablegte. Jacques Arndt hatte für flüchtige Nazis inzwischen einen Blick, als Reporter für die argentinische Zeitschrift «Noticas Gráficas» war er für mehrere Monate im zerstörten Europa unterwegs gewesen. Es war seine erste Europareise seit der Flucht aus Wien 1938.

Die Überfahrt dauerte vier Wochen. In den ersten Tagen trieb der verschwiegene Passagier an Deck Sport, mied aber jeden Kontakt zu den Mitreisenden. Nach ein paar Tagen sprach Arndt ihn direkt an: «Sie sind Deutscher.» Der Fremde zuckte zusammen. Arndt fragte weiter. Er heiße Ernst Rüdiger von Todt, gab der Fremde zur Antwort, sichtlich weich geworden vom Atlantik, auf dem sie seit Tagen schipperten. Irgendwann hielt es der Fremde nicht mehr aus und erzählte Arndt seine Geschichte: Als Kampfflieger hatte er im Zweiten Weltkrieg für Hitlers Wehrmacht London bombardiert. Jahre später, in einem französischen Gefangenenlager, schoben argentinische Besucher ihm einen Zettel zu – wenn es ihm gelinge, sich bis München durchzuschlagen, würden sie ihn sicher nach Argentinien bringen. Der mysteriöse Deutsche hatte sogar einen argentinischen Pass, in dem sein Name stand.

Arndt glaubte ihm kein Wort. Als ihr Frachter Wochen später in Buenos Aires andockte, warteten drei olivgrüne Wagen der Streitkräfte bereits am Kai. Ihre Fahrer sahen den Deutschen und luden ihn ein. Danach sah Arndt ihn nie wieder. Er wusste nur, dass der Deutsche einen Zettel mit einer Adresse bei sich hatte, die er für eine Pension hielt: «Paseo Colón 220». Doch dort war das Kriegsministerium. «Da ist sicher wieder ein Kriegsverbrecher angekommen», sagte ein Freund damals zu Jacques Arndt.

Ein Kriegsverbrecher von vielen. In Argentinien war die Fortführung nazideutscher Zeitgeschichte seit 1945 in vollem Gange, nur unter gänzlich anderen Vorzeichen. Schätzungsweise 45 000 Juden und 5000 nichtjüdische Flüchtlinge konnten sich vor und während des Krieges nach Buenos Aires retten, die Zahl der nach dem Krieg dort untergetauchten Nazis ist naturgemäß unbekannt. Während des Krieges nahm Argentinien flüchtende Juden auf, nach dem Krieg flüchtige Nazis. Der Unterschied: Die Juden mussten hohe Bestechungsgelder an die Beamten zahlen, die Nazis wurden von der argentinischen Regierung sicher ins Land gelotst. Der Präsident Juan Domingo Perón half den Hitlerschergen bei der Einreise und versorgte sie mit echten Papieren und falschen Namen – einen Ernst Rüdiger von Todt hat es nie gegeben. Doch der braune Einfluss reicht weiter zurück: Bereits während der Naziherrschaft in Europa trafen die flüchtenden Juden und Antifaschisten in Argentinien auf die weltweit größte NSDAP-Ortsgruppe außerhalb Deutschlands – und gingen den Nazis aus dem Weg.

Über 60 Jahre später sitzt Jacques Arndt im Wohnzimmer seines Hauses in Buenos Aires. Es ist kalt in dem Raum, und Arndt trägt eine Lederjacke. Mit seiner rechteckigen Brille, dem markanten Kopf und dem breiten Gesicht sieht der fast 91-Jährige ein bisschen aus wie Billy Wilder. Als Schauspieler und Regisseur hat Arndt 39 Filme gedreht. Er arbeitete beim Fernsehen, am Theater, beim Radio. Noch immer schreibt er jede Woche 30 Manuskriptseiten für seine Rundfunksendung auf «Radio Cultura», die er seit elf Jahren zweimal die Woche moderiert. Die Rückkehr nach Europa kam ihm nie in den Sinn. «Was sollte ich mit Deutschland», sagt er, «dort war alles kaputt, und das Einzige, was ich wollte, war Theater machen.» In Buenos Aires bot sich ihm die Möglichkeit.

Als Kind in Wien war er zweimal die Woche mit seiner Mutter ins Burgtheater gegangen. «Das Theater», parliert er mit leichtem Wiener Schmäh, «war für mich das Schönste auf der Welt.» Schon mit 15 wollte er Schauspieler werden. Die Mutter finanzierte ihm den Unterricht, später lernte er an der Schule des Burgtheaters, in dessen Ensemble er berufen wurde. Er sah «eine rosafarbene Welt» vor sich.

Am 11. März 1938 zerbricht diese Welt, Hitlers Truppen marschieren in Wien ein. Bei einer Nachmittagsvorstellung für Schüler Mitte Mai ist der ganze Saal voller Jugendlicher in braunen Hemden. Das Burgtheater spielt Schillers «Wallenstein», und Arndt spricht auf der Bühne den Vers: «Freiheit ist bei der Macht allein / ich leb und sterb mit dem Wallenstein.» Der Saal tobt plötzlich, die Braunhemden springen mit ihren Stiefeln auf die Samtsessel, rufen «Heil Hitler» – Macht haben sie mit Deutschland und Wallenstein mit Hitler übersetzt. «Das habe ich nicht gewollt», flüstert Arndt erschüttert, jedoch laut genug, dass es einer seiner Kollegen hört. Tage später fällt eine Horde von SA-Männern mit Knüppeln in seiner Garderobe ein. Sie prügeln ihn die Treppe hinunter und werfen ihn aus dem Theater. «Alles ist vorbei», denkt er.

Zwei Monate später klingeln zwei Männer an seiner Tür. Sie unterbreiten ihm einen Fluchtplan. Arndt möchte seine Mutter mitnehmen, aber sie sagen ihm, er solle sie später nachholen. Arndt solle nach Deutschland einreisen, weil das die einzige offene Grenze sei, und dann mit Nahverkehrszügen bis Trier fahren. Sie sagen ihm, an welchen Bahnhöfen es Lokale gibt und wo er sich waschen kann. «Wenn was passiert», schärfen sie ihm ein, «hast du uns nie gesehen.» In Trier soll er durch die Mosel nach Luxemburg schwimmen. Aber nur wenn die Soldaten in der Stadt alleine auf Patrouille sind. Sind sie zu zweit, drohe Gefahr. In Luxemburg meldet er sich in einem Büro, dessen Adresse er sich nicht aufschreiben durfte. Dort sitzen zwei ältere Herren, die ihn seine Geschichte immer und immer wieder erzählen lassen. Dann verstecken sie ihn in einer Wohnung und lassen ihn fotografieren. Ende November 1938 bringen sie ihn um acht Uhr morgens zum Zug nach Marseille. Er wendet ein, keinen Pass zu haben. «Ne pas des questions, s'il vous plaît», kriegt er zurück. Im Zug kommt der Schaffner mit dem Zöllner. Sie kontrollieren alle im Abteil – nur Arndt nicht. In Marseille wartet ein Mann auf dem Bahnsteig, der ihn zum Hafen bringt. Auf der Seitenwand des Frachters *Campana* geht eine Tür auf, ein Brett wird herübergeschoben, und Arndt ist gerettet. Nach 23 Tagen auf See wird er an Deck geholt. Zu sehen ist ein Hafen.

«Das ist der Hafen von Santos», sagt ein Matrose. «Wo ist Santos?»
«Brasilien, in zwei Tagen gehst du in Montevideo an Land, das ist
in Uruguay, ein gutes Land.»

Bis heute weiß Arndt nicht, wer die beiden Männer waren, die
ihn in Wien besucht hatten, wer die Männer in dem Büro in Luxemburg waren. War es die jüdische Organisation JOINT? Die französische Résistance? Er hat versucht, es herauszufinden, er wollte das
Geld zurückzahlen, damit noch mehr Menschen gerettet werden
konnten. Doch er erfuhr es nie. Gerettet, aber gestrandet am anderen Ende der Welt, stand Arndt mit falschen Papieren und zehn
Dollar in der Tasche im Hafen von Montevideo.

Anderthalb Jahre verbrachte er in der uruguayischen Hauptstadt.
Dann las er im «Argentinischen Tageblatt», dass ein deutsches
Theater in Buenos Aires Schauspieler suche. Kurz darauf wurde er
auf der anderen Seite des Río de la Plata in das Ensemble der von
Paul Walter Jacob 1940 gegründeten Freien Deutschen Bühne auf-
genommen. Jeden Freitagabend spielte die Freie Deutsche Bühne in
einem Theater auf der Avenida Santa Fe deutsche Klassiker. Schil-
ler, Goethe, Heine, aber auch Werfel und Brecht. «Die Aufführ-
ungen waren nicht so künstlerisch, wie man das am Burgtheater
gelernt hatte», sagt Arndt, «die Stücke funktionierten über den
Text.» 215 Premieren wurden dort gegeben, insgesamt 750 Auffüh-
rungen. Wie ein Stadttheater finanzierte sich die Freie Deutsche
Bühne mit Abonnements. Doch das Publikum der Exilanten blieb
überschaubar, und so kam jedes Stück nur dreimal zur Aufführung,
jede Woche musste ein neues präsentiert werden.

Vor dem Eingang wurde die Exilpresse verkauft, viele Zuschauer
waren Mitglieder im sozialistischen Verein Vorwärts. Für viele Exilanten war der 1882 von deutschen Emigranten gegründete Verein
eine erste Anlaufstelle. So auch für die Eltern von Alfredo Bauer.
Die Familie kam 1939 auf der Flucht vor den Nazis nach Argentinien. Als ihr Schiff in den Hafen einlief, so sagt der damals 14-jäh-
rige Bauer heute, «hat man noch nicht verstanden, was vor sich
geht». Im Vorwärts fanden sie zumindest eine politische Heimat.
Bauer, damals noch sehr jung, schrieb Gedichte und Reiseberichte
für das *Argentinische Tageblatt*. Die Zeitung war 1878 von dem
Schweizer Einwanderer Johann Alemann und dessen Sohn Moritz
gegründet worden und richtete sich an die deutsche Gemeinde. Je
mehr die Nazis Europa unterdrückten, umso stärker entwickelte

sich das *Tageblatt* zum Sprachrohr der demokratischen Opposition. Das Blatt hatte seinen eigenen Duktus, wenn es über den politischen Gegner schrieb. Das von den Nazis auch in Buenos Aires gerne angestimmte Horst-Wessel-Lied nannten die Redakteure «Zuhälterlied», den Hitlergruß «Sklavengruß».

Solch klare Parteinahme hatte ihren Preis. Bereits am 1. April 1933 organisierten deutsche Firmen in Buenos Aires einen Anzeigenboykott gegen die Zeitung. Deutsche Unternehmer inserierten fortan lieber in der *Deutschen La Plata-Zeitung*, die das Hakenkreuz im Titel trug. Mehrmals wurde der deutsche Botschafter, das SS-Mitglied Edmund Freiherr von Thermann, bei den argentinischen Behörden vorstellig und forderte Sanktionen gegen das antifaschistische Blatt. Am 14. September 1934 explodierten in der *Tageblatt*-Druckerei drei Brandbomben. Die Zeitung beschimpfte die Täter anderntags als «Nazioten» und machte von Thermann direkt verantwortlich. Zu dieser Zeit wurden in Buenos Aires 160 Nazipublikationen gezählt. Von Thermann lancierte durch eigene Nachrichtenagenturen Pronaziartikel, die Zeitungen kostenlos zum Abdruck angeboten wurden. Immer wieder versuchte er auf Argentiniens Regierung einzuwirken, gegen die deutschen Antifaschisten vorzugehen. Regelmäßig kam es zu Festnahmen, und oft waren es US-Diplomaten, die die deutschen Sozialisten aus den Gefängnissen loseisten.

Dagegen setzten die Exilanten auf Aufklärung und Bildung. Ihr Widerstand gegen die Nazis waren Seminare, Zeitungen und das Theater. Viele von ihnen kamen aus der akademischen Mittelschicht, und ihre Waffe war das Wort. Sie waren in der Weimarer Republik nicht militant gewesen und es in Buenos Aires auch nicht geworden. «Man ging sich aus dem Weg», sagt Jacques Arndt und fügt an: «Viele wollten von Politik nichts mehr wissen.» Die NSDAP-Ortsgruppe versammelte sich am Wochenende im Kraft-durch-Freude-Park am Rio de la Plata oder lud zu Volksfesten «ohne Jazzband und modernen Tanz als Lockmittel» ein. Es wäre ein Leichtes gewesen, diese Versammlungen zu sprengen. Aber die Exilanten mussten sich zunächst ihr eigenes Leben in der Fremde organisieren. Sie sprachen bei ihrer Ankunft kein Spanisch, kannten die Stadt nicht, hatten kein Geld. Die von Hitler und seinen Horden Geflohenen mussten erst ihre existenziellen Probleme lösen, ehe sie an Politik denken konnten. Viele Ärzte und Rechtsanwälte nahmen

Hilfsarbeiterjobs an, um überleben zu können. Zum politischen Kampf gehörte die Solidarität mit Neuangekommenen.

So beschränkte sich der Widerstand oft auf die Organisation des Alltagslebens in der Fremde. Ein existenzielles Problem für Juden und politische Flüchtlinge war, dass es in ganz Argentinien keine deutsche Schule gab, die nicht von der deutschen Botschaft gleichgeschaltet war. Überall war der Hitlergruß Pflicht, Juden wurden nicht akzeptiert. Im Jahr 1934 wurde im Stadtviertel Belgrano die Pestalozzi-Schule eingeweiht, wo ab 1935 der Zeichner und Käthe-Kollwitz-Schüler Clément Moreau (Carl Meffert) Malunterricht gab. Auch Alfredo Bauer drückte in der Pestalozzi-Schule die Bank. Nach Unterrichtsschluss verkaufte er das sozialistische *Volksblatt* in den Cafés der Avenida Cabildo. Einmal stellte er sich mit der Zeitung vor den Kraft-durch-Freude-Park. Er hatte gerade ein Exemplar verkauft, schon stand wenige Meter vor ihm ein Mann, der die Ankommenden warnte: «Vorsicht, Judenzeitung.»

Das *Volksblatt,* die Wochenzeitung der exilierten Sozialisten und Kommunisten, erschien erstmals am 1. November 1941 mit einem Kasten auf Seite eins: «Täglich opfern Tausende Soldaten und Zivilisten ihr Leben auch für Dich! Zu welchem kleinen Opfer bist du bereit?» Der Vorwärts-Verein sammelte Kleidung und Nahrungsmittel für die Truppen der Alliierten. Und das *Volksblatt* befand, dass angesichts des Krieges und der deutschen Vernichtungspolitik «schreiben wenig und Handeln alles» sei. Jedoch könne Hilfe «hier in diesem Land nur materieller Natur sein». Deshalb rief das *Volksblatt* zu Sammlungen auf. In der ersten *Volksblatt*-Ausgabe stand zu lesen, der schwedische Frachter *Brageland* habe wenige Tage zuvor eine Sendung im Wert von 170 000 Pesos für die sowjetischen Truppen geladen. 16 Lastwagen, deren Fahrer gratis gearbeitet hätten, seien nötig gewesen, um die aus Spenden finanzierte Fracht in den Hafen zu bringen: «240 000 chirurgische Klammern, 90 000 Adrenalin-Ampullen, 10 000 Cardizal-Ampullen, 52 000 Kilo Schokolade und Kakao, 250 Kilo Trockenfrüchte, 5 000 Decken.»

Das *Volksblatt* informierte über Nazispione, die in Antifa-Gruppen infiltrieren wollten, sowie über den Kriegsverlauf. Und es druckte Anzeigen: «Deutsche Antifaschisten! Ihr esst am besten im Restaurant El Paraiso, J.E. Uriburu 374, U.T. 47–0431.» Im Dezember 1943 schließlich entschloss sich der argentinische Präsident

Ramón Castillo nach langem Druck der deutschen Botschaft, das *Volksblatt* zu verbieten. Fortan hieß die Zeitung *Der freie Deutsche* und wurde im Haus eines Redakteurs mit der Handpresse produziert. Rudolf Weinmann, einer der *Volksblatt*-Gründer, hatte Erfahrung mit der Illegalität. In den 1930er-Jahren war er in Berlin Generalsekretär der Kommunistischen Jugend gewesen. Nach seiner Denunziation verschleppte ihn die SA im September 1933 in das Colombia-Haus. Vier Wochen lang war er inhaftiert und wurde täglich gefoltert. Ein Soldat befahl ihm, den Oberkörper auf einen Tisch zu legen, dann prügelte er mit Gürtel und Metallschnalle auf Weinmanns Hintern ein. Er wollte erfahren, wo der Vervielfältigungsapparat für die Parteiflugblätter war. Die Schmerzen waren so stark, dass Weinmann ohnmächtig wurde. Seine Mutter kaufte ihn für mehr als 20 000 Reichsmark frei.

Danach flüchtete Weinmann über Den Haag und Paris nach Le Havre, wo er ein Schiff nach Buenos Aires bestieg. Am 17. Oktober 1936 kam er an. Weinmann bezog ein Zimmer in einer Pension der Constitución-Straße und suchte Arbeit. «Dazu blätterte ich aber die Nazipresse durch», sagt er. Ein Metallbetrieb suchte einen Mechaniker, kurz darauf fing er an. Als zwei Monate später dort eine Gewerkschaft gegründet wurde, kam er in Kontakt mit dem Vorwärts. Das *Volksblatt* haben sie damals selbst finanziert. Weinmann arbeitete bis fünf Uhr nachmittags als Dreher an der Werkbank, danach ging er zur Zeitung, setzte und redigierte, «fast immer die Nacht durch», berichtet er.

Das Buenos Aires von damals sei überschaubar gewesen, sagt Weinmann, der auch nach 70 Jahren Exil noch berlinert: «Auf der eenen Seite lebten die Nazis, auf der anderen wir. Die Nazis waren Oberarschlöcher, aber bejegnet sind wir uns selten.» Dabei lebten beide nicht selten im selben Viertel. Viele der Flüchtlinge aus Nazideutschland zogen nach Belgrano – dorthin, wo auch viele Deutsche lebten, die der NSDAP nahestanden. Trotzdem traf man sich nie morgens beim Bäcker. «Man wusste schon, welche die Nazibäcker sind», sagt Alfredo Bauer, «und die Nazis wussten, welche unsere Bäcker sind.» Untereinander hatten Nazis und Flüchtlinge keinen Kontakt.

In Argentinien wurden 1942 die Pläne zur systematischen Ermordung der Juden in Europa bekannt. Polly Neuhaus, die Frau von Rudi Weinmann, erfuhr davon in einem Brief. Er wurde abgeschickt von einem französischen Partisanen, den sie nicht kannte. Der Unbekannte berichtete ihr, er habe ihre Cousine im Winter nackt und ohne Haare in einem Konzentrationslager gesehen. Sie habe ihm ihre Adresse in Buenos Aires zugerufen und ihn gebeten, einen Brief zu schreiben. Die Cousine überlebte die Qualen der Nazis. Der Onkel von Weinmann warf sich in Auschwitz in den Elektrozaun, weil er die Folter des Lagers nicht mehr ertragen konnte.

Das erfuhr Weinmann erst später. Der antifaschistische Kampf in Buenos Aires war vor allem einer gegen die eigene Botschaft, die ihre Aktivitäten unterbinden wollte. Es war auch ein Kampf gegen den argentinischen Staat, der Nazideutschland erst Tage vor der Kapitulation den Krieg erklärte und später Kriegsverbrecher ins Land ließ. Der Schauspieler Jacques Arndt wollte nach seiner Reise durch das zerstörte Europa herausfinden, wer sein unbekannter Reisebegleiter auf dem Schiff war, und wagte sich ins Kriegsministerium. Im zweiten Stock stand er im Zimmer vor einem argentinischen General, der ihn nach seiner Frage lange ansah. «Wissen Sie, auf hoher See hat man oft Halluzinationen, Sie haben geträumt, verstanden?» Der General wurde energisch, näherte sich bis auf zehn Zentimeter Arndts Gesicht: «Haben Sie verstanden? Sie haben geträumt!» Kurz zuvor hatte Arndt ein Telegramm des Roten Kreuzes erhalten. Er hatte um Auskunft gebeten, was aus seiner in Wien verbliebenen Mutter geworden sei, deren Briefe irgendwann ausgeblieben waren. Die Antwort beschränkte sich auf zwei Zeilen: «Ihre Mutter wurde ein Opfer des Faschismus. Es lebe die Freiheit!»

Rudolf Weinmann starb am 7. Oktober 2004 in Buenos Aires.

Morde ohne Leichen:
Die Diktatur (1976 – 1983)

«In Argentinien müssen so viele Personen sterben,
wie nötig sind, um den Frieden zu erreichen.»
General Rafael Videla während der Konferenz
Amerikanischer Heere am 23. Oktober 1975
in Montevideo[1]

Die längste Nacht
Der Putsch am 24. März 1976

Ein Attentat sei auf sie geplant, sagte man der Präsidentin. Sie solle
an diesem Abend besser nicht mit dem Wagen zur Präsidentenresi-
denz nach Olivos fahren, sondern einen Hubschrauber bestellen.
Maria Estela Martínez de Perón nahm die Warnung ernst. Es war
halb elf Uhr am Abend, als Martínez auf dem Dach der Casa Rosada gemeinsam mit ihrem Sicherheitschef Rafael Luissi in den Helikopter kletterte. Momente nach dem Start erreichte den Piloten
ein verschlüsselter Funkspruch. Er solle nicht in Olivos landen,
sondern im Militärsektor des Inlandsflughafens. Es war dunkel,
unter dem Hubschrauber leuchtete Buenos Aires, der Río de la
Plata auf der anderen Seite war in der Nacht ein drohendes
schwarzes Nichts. Luissi bemerkte die Kursänderung, sprach den
Piloten darauf an. Wegen eines Defekts an einem der Triebwerke
müssten sie auf dem Inlandsflughafen landen, bekommt er als Antwort. Sofort nachdem der Helikopter auf der Landepiste aufsetzte,
wurde er von Soldaten umzingelt. Als Martínez ausstieg, trat ein
General auf sie zu. Er sagte: «Señora, im Namen der Streitkräfte,
Sie sind verhaftet.» Martínez war schockiert. Sie drohte: «Es wird
Flüsse voller Blut geben, wenn die Leute auf die Straße gehen, um
uns zu verteidigen.»

[1] Zit. nach: Novaro/Palermo 2003:80

70

Zur selben Zeit besetzten Soldaten überall im Land strategisch wichtige Punkte. Ab zwei Uhr morgens klopften kleine Trupps an die Türen von Gewerkschaftern und Regierungsmitarbeitern und nahmen sie fest. Auf dem Inlandsflughafen wurde Martínez um halb drei gezwungen, in die Regierungsmaschine *Tango 02* zu steigen. Sie wurde nach Patagonien geflogen und zur Estancia El Messidor gebracht. Noch bevor sie dort ankam, teilten sich die Militärs den Argentiniern mit. Um 3.21 Uhr erklang im Radio der *Ituzaingó*-Marsch, der normalerweise auf die Ankunft des Präsidenten hinweist. Ein «Operationskommando» verlas sein erstes Kommuniqué: «Es wird der Bevölkerung mitgeteilt, dass sich das Land ab sofort unter der operativen Kontrolle einer Junta befindet, die zusammengesetzt ist aus den Oberbefehlshabern der Streitkräfte. Es wird allen Bewohnern empfohlen, sich strikt an die Befehle der militärischen Autoritäten, der Sicherheitskräfte und der Polizei zu halten. Darüber hinaus sind individuelle oder kollektive Handlungen zu unterlassen, die das Einschreiten der Sicherheitskräfte provozieren. Es unterzeichnen: General Jorge Rafael Videla, Admiral Emilio Eduardo Massera und der Brigadier Orlando Ramón Agosti.» Im Klartext: Das Militär hatte geputscht, Rafael Videla wurde zum Präsidenten des Landes ernannt.

Mit Ausnahme einer Schießerei in einem Gewerkschaftsbüro ging der Putsch ohne Blutvergießen vonstatten. Im Morgengrauen des 24. März besetzten die Streitkräfte den Kongress und Regierungsgebäude, Radiostationen und Fernsehsender. In einem weiteren Kommuniqué gaben die Putschisten ihrer Mission einen Namen: «Proceso de Reorganisación Nacional – Prozess der Nationalen Reorganisation». Ihr Ziel sei es, die Ordnung im Land wiederherzustellen, die Institutionen wiederaufzubauen und die Bedingungen zu schaffen für eine «authentische Demokratie». Ihr ideologisches Programm fassten sie wie folgt zusammen: «Gültigkeit der Werte der christlichen Moral, der nationalen Tradition und der Würde; (...) Garantie der Nationalen Sicherheit, das Zerschlagen der Guerilla; (...) eine harmonische Beziehung zwischen dem Staat, dem Kapital und der Arbeit (...); Aufbau eines Bildungssystems, das den Zielen der Nation dient (...).»

Unmittelbar setzte die Jagd auf Oppositionelle ein. Je heller es wurde am frühen Morgen des 24. März 1976, umso mehr linke Politaktivisten, Peronisten, Gewerkschafter, Journalisten und Intellektuelle wurden von den Einsatzkommandos der Militärs verhaftet. Viele von ihnen stehen bis heute auf den Listen der Verschwundenen, die Militärs hatten sie schon vor dem Putsch als Gegner identifiziert. Ebenfalls schon Monate vor dem Putsch wurden geheime Gefangenenlager in Kasernen oder Privathäusern eingerichtet und die Eingreiftrupps zusammengestellt. Der Putsch lief nach einem sorgfältig ausgearbeiteten Plan ab. Parallel zu den Festnahmen und Entführungen wurden die Chefs der wichtigsten Gewerkschaften und des peronistischen Unternehmerverbandes von den Militärs ausgewechselt, Streiks verboten, kollektive Tarifverträge abgeschafft, politische Aktivitäten an den Universitäten untersagt.

Mit dem Putsch vom 24. März 1976 rissen die Militärs zum sechsten Mal im 20. Jahrhundert die Macht gewaltsam an sich. Sie folgten damit dem Trend zur Diktatur in Lateinamerika zu dieser Zeit. In Uruguay und Bolivien waren seit 1971 Militärs an der Macht, in Brasilien bereits seit 1964. In Chile hatten die Militärs 1973 geputscht, und in Paraguay herrschte schon seit 1954 Alfredo Stroessner. In Peru hatten Militärs 1968 das Ruder übernommen.

Guerilla, Paramilitärs, Wirtschaftskrise
Was zuvor geschah

Mit Peróns Tod im Jahr 1974 trat der Bruch der Bewegung, die seinen Namen trägt, offen zutage. Die Montoneros bekämpften die Regierung seiner Witwe Martínez. Und sein einstiger Vertrauter José López Rega hortete immer mehr Macht. Er stand hinter der Alianza Anticomunista Argentina (Triple A), einer paramilitärischen Truppe, bestückt aus Mitgliedern der Sicherheitskräfte, welche die Guerilla und linke Aktivisten jagte. In Zeitungsanzeigen veröffentlichten sie Listen von Personen, die schnellstmöglich das Land zu verlassen hätten, sonst würden sie getötet. Die Tageszeitung La Opinión berichtete in dieser Zeit, dass in Argentinien alle fünf Stunden ein politischer Mord verübt und alle drei Stunden eine Bombe explodieren würde. Im Dezember 1975, so die Zeitung, seien 62 politische Morde verübt worden, im Januar 1976 89 und im Februar 1976 105. Die meisten davon gingen auf das Konto der Triple A. Die politischen Institutionen des Staates waren geschwächt, die Wirtschaft war in eine schwere Krise geschlittert. Der gestiegene Ölpreis machte Argentinien zu schaffen, die Inflation galoppierte. Zwischen März 1975 und März 1976 waren die Preise um 566,3 Prozent gestiegen, für die kommenden zwölf Monate wurde eine Steigerungsrate von 800 Prozent prognostiziert. Präsidentin Martínez wechselte einen Wirtschaftsminister für den nächsten ein, ohne dass die Militärs oder die mächtigen Unternehmergruppen zufrieden gestellt gewesen wären. Die Gewerkschaften drohten mit Arbeitskämpfen, die Guerilla versuchte sich stärker in den Fabriken zu verankern.

Zu Weihnachten 1975 sprach der Chef der Streitkräfte, General Rafael Videla, drohende Worte. Die Regierung müsse mit der «schlechten Moral und der Korruption(...), den politischen, wirtschaftlichen und ideologischen Spekulationen» aufräumen, sonst würde sie abgesetzt, sprach er. Als Videla und Kameraden dann tatsächlich die Regierung absetzten, schien es so, als würde eine schweigende Mehrheit den Putsch unterstützen. Die zivile Regierung von Martínez war politisch und wirtschaftlich diskreditiert und in den Augen vieler unfähig, der Gewalt im Land Einhalt zu bieten. Paramilitärs und Guerilla verbreiteten Angst. So schreiben Marcos Novaro und Vicente Palermo in ihrer Geschichte der argentinischen Militärdiktatur: «Das Regime traf auf eine Gesellschaft, die schwach war und sich nicht artikulieren konnte, wenn sie nicht sogar fügsam war oder kooperierte.» (2003:19)

Kampf gegen einen schwachen Gegner
Die Zerschlagung der Guerilla

Dem «Kampf gegen die Subversiven», wie sie es nannten, wurde von den Putschisten oberste Priorität eingeräumt, er legitimierte ihre Menschenjagd. Dabei war die Guerilla zum Zeitpunkt des Putsches längst geschlagen. Militär und Paramilitärs hatten eine gnadenlose Jagd eröffnet, als zu Beginn des Jahres 1975 die Montoneros und das Ejército Revolucionario del Pueblo (ERP) ihre Angriffe intensiviert hatten. Die Analyse der Rebellen ging komplett an der Realität vorbei. Sie wollten nicht erkennen, dass ein großer Teil der sozialen Bewegungen sich von ihnen abgewendet hatte. Ihrer Lesart nach bereitete die Krise der Regierung von Präsidentin Martínez den Boden für einen revolutionären Umsturz, die Erhebung der Massen gegen die Machthaber stünde bevor. Es brauche daher eine militärische Avantgarde, die vorausging. Ins Visier nahmen sie bei ihren

Angriffen den Sicherheitsapparat und Eliten aus der Wirtschaft. 1974 ließ sich das ERP in der Provinz Tucumán nieder. Es gelang der Guerilla jedoch nie, weite Teile des ländlichen Gebietes zu kontrollieren, genauso wenig konnten die Revolutionäre die Sympathie der Campesinos und Arbeiter der Gegend für sich gewinnen.

In einem Dekret im Februar 1975 gab Präsidentin Martínez den Befehl für die «Operación Independencia». Kurz darauf wurden 5000 Soldaten nach Tucumán beordert, um gegen rund 100 Guerilleros zu kämpfen. Wenn diese «vernichtet» waren, so Martínez in dem Dekret, sollte im ganzen Land die Jagd auf die Guerilla eröffnet werden. Gebeutelt von der Repression, griff das ERP Ende Dezember in einem Akt der Verzweiflung eine Kaserne in Monte Chingolo in der Provinz Buenos Aires an. Bei der Aktion kamen mindestens 50 Guerilleros ums Leben, zahlreiche weitere wurden in den Tagen darauf gefangengenommen oder ermordet. Damit war das ERP fast am Ende. Doch die ERP-Führung glaubte auch im Falle eines Putsches überleben zu können, da der Aufstand der Massen dann sicher eintreten würde. Doch kurz nach dem Putsch wurden fast alle ERP-Mitglieder entführt. Am 19. Juli 1976 starben bei einer Militäraktion drei ihrer Anführer, darunter ihr oberster Stratege, Mario Roberto Santucho. Erst im Jahr 1977, als sich einige ihrer überlebenden Anführer in Rom trafen, gab das ERP den Befehl an seine 200 verbliebenen Kämpfer, das Land zu verlassen.

Auch die Montoneros verstärkten Anfang 1975 ihre militärischen Aktivitäten. Parallel dazu verbesserten sie ihre Präsenz in den Fabriken. Einschüchterung, Entführung, Mord waren ihre Mittel, mit denen sie die Kämpfe der Arbeiter zu unterstützen versuchten. Doch nicht selten distanzierten sich die Gewerkschafter von ihnen. Als im Oktober 1975 die Montoneros versuchten, das 29. Infanterieregiment in Monte in der Provinz Formosa einzunehmen, scheiterten sie an der besseren Feuerkraft der Streitkräfte. Daraufhin jagte das Heer die Montoneros im ganzen Land.

Die Politik der bewaffneten Offensive führte in die politische Isolation. Zahlreiche Unterstützer wandten sich von den Guerillagruppen ab, weil sie die Gewaltspirale nicht mittragen wollten. Auch erwiesen sich die bewaffneten Organisationen als unfähig, ihre legalen Unterstützer vor der Repression zu schützen. Anfang 1976 ließen die Angriffe der Guerilla nach. In ihren internen Analysen kamen die Streitkräfte zu dem Schluss, dass von den bewaffneten Gruppen keine besondere Gefahr mehr ausgehe. Das ERP zählte in seinen stärksten Phasen gut 500 Kämpfer, während die Montoneros sich 1975 auf eine Basis von etwa 2000 Aktivisten stützen konnten. Im ersten Jahr des Putsches konnte die Organisation noch einige Male zuschlagen, doch zu großen Aktionen waren die Montoneros nicht mehr in der Lage.

Nach dem Putsch setzte den Montoneros ein Repressionsapparat zu, der perfekt informiert war. Helfer und Mitglieder der Organisation wurden zu Hause überrascht, an ihrem Arbeitsplatz, auf der Straße. Unter der Folter gaben viele wichtige Informationen preis. 1976 wurden bei Guerillaangriffen 167 Menschen getötet, während die Sicherheitskräfte 1187 Kämpfer der Gegenseite töteten. Zu dieser Zahl kommen noch Tausende von Personen, die in diesem Jahr verschwanden und bis heute nicht wieder aufgetaucht sind. Wie die Untersuchungskommission der ersten demokratischen Regierung nach der Diktatur ermittelt hat, verschwanden allein im Putschjahr 1976 mehr als 3500 Menschen. Hinzu kommen mehrere Hundert Menschen, die offiziell verhaftet wurden, und zwischen 20000 und 40000, die zwischen 1975 und 1980 ins Exil flüchteten.

Als die Diktatur 1976 errichtet wurde, entstand die blutigste Diktatur in Lateinamerika zu dieser Zeit. Selbst in Chile unter Augusto Pinochet (1973–1990) wurden nicht so viele Menschen ermordet wie in Argentinien. Es setzte eine unerbittliche Jagd auf Gewerkschafter, Mitglieder revolutionärer Organisationen, kritische Studierende und Intellektuelle ein.

Entführen, foltern, töten
Die Repression

Seine Definition des Terroristen hatte Rafael Videla weit gefasst: «Der Terrorist ist nicht nur dadurch gekennzeichnet, dass er mit einer Waffe mordet oder eine Bombe platziert. Sondern auch dadurch, dass er mit Ideen kämpft, die zu den Werten unserer westlichen und christlichen Zivilisation im Widerspruch stehen.» Diesem Terrorismus setzten die Militärs den Staatsterrorismus entgegen. Entführung, Folter und Mord war ihre Arbeitsweise. Die Ausbildung übernahmen die USA. Mehr als 3000 argentinische Offiziere absolvierten in Trainingslagern wie der School of the Americas, die von

1946 bis 1984 in Panama beheimatet war, Kurse im Fach «Aufstandsbekämpfung». Dort standen auf dem Seminarplan die Infiltration von Agenten in politische Gruppen, das Verhör Festgenommener und die Auswertung von Informationen. Aber auch Foltertechniken wurden gelehrt und studiert. «Die Kunst der Folter ist es, jemandem die schlimmsten Schmerzen und die geringsten Verletzungen beizubringen», sagte nach der Diktatur ein argentinischer Militär, der in einem geheimen Gefangenenlager tätig war.

Ehe die Opfer gefoltert werden konnten, mussten sie gefangen werden. Diese Aktionen der Sicherheitsorgane waren präzise organisiert. Wenn ein Kommando eine Zielperson in einem Stadtteil ausfindig gemacht hatte, sorgten die meist in Zivil und nachts agierenden Soldaten dafür, dass kein Streifenwagen in der Nähe des Hauses des Opfers auftauchte. Anrufe bei der Polizei waren vergebens, niemand würde zu Hilfe eilen. Alles war bis ins kleinste Detail geregelt. Im Jahr 1976 erteilte General Roberto Viola, später Präsident der zweiten Junta (1978/79), einen Erlass, in dem es hieß: «Subversive Verbrecher sind zu liquidieren, wo man auf sie trifft (...) Es sind klare Befehle zu erteilen, ob zum Beispiel alle festgenommen werden oder nur einige, im Falle von passivem Widerstand ist zu entscheiden, ob man liquidiert oder festnimmt (...) Dinge, die mitzunehmen sind: Kapuzen oder Binden für den Transport der Gefangenen, damit ihre Anführer nicht zu erkennen sind und sie nicht wissen, wo sie hingebracht werden.» Das Ziel einer solchen Fahrt war in der Regel eine Polizeistation oder ein geheimes Gefangenenlager. Geheim waren diese Lager in dem Sinne, als die Militärs jegliche Informationen über sie verweigerten. Die dort Festgehaltenen waren ohne Haftbefehl festgenommen worden. Die Lager waren in Kasernen oder ehemaligen Schulen untergebracht. Während der Diktatur gab es im ganzen Land 340 solcher Lager.

Dort wurden die Entführten so lange gefoltert, bis sie alle Informationen preisgaben. Aber nicht immer war das Herauspressen von Informationen Ziel der Folter. So schildert der Arzt Norberto Liwsky der Untersuchungskommission der ersten demokratischen Regierung nach der Diktatur den Moment nach seiner Ankunft in einem geheimen Gefangenenlager: «Danach stellte sich eine andere Stimme vor. Sie sagte, er sei DER OBERST. Er versicherte mir, dass sie wüssten, dass ich nichts zu tun hatte mit dem Terrorismus oder der Guerilla, aber dass sie mich foltern würden, weil ich ein

Oppositioneller sei: ‹Sie haben nicht verstanden, dass es im Land keinen politischen Raum gibt, wo man sich gegen die Regierung des Prozesses der Nationalen Reorganisation auflehnen kann.›» (zit. nach: Comisión Nacional sobre la Desaparición de Personas 1984:27/28). Liwsky bekam mit einem elektrischen Knüppel Stromschläge verpasst, manchmal mit zweien gleichzeitig, mit Holzknüppeln schlugen sie ihm auf die Füße, mit Metallteilen brannten sie ihn am Körper, sie zeigten ihm blutgetränkte Unterwäsche seiner Frau, sie hängten ihn in seiner Zelle an den Händen auf.

Der Festnahme und der Folter folgten meist der Mord und das Verschwinden der Leiche. Nur wenige der Entführten kamen wieder frei. Zahlreiche Opfer der Militärs wurden vom Flugzeug in den Río de la Plata geworfen. Andere Leichen wurden in Massengräbern verscharrt. Oft bemächtigten sich die Militärs des Besitzes ihrer Opfer. In dem Gefangenenlager der Kaserne Escuela Mecánica de la Marina (ESMA) unterhielten sie zu diesem Zweck eine Fälscherwerkstatt, in der Eigentumstitel für Immobilien kopiert wurden. Sie stahlen Bargeld, Uhren, Schmuck oder Möbel, die sie dann verkauften. ESMA-Einsatztrupps entführten auch Unternehmer, um an Geld zu kommen.

Die Brutalität kannte keine Grenzen. Zahlreiche Babys wurden in Gefangenschaft geboren, weil ihre Mütter schwanger waren, als sie entführt wurden. Nach der Geburt wurden die Kinder kinderlosen Militärs übergeben, versorgt mit frischen Papieren. Die Mütter wurden ermordet. So auch Cristina Navajas, die Tochter von Nélida Gómez de Navajas. Als Cristina Navajas am 13. Juli 1976 verschwand, war sie schwanger. «Anstatt nur an meine Tochter zu denken, sorgte ich mich auch um mein Enkelkind, das noch nicht geboren war», berichtet Gómez. Sie versuchte herauszufinden, ob das Kind geboren wurde. Nie hat sie erfahren, was aus ihrem Enkelkind wurde, nie hat sie erfahren, wer ihre Tochter ermordet hat. Bis heute ist Nélida Gómez nicht aus ihrer Wohnung im Barrio Norte von Buenos Aires ausgezogen, in der sie lebte, als Cristina verschwand. Sie hat die Hoffnung nicht aufgegeben, ihre Tochter könnte noch leben und eines Tages vor der Tür stehen. «Wohin kehrt dann eine Tochter zurück, wenn nicht in das Haus ihrer Mutter?», fragt sie.

Navajas ist bei den «Großmüttern der Plaza de Mayo» organisiert. Die Großmütter haben nicht nur ihre Töchter oder Söhne verloren, sondern auch ihre Enkel. Nach Angaben der «Großmütter» sollen die Militärs über 500 Müttern die Kinder entrissen haben. In einer Gendatenbank haben sie Blutproben gesammelt, damit die Identität von Kindern festgestellt werden kann, die Zweifel daran haben, wer ihre leiblichen Eltern sind. Am 30. Jahrestag ihres Bestehens im Jahr 2007 hatten die Abuelas 88 Kinder von Verschwundenen identifiziert. Einige blieben bei ihren Adoptiveltern, bei denen sie aufgewachsen waren, andere verließen sie.

Doch noch lange ist ihre Arbeit nicht abgeschlossen. Die Aufklärung ist schwierig, weil die Militärs nie Informationen preisgegeben haben. «Bei dieser Art von Kampf muss das Geheimnis Teil der Spezialoperationen sein. Es darf nicht gesagt werden, wer gefangen genommen wurde. Eine Mauer des Schweigens muss bestehen», sagte Tomás Sánchez, ein General. Mitte 1978 waren die meisten dieser Geheimoperationen abgeschlossen, die meisten Gegner getötet. Die Guerilla und ihre Unterstützer waren in Gefangenenlagern oder im Exil, die linken Parteien zerschlagen, die Betriebsräte ausgeschaltet und die aktiven Studierenden verschleppt. 1979 gab es noch sieben geheime Gefangenenlager, nur wenige Gefangene waren noch am Leben.

Die Angehörigen wie Nélida Gómez konnten das nur ahnen. Sie versuchte alles, ihre Tochter Cristina zu finden, die eines Abends einfach nicht mehr nach Hause kam. Wenn ein Mensch verschwunden ist und die Behörden mauern, ist man darauf angewiesen, Mitgefangene zu finden, die einem sagen können, ob sie ihn gesehen haben. Doch nur durch Zufall trifft man Überlebende, die zur selben Zeit im selben geheimen Gefangenenlager saßen. Die Ungewissheit zehrt an den Nerven. Fragen nach Verschwundenen beantwortete Rafael Videla zynisch: «Während sie verschwunden sind, kann es keine spezielle Behandlung für sie geben, es ist ein Rätsel, jemand ist verschwunden, er ist nirgendwo, er ist nicht tot, nicht lebendig, er ist verschwunden.»

Die Repression beschränkte sich nicht auf Argentinien. Im Rahmen des «Plan Cóndor» koordinierten die südamerikanischen Diktaturen der 1970er-Jahre ihre Zusammenarbeit. Uruguay, Paraguay, Bolivien, Brasilien und – wenn auch in geringerem Maße – Peru tauschten gefangene Oppositionelle untereinander aus, ließen sie entführen, foltern und ermorden, versorgten sich mit Informationen. Auf dem Kontinent gab es kaum Schutz vor den Militärs.

Die Subversion in der Fabrik
Kampf gegen Gewerkschafter

In Argentinien waren die Fabriken für die Militärs Orte der Subversion. Seit die Militärs 1955 Perón gestürzt hatten, kamen Arbeiter und Uniformierte nicht besonders gut miteinander aus. Arbeiter waren immer ein Hindernis für eine Militärherrschaft gewesen. Deshalb verschwanden auch fast alle Betriebsräte großer Firmen wie Chrysler, Fiat Concord, Swift. Oft arbeiteten die Unternehmen mit den Militärs zusammen. Auf einer Tagung des Instituto para el Desarollo de Empresarios de la Argentina (IDEA) verbreitete der Arbeitgeberverband 1976 eine Terrorismusbroschüre. Darin wurden die Werksleiter dazu angehalten, Angestellte, die sie des Terrorismus verdächtigten, zu denunzieren. Ohne lange zu fackeln, reichten Unternehmer Namen und Adressen verdächtiger Mitarbeiter weiter, damit die Sicherheitskräfte sich der aufsässigen Arbeiter annahmen. Viele Firmen lösten so ihre Arbeitskonflikte, wissend, dass sie keine Guerilleros auslieferten, sondern unbequeme Mitarbeiter.

Einer der Denunzierten ist Héctor Ratto. Er war Mitglied des unabhängigen Betriebsrats im Werk von Mercedes-Benz in González Catán in der Provinz Buenos Aires. Anders als viele seiner Kollegen hat er überlebt. Es war am Nachmittag des 12. August 1977, als Ratto in das Büro von Werksleiter Juan Tasselkraut gerufen wurde, wo zwei Zivilpolizisten auf ihn warteten. Plötzlich klingelte das Telefon, Tasselkraut wurde etwas durchgegeben. Danach rief er mit lauter Stimme den Polizisten die Adresse von Rattos Betriebsratskollegen Diego Núñez zu. «Ich glaube, es war noch in derselben Nacht, dass Núñez von den Militärs entführt wurde», berichtet Ratto. Auch Ratto wurde noch an diesem Abend von Werksleiter Tasselkraut den Militärs übergeben, erzählt er. Im berüchtigten Gefangenenlager Campo de Mayo konnte er die Stimme von Núñez und anderen Kollegen aus dem Werk hören, sie aber nicht sehen. Ratto wurde so stark mit Elektroschocks gefoltert, dass seine Arme danach tagelang gelähmt waren. «Selbst wenn ich gewollt hätte, hätte ich die Kapuze, die sie mir übergezogen hatten, nicht vom Gesicht ziehen können, meine Arme waren taub», berichtet er. Zwei Jahre lang überlebte er in dem Lager, ehe er freigelassen wurde. In dem Mercedes-Werk verschwanden während der argentinischen Militärdiktatur mindestens 14 Mitglieder des unabhängigen Betriebsrats. Die Staatsanwaltschaft Nürnberg-Fürth hat das Verfahren wegen Beihilfe zum Mord gegen die Manager von Mercedes-Benz im Jahr 2004 eingestellt.

Krise und Umbau
Die Wirtschaftspolitik der Militärs

Die wirtschaftliche Siedlungspolitik der Militärs hatte ihre ganz eigene Logik. Montagehallen für Farbfernseher in Feuerland, Fabriken in den abgelegenen Provinzen San Luis und Catamarca. Arbeiter zogen aus dem Großraum Buenos Aires ihren Arbeitsplätzen in abgelegene Landesteile hinterher. Die Junta verfolgte damit zwei Ziele. Zum einen sollten Fabriken in ländlichen Regionen entstehen. Zum anderen wollten sie die starke Konzentration von Arbeitern in den Industriezentren durchbrechen. Viele Arbeiter an einem Ort bedeutet Ärger, so ihr Kalkül. Zum Wirtschaftsminister, der diese Politik zu verantworten hatte, berief die Junta José Alfredo Martínez de Hoz, Sohn einer der traditionellen Familien Argentiniens. Einer seiner Vorfahren war der Gründer der Grundbesitzervereinigung Sociedad Rural. Die Junta hat Martínez de Hoz nicht deshalb zum Wirtschaftsminister ernannt, weil er als Ökonom einen glänzenden Ruf gehabt hätte. Wichtiger war, dass er keiner Partei angehörte. Martínez de Hoz machte sich darüber keine Illusionen und wusste, dass er jederzeit abgesetzt werden könnte.

Deshalb gelang es ihm auch nicht, ein makelloses neoliberales Programm aufzulegen wie im Nachbarland Chile, wo unter Diktator Augusto Pinochet die Theorien von Friedrich August von Hayek und Milton Friedman quasi unter Laborbedingungen erprobt werden konnten. Navaro und Palermo schreiben in ihrer Geschichte der Diktatur (2003 : 59) zu Recht: «Die Gleichsetzung der Wirtschaftspolitik von Martínez de Hoz mit der Wirtschaftspolitik des Prozesses ist ein Missverständnis. Denn die Militärs haben sehr stark in die Wirtschaftspolitik und ihre Reformvorhaben und makroökonomischen Projekte interveniert, und zwar durch Verbote, gestellte Bedingungen, Vetos.» Einig waren sich die Militärs vor allem in zwei Zielen: Die Inflation müsse beseitigt werden, und der Staat solle zurückgedrängt werden. Ihr Wirtschaftsmodell war eine Mischung aus neoliberalen und konservativen Elementen, mit einem Schuss Entwicklungsdiktatur.

Eine vorsichtige Marktöffnung im Jahr 1976 sollte Druck auf den einheimischen Markt ausüben und die argentinischen Unternehmer dazu zwingen, ihre Kosten zu senken. Doch die Öffnung traf die Unternehmer unvorbereitet. Argentinien hatte bis 1976 eine relativ intakte Exportwirtschaft, im Jahr 1975 waren aber die Zinsen gestiegen, und der interne Markt schwächelte. Viele Firmen planten daher, ihre Exporte zu steigern, um die schwache interne Nachfrage zu kompensieren. Doch auf einmal kamen durch den geöffneten Markt Konkurrenzprodukte ins Land, was die Lage der argentinischen Industrie zusätzlich erschwerte. Schon Ende 1976 lag die Inflationsrate bei atemberaubenden 700 Prozent. Die Löhne wurden für drei Monate eingefroren und real um 40 Prozent gesenkt.

Auch beim Privatisierungsprogramm hatten die Militärs eine eigene Logik. Sie verkauften nur Teilbereiche und veräußerten nicht die großen Staatsunternehmen. Dass sie dabei staatliche Monopole in private Monopole überführten, schien sie nicht zu kümmern. Die privaten Betreiber der Gaspipeline Centro-Oeste pumpten Gas für ein und dieselbe Firma von einem Ort zum anderen und kassierten dafür eine Gebühr. Dienstleistungen für die Mineralölgesellschaft YPF wurden an private Anbieter veräußert, ebenso wie die Wartung der technischen Infrastruktur der Telefongesellschaft ENTEL. Zum Zug kamen oft fachfremde Firmen in den Händen traditioneller Familien mit guten Beziehungen zum Militär. Etwa der Metallverarbeiter Pescarmona, dem der Auftrag für Bau und Betrieb des Busterminals in Buenos Aires zufiel. Oder die Macri-Gruppe, Bauunternehmen und Autohersteller, sie erhielt den Vertrag für die Müllabfuhr in Buenos Aires.

Auch mit ihrer Finanzpolitik beglückten die Militärs die Wohlhabenden im Land. Zu Zeiten der hohen Ölpreise schwammen die internationalen Banken in Petrodollars, die sie billig verliehen, und die argentinische Junta verschuldete sich. Bei der Reform des Bankensystems wurden im Jahr 1977 die Finanzmärkte des Landes geöffnet. Investoren bunkerten ihr Geld gerne bei argentinischen Banken, wo sie bis zu 50 Prozent Zinsen einstreichen konnten und der Staat für die Einlagen garantierte. Zu diesem Zeitpunkt war Argentinien extrem hoch verschuldet. Im Jahr 1976 belief sich die Schuld des öffentlichen Sektors auf 6,6 Milliarden Dollar, die der privaten Schuldner auf 3 Milliarden Dollar. Fünf Jahre später waren die Schulden auf 35,7 Milliarden Dollar hochgeschnellt und machten 48 Prozent des Bruttoinlandsprodukts (BIP) aus. Als im Jahr 1979 die US-amerikanische Notenbank Federal Reserve die US-Leitzinsen anhob, um den Dollar zu stärken, stiegen auch die Zinsen für Argentinien. Die Anleger zogen ihr Geld aus dem Land ab, weil sie nicht glaubten, dass das Land seine Schulden würde bezahlen können. Im Jahr 1980 kollabierten die vier wichtigsten Banken, die 12,7 Prozent aller Einlagen verwaltet hatten. Ein Bankensystem, das Geld verlieh, ohne viele Fragen zu stellen, die Außenöffnung der Banken und das Fehlen jeglicher Kontrolle durch die Zentralbank trieben das System in die Knie. Adolfo Diz, Zentralbankpräsident von 1976 bis 1981, schimpfte später über die «zehn Diebe, die das System zerlegt haben». Und er schimpfte über die Junta, die es verbot, die Geschäfte der zusammengebrochenen Banco de Intercambio Regional (BIR) und die der Banco Oddone zu untersuchen, beide treue Geschäftspartner der Militärs.

Im März 1981 wurde Martínez de Hoz durch Lorenzo Sigaut ausgewechselt. Bald musste dieser die Währung um 30 Prozent abwerten. Um die Banken vor einer abermaligen Kapitalflucht zu schützen, schloss er sie für mehrere Tage. Die Inflation blieb ein ewiger Begleiter der Militärregierung. Einen Grund dafür sieht der Ökonom Aldo Ferrer in dem hohen Schuldendienst (2000:85). Der Staat lieh sich Geld für äußerst zweifelhafte Projekte. Die Fußballweltmeisterschaft 1978 kostete weit mehr als geplant, Atomreaktoren wurden gebaut, ebenso das Wasserkraftwerk Yacyretá im Dreiländereck zwischen Argentinien, Brasilien, Paraguay. Außerdem kauften die Streitkräfte Waffen in Höhe von 10 Milliarden Dollar.

Die Opposition
Mütter der Plaza de Mayo

Das erste Mal trafen sich die Mütter der Plaza de Mayo gegenüber der Casa Rosada an einem Samstag, es war der 30. April 1976, einen knappen Monat nach dem Putsch. Nachdem ihre Kinder einfach nicht mehr nach Hause gekommen waren, hatten die Mütter sie gesucht. Sie bettelten um Auskünfte bei der Polizei, beim Innenministerium, im Gefängnis. Doch sie erfuhren nichts. Auf den Gängen der Behörden trafen sie andere Mütter, die auch ihre Töchter und Söhne suchten. Anfänglich war eine Kirche ihr Treff-

punkt. Doch dann sagte die damalige Wortführerin Azucena Villaflor: «Basta, das hat keinen Sinn mehr, wir gehen auf die Plaza!»
Da aber an Samstagen die Innenstadt von Buenos Aires komplett
leer ist, waren niemandem die 14 Mütter aufgefallen. In der folgenden Woche trafen sie sich an einem Freitag, dann an einem
Donnerstag. Es blieb beim Donnerstag.

Dann wurde die Polizei auf sie aufmerksam. An einem Donnerstag saßen sie auf den Bänken der Plaza und schrieben einen Brief.
Es waren 70 Frauen, zu viele in den Augen der Ordnungskräfte.
«Das ist schon eine Versammlung, es herrscht Ausnahmezustand,
bewegt euch, los!», befahlen die Ordnungskräfte. Um ihren Worten Nachdruck zu verleihen, schlugen sie die Mütter mit Fäusten
und Knüppeln. Die Mütter taten, wie ihnen befohlen, sie liefen: im
Kreis um die Mai-Pyramide auf dem Platz.

Es gab in Argentinien damals schon einige Menschenrechtsorganisationen, aber in diesen Gruppierungen fühlten sie sich nicht verstanden. «Dort gab es immer einen Schreibtisch, immer irgendwas
Bürokratisches. Auf der Plaza waren wir alle gleich. Es war dieses:
‹Was ist passiert?›, ‹Wie war es?›, das uns zusammenhielt», berichtet Hebe de Bonafini, Präsidentin der «Mütter der Plaza de Mayo».
Ihre Söhne Jorge und Raúl waren von den Militärs verschleppt
worden. «Auf der Plaza waren wir Gleiche unter Gleichen, es war
ein schönes Gefühl zu sehen, wie die anderen auf die Plaza kamen.»
Von der Plaza aus organisierten sie sich. Einige gingen zur Polizei,
andere zum Innenministerium, andere klingelten die Häuser ab,
nur um zu fragen, ob es in einem Haushalt Verschwundene gebe.

Im Oktober 1977 marschierten schon 300 Mütter auf der Plaza
de Mayo. In diesem Jahr wandten sie sich zum ersten Mal an das
Ausland. An den US-Kongress schickten sie einen Brief, in dem sie
das Verschwinden von Menschen in Argentinien anprangerten,
2400 Argentinier hatten ihn unterschrieben. Kurz darauf setzten
sie in die Tageszeitung *La Prensa* eine Anzeige, in der sie die Rückkehr ihrer Töchter und Söhne forderten. Das schreckte die Geheim-
dienste der Diktatur auf, und kurz darauf stieß ein junger blonder
Mann zu der Gruppe, der behauptete, sein Bruder sei verschwunden. Er gab sich als Gustavo Niño aus, und Azucena Villaflor kümmerte sich um ihn. Ihrem Mann kam der Neue komisch vor, aber
Villaflor sagte, man könne nicht jeden verdächtigen. Gemeinsam
mit anderen Müttern sammelte sie Geld für eine neue Anzeige

in der Tageszeitung *La Nación*. Als Villaflor am 10. Dezember 1977 ihr Haus verließ, um die Zeitung mit der Anzeige zu kaufen, wurde auch sie entführt.

Verraten wurde sie von Gustavo Niño, der in Wirklichkeit Alfredo Astiz hieß und für den argentinischen Geheimdienst arbeitete. 48 Stunden vor ihrer Verschleppung organisierte er die Entführung von sieben Müttern und einer französischen Nonne in einer Kirche. Die Mitbewohnerin der französischen Nonne kam ihm ebenfalls verdächtig vor, er verschleppte auch sie. In Frankreich wurde er hierfür in Abwesenheit zu lebenslanger Haft verurteilt. Der ehemalige französische Präsident Jacques Chirac nannte Astiz einen «Mörder». Den schreckte das nicht: «Technisch gesehen, bin ich der am besten ausgebildete Mann, um jemanden umzubringen. Sei es einen Politiker oder einen Journalisten», sagte er im Jahr 1998 der Zeitschrift «Tres Puntos» in einem Interview. Die Streitkräfte hätten ihn gelehrt, «zu zerstören, Bomben zu legen, mich einzuschleichen, zu töten».

Astiz und die anderen Militärs haben bei ihren Morden keine Leichen hinterlassen. Das hat es für die Mütter sehr schwer gemacht herauszufinden, was mit ihren Angehörigen geschehen ist. Bei den Gerichten stapelten sich die Habeas-Corpus-Anträge, doch die meisten wurden abschlägig beschieden. Es war alles andere als einfach, hierfür einen Rechtsanwalt zu finden. Die Militärs verlangten die Unterschrift eines Anwalts auf einem Habeas-Corpus-Antrag. Doch der Anwalt wurde nach einer Unterzeichnung verfolgt, viele wurden entführt, mehr als 100 Verteidiger sind auf der Liste der Verschwundenen, ebenso wie zahlreiche Menschenrechtsaktivisten.

Halbherzige Handlungen
Internationaler Druck auf die Diktatur

In den ersten Wochen des Putsches konnten die Angehörigen der Verschwundenen nicht auf die Weltgemeinschaft hoffen. In den USA regierte Gerald Ford, und sein Außenminister Henry Kissinger machte keinen Hehl aus seinen Sympathien für die Junta. Auf dem Gipfel der Organisation Amerikanischer Staaten (OAS) in Santiago de Chile warnte Kissinger im Oktober 1976 den argentinischen Außenminister César Guzzetti, dass die Jagd auf Subversive nicht zu lange dauern solle. Wenn der Demokrat Jimmy Carter die Wahlen gewinne und im Januar 1977 als US-Präsident sein Amt antrete, könne das internationale Umfeld sich schnell verändern. Die Junta verstand Kissingers Worte als Freifahrtschein dafür, dass die USA unter Ford keine kritischen Fragen stellen würden. Kissinger selbst war bemüht darum, die Beschwerden wegen der Verschwundenen abzuwenden. Während eines Treffens zwischen ihm und Guzzetti in einer Suite im New Yorker Hotel Waldorf Astoria sagte Kissinger dem Junta-Minister: «Unsere Haltung ist: Wir wollen, dass Sie Erfolg haben. Ich gehöre zu den Menschen mit alten Überzeugungen. Ich glaube, dass man die Freunde unterstützen muss. In den USA sieht man die Sache so: Sie stecken in einem Bürgerkrieg. Man liest über die Probleme der Menschenrechte, aber nicht über den Kontext. Je früher Sie Erfolg haben, umso besser. Das Problem der Menschenrechte wird immer größer. Ihr Botschafter kann es Ihnen bezeugen. Wir wollen eine stabile Situation. Wir wollen Ihnen keine unnötigen Probleme bereiten. Wenn Sie aufhören können, bevor die Sitzungsperiode des Kongresses wieder weitergeht, umso besser.» (Zit. nach *Página/12*, 4.12.2003)

Kissinger sollte mit seiner Prognose recht behalten: Mit dem Amtsantritt von Jimmy Carter geriet Argentinien ab 1977 verstärkt unter Druck. Die USA und zahlreiche europäische Länder forderten Informationen über die Verschwundenen. Als der erste Junta-Präsident Rafael Videla im September 1977 zu einem Staatsbesuch nach Washington reiste, hatte er es nicht einfach. Sowohl die Presse als auch Regierungsbeamte nahmen ihn ins Kreuzverhör. Die damalige Menschenrechtsbeauftragte des Außenministeriums, Patricia Derian, war eine scharfe Kritikerin der Junta. Videlas Antwort war schwach, er fantasierte von einer «antiargentinischen Kampagne», die von «Infiltrierten der marxistischen Subversion» gesteuert würde. Darauf erhielt Videla von der US-Regierung eine detaillierte Antwort: Als Ende 1977 der US-Außenminister Cyrus Vance zusammen mit Patricia Derian Argentinien besuchte, legten die beiden Videla eine Liste mit Verschwundenen auf den Tisch, welche die US-Botschaft erstellt hatte. Auf ihr standen 7500 Namen.

Die USA kühlten ihre Beziehungen zu Argentinien ab. US-Firmen durften keine Waffen mehr an Argentinien liefern, die Bewilligung internationaler Kredite wurde erschwert. Wirtschaftsminister Martínez de Hoz bemerkte dies, als er bei der Weltbank und dem Internationalen Währungsfonds (IWF) um Geld bat und zur Antwort erhielt, zunächst müsse sich die Menschenrechtslage verbessern. Aber die USA isolierten Argentinien nicht vollständig. Für eine Großmacht wäre mehr möglich gewesen.

Dafür bekam Argentinien noch an einer weiteren Front Ärger wegen der Verschwundenen. Das Menschenrechtssekretariat der Vereinten Nationen in Genf nahm Mitte 1976 eine Anzeige wegen Folter, Verschleppungen und Festnahme ohne Haftbefehl auf, 1977 wurde Argentinien als «systematischer Menschenrechtsverletzer» verurteilt. Im Folgejahr entging das Land einer Verurteilung dank der Unterstützung der Sowjetunion, die große Mengen von argentinischem Getreide kaufte und selbst als Menschenrechtsverletzerin am Pranger stand.

Mit dem Ziel, ihr Image aufzupolieren, lud die Junta im Dezember 1978 eine Delegation der zur OAS gehörenden Interamerikanischen Menschenrechtskommission ins Land. Neun Monate später traf die von dem Venezolaner Andrés Aguilar geführte Delegation in Buenos Aires ein. Während ihres Besuchs interviewten ihre Mitglieder Häftlinge in den Gefängnissen und entdeckten anonyme Gräber. Wesentlich folgenreicher aber waren die Gespräche mit den Angehörigen von Verschwundenen. Vor dem Büro, das die Delegation in der Avenida de Mayo eröffnet hatte, standen die Angehörigen Schlange. Die Delegation nahm 5580 Anzeigen auf, bedeutend mehr, als die Junta oder die Menschenrechtsorganisationen erwartet hätten. Auf 347 Seiten analysierte die Delegation die gesammelten Informationen. Der entscheidende Satz darin lautete: «Personen, die zu den Sicherheitsorganen der Regierung gehören oder mit ihnen in Verbindung stehen, haben zahlreiche Männer und Frauen nach ihrer Verhaftung umgebracht; die Kommission sorgt sich besonders um die Situation von Tausenden festgenommenen Verschwundenen, die (...) vermutlich tot sind.» Die Verbrechen wurden in dem Bericht dokumentiert. Doch dank der Solidarität der anderen lateinamerikanischen Diktaturen wurde Argentinien nicht von der OAS verurteilt.

Aber der nächste Tiefschlag für das Regime folgte im Jahr 1980, als in Stockholm das Nobelkomitee dem Menschenrechtsaktivisten Adolfo Pérez Esquivel den Friedensnobelpreis verlieh. Doch im Januar 1981 konnten die Junta-Generäle zumindest außenpolitisch aufatmen: Ronald Reagan übernahm sein Amt als Präsident der

USA. Bald schon kooperierten argentinische Offiziere mit CIA-Agenten in Zentralamerika. Gemeinsam trainierten sie Streitkräfte und paramilitärische Einheiten in El Salvador, Guatemala und Honduras. Der Feind war dabei wieder eine linke Guerilla. Im Weißen Haus genoss der dritte Junta-Präsident, Leopoldo Galtieri (1981 bis 1982), einen guten Ruf. Ohne sich lange aufzuhalten, verpflichtete er sich dazu, «den Kommunismus in Zentralamerika» zu bekämpfen. In Honduras arbeiteten 150 argentinische Soldaten an der Ausbildung der nicaraguanischen Contras, die gegen die sandinistische Regierung kämpften. Reagans Verteidigungsminister Caspar Weinberger schwärmte, dass Galtieri ihn «sehr beeindrucke», Reagans Sicherheitsberater Richard Allen attestierte dem Junta-Chef eine «majestätische Persönlichkeit».

Doch diese «majestätische Persönlichkeit» sollte den USA mit einem militärischen Abenteuer diplomatisches Kopfzerbrechen bereiten.

200 kleine Inseln im Südatlantik
Krieg zwischen Großbritannien und Argentinien

Schon beim Namen beginnt der Streit. Für die Briten heißen die mehr als 200 Inseln im Südatlantik «Falklands», für die Argentinier sind es die «Malvinas». 1833 besetzte Großbritannien die Inseln, seit 1837 sind sie offiziell eine britische Kolonie. Ihre 2900 Bewohner sprechen Englisch, haben einen britischen Pass, und die Royal Air Force fliegt sechsmal im Monat die Inseln an. In Argentinien jedoch sind die Falklandinseln ein Symbol des Kolonialismus. Auf Geldscheinen und Straßenkarten sind die Inseln als nationales Territorium eingezeichnet. Tageszeitungen und Fernsehsender bringen täglich die Wettervorhersage für die Malvinas, obwohl kein Argentinier sie betreten darf. Die Forderung «Malvinas Argentinas» fehlt in keinem Wahlkampf. Und in jeder noch so kleinen argentinischen Stadt gibt es eine Straße, die den Namen «Malvinas Argentinas» trägt. Die Malvinas sollten sich als das Amalgam erweisen, welches das Land auch in Diktaturzeiten zusammenhält.

Anfang der 1980er-Jahre gärte es in Argentinien. Mit Leopoldo Galtieri hatte 1981 ein Hardliner die Geschäfte des Präsidenten übernommen, und in den Städten regte sich erster Widerstand gegen die Militärs. In Buenos Aires demonstrierten kleine Gruppen von Oppositionellen gegen das Regime, die Mütter der Plaza de Mayo drehten jeden Donnerstag ihre Runden vor der Casa Rosada. Wirtschaftlich jagte eine Schreckensbotschaft die nächste. Galtieri brauchte dringend Erfolge. Im Jahr 1983 würde sich die Besetzung der Falklandinseln durch Großbritannien zum 150. Mal jähren. Eine Rückeroberung wäre für ihn die Gelegenheit, die nationale Einheit zu formen und zu beweisen, dass das Land starke Streitkräfte brauchte. Für Galtieri war es «der perfekte Konflikt», wie Novaro und Palermo in ihrer Geschichte der Militärdiktatur schreiben (2003:412).

Und Galtieri plante ihn von langer Hand. In der Casa Rosada debattierte er mit seinen Junta-Kameraden die Weltlage. Wenn Argentinien die Inseln besetzte, dann vertrauten die argentinischen Strategen darauf, dass Großbritannien keine Truppen schicken würde. Außerdem ging Galtieri davon aus, dass sich die USA neutral verhalten würden, und ignorierte dabei die NATO-Mitgliedschaft Großbritanniens und der USA. Er glaubte, dass die enge Kooperation in Zentralamerika ein festes Band zwischen Argentinien und der Macht im Norden geknüpft hatte.

In einem ersten Schritt versuchte Galtieri Großbritannien diplomatisch unter Druck zu setzen. Argentinien forderte Verhandlungen über den Status der Inseln. Der britische Außenminister Peter Carrington gab zurück, dass er zu Gesprächen bereit sei, aber egal, was verhandelt werde: Die Kelper, die Inselbewohner, müssten damit einverstanden sein. Die argentinischen Diplomaten wussten, dass die Kelper niemals zustimmen würden, sich Argentinien anzuschließen.

Dann ging alles sehr schnell. Am 24. März 1982 landete der Geheimdienstmann Alfredo Astiz mit 15 Marineinfanteristen auf den Georgiainseln, um dem argentinischen Unternehmer Constantino Davidoff zu Hilfe zu eilen. Bis heute ist nicht klar, ob Davidoff in einer verdeckten militärischen Operation auf den Georgias unterwegs war oder nicht. Als Premierministerin Margret Thatcher erfuhr, dass eine Gruppe Argentinier sich auf den Georgias aufhielt, schickte sie das Patrouillienschiff *HMS Endurance* von der Falklandhauptstadt Port Stanley Richtung Georgias. Am 27. März 1982 wurde bekannt, dass zwei argentinische Korvetten in den Südatlantik unterwegs waren. Thatcher reagierte gereizt und kündigte an, ein Atom-U-Boot dorthin zu entsenden.

Für Galtieri hieß es in diesem Moment: jetzt oder nie. Am 2. April 1982 erteilte er den Befehl, die Inseln zu besetzen. Wenige Stunden bevor die Soldaten an Land gingen, rief Ronald Reagan bei Galtieri an. Er wollte in letzter Sekunde verhindern, dass Argentinien die Falklands einnahm. Galtieri ließ Reagan warten, bis es zu spät war. Der Anruf brachte ihn nicht zur Räson. Unmittelbar nach der Besetzung verurteilte der UNO-Sicherheitsrat in seiner Resolution 502 Argentinien. Und Margret Thatcher ließ keinen Zweifel daran, dass sie die Besetzung der Falklands nicht hinnehmen würde. Binnen weniger Tage schickte sie eine drohende Seestreitmacht Richtung Falklands: zwei Flugzeugträger, elf Kriegsschiffe und Fregatten, drei U-Boote, ein Landungsschiff und zahlreiche Hilfsschiffe. US-Außenminister Alexander Haig flog nach Buenos Aires, um zwischen beiden Seiten zu vermitteln. Thatcher (1993) und Haig (1984) schildern beide in ihren Memoiren, dass die USA Galtieri ausdrücklich warnten: Wenn er seine Truppen nicht zurückkommandiere, werde es Krieg geben.

Aber Galtieri konnte nicht mehr zurück. Er hatte hoch gepokert. Ein Rückzug wäre eine peinliche politische Niederlage und könnte das Ende der Junta bedeuten. Für ihn gab es nur einen Ausweg: Er musste Krieg führen. Doch es war ein auswegloses Unterfangen. Als Gouverneur hatte er General Mario Benjamín Menéndez auf die Falklands geschickt. Menéndez war in Tucumán beim Kampf gegen die Guerilla beteiligt gewesen. Aber er wurde nicht auf die Inseln geschickt, weil er ein guter Militärstratege war, sondern eine kumpelhafte Persönlichkeit hatte. Innerhalb weniger Tage hatte er die Inseln in argentinisches Staatsgebiet verwandelt. Die Hauptstadt Port Stanley taufte er in Puerto Argentino. Er änderte Straßennamen und installierte argentinische Fernsehsender, die mit englischen Untertiteln Programme vom Weinlesefest in Mendoza übertrugen.

Inzwischen wuchs das argentinische Truppenkontingent permanent. Mehr als 10 000 Soldaten waren auf den Inseln stationiert. Viele von ihnen waren zwischen 18 und 19 Jahre alt und hatten gerade erst ihre Grundausbildung absolviert. Nur in der 601. und 602. Kompanie dienten Berufssoldaten, doch beide Kompanien zusammen hatten kaum mehr als 100 Mann. Und dann funktionierten die Abwehrraketen aus deutscher Herstellung nicht. Menéndez beschwerte sich über das Verteidigungsministerium beim Hersteller. Tage später traf ein deutscher Ingenieur auf den Inseln ein. Nachdem er die Geschütze repariert hatte, sagte Menéndez: «Damit können wir jetzt englische Flugzeuge abschießen.» – «Ich hoffe, einige», so der Ingenieur aus dem NATO-Land.

Eine Hoffnung, die viele Argentinier teilten. Als am 2. April die Einnahme der Falklandinseln offiziell verkündet wurde, feierten sie auf den Straßen. Der Kampf um die Malvinas wurde nicht als Ablenkungsmanöver der Militärs interpretiert, sondern als Kampf um die Unabhängigkeit der Nation. Junta und Opposition waren sich so einig wie noch nie. Luis León, Sekretär des Nationalen Komitees der Unión Civica Radical (UCR) sagte: «Wäre ich Marinekommandant, ich würde die Malvinas einnehmen, weil ich nicht glaube, dass wir eine nationale Würde haben, solange die Engländer sie besetzen.» Die Gewerkschaft CGT stellte sich ebenfalls hinter die Militärs: «Die Soldaten, die ein Stück Vaterland zurückerobern, sind Söhne von argentinischen Arbeitern, deshalb weist die CGT ihre Sekretäre an, ihre Grüße und Solidarität den Soldaten zu übermitteln.»

Selbst die Organisation der «Angehörigen von Verschwundenen und Verhafteten aus politischen Gründen» zeigte sich solidarisch: «Zu einem Zeitpunkt, zu dem Tausende junger Argentinier, darunter unsere Söhne, Neffen und Enkel, im Süden sind, um unser Vaterland zu verteidigen, müssen wir an unsere verschwundenen und gefangenen Kinder denken, die sicherlich in den Reihen der Soldaten kämpfen würden und dies nicht tun können wegen ihres ungerechten Verschwindens.» Und die «Mütter der Plaza de Mayo» trugen Zettel bei sich: «Die Malvinas sind argentinisch, die Verschwundenen auch.» Dabei waren unter den Verschwundenen auch deutsche, französische und spanische Staatsbürger. Bei der Frage nach der Würde der Nation gingen bei vielen die politischen Parameter verloren. Der Chef der Montoneros, Mario Firmenich, meistgesuchter Gegner der Junta, verkündete in seinem Exil in Havanna: «Die argentinischen Montoneros werden auf die Plaza de Mayo ziehen, um die Malvinas gegen die englische Aggression zu verteidigen.» Einer immerhin behielt einen klaren Kopf und war nicht vom nationalistischen Wahn befallen. «Was das argentinische Volk zu diesem Zeitpunkt nicht brauchte, war, dass das Heer und die Marine die Malvinas besetzten, sondern zurück in ihre Kasernen gingen», sagte der Schriftsteller Julio Cortázar in seinem Exil am 29. April 1982 in einem Interview.

Der Krieg um die Inseln war für beide Seiten verlustreich. Die jungen argentinischen Soldaten erfroren, sie hatten die schlechtere Ausrüstung. Nachdem die Briten das Kriegsschiff *General Belgrano* versenkt und zahlreiche argentinische Flugzeuge zerstört hatten, befahl Galtieri: «Man muss durchhalten.» Die Klatschpostille *Gente* titelte: «Wir sind dabei zu gewinnen.» Als die britischen Truppen vor der letzten argentinischen Bastion in Port Stanley angekommen waren, forderte ihr Kommandeur Jeremy Moore Gouverneur Menéndez auf, sich zu ergeben. Der General hatte ein hitziges Telefongespräch mit Galtieri. Danach ergab er sich. 1200 Soldaten hatte Argentinien verloren.

Kurz nach der Niederlage auf den Falklandinseln strömten die Menschen in Buenos Aires auf die Straße. Sie demonstrierten gegen die Behandlung der eigenen Soldaten, gegen die Niederlage, gegen die Junta. Galtieri trat zurück und machte Platz für den letzten Junta-Präsidenten, Reynaldo Benito Bignone. 80000 Menschen forderten auf der Plaza de Mayo das Ende der Diktatur. Der Übergang zur Demokratie hatte begonnen. Die Junta unterzeichnete am 6. Dezember 1983 ihre Auflösung, nicht jedoch, ohne vorher ein Amnestiegesetz verabschiedet zu haben.

Ermitteln, verurteilen – und begnadigen
Verfahren gegen die Juntas

Am 30. Oktober 1983 wurde Raúl Alfonsín von der UCR zum ersten Präsidenten Argentiniens nach der Diktatur gewählt. Er konnte sich mit 52 Prozent der Stimmen gegen den Peronisten Ítalo Luder durchsetzen. «Mit der Demokratie isst man, heilt man und erzieht man», sagte Alfonsín und ließ die Verbrechen der Diktatur systematisch aufarbeiten. Unter Führung des Schriftstellers Ernesto Sabato rief Alfonsín die Comisión Nacional sobre la Desaparición de Personas (CONADEP) ins Leben, die Zeugen verhörte, geheime Gefangenenlager suchte und in ihrem Abschlussbericht «Nunca Mas» ein Dokument des Grauens vorlegte. Die Zahl der Verschwundenen und Ermordeten bezifferte die CONADEP auf 8961, doch die Liste sei zwangsläufig «eine offene Liste», schrieben die Autoren (1984:293). Novaro und Palermo schätzen in ihrer Untersuchung die Zahl der Opfer etwa doppelt so hoch. Die Mütter der Plaza de Mayo kommen auf 30000 Verschwundene. Die meisten der Verschwundenen waren Mitglieder von linken Organisationen. Keiner der Verschwundenen wurde vor einen Richter gestellt, gegenüber dem sich die Beschuldigten hätten verteidigen können. Sie wurden kaltblütig gefoltert und ermordet.

Damit die Täter, die dies zu verantworten hatten, nicht straffrei ausgehen, schaffte Alfonsín in einer seiner ersten Amtshandlungen das Amnestiegesetz ab, das sich die Generäle noch selbst geschrieben hatten. Damit war auch der Weg für die juristische Aufarbeitung der Diktatur geebnet. Als im April 1985 die Junta-Generäle sich vor der Justiz zu verantworten hatten, war dies das erste Mal in der Geschichte Lateinamerikas, dass Diktatoren nach dem Zusammenbruch ihres Regimes sich für ihre Verbrechen verantworten mussten. Im Justizpalast Tribunales von Buenos Aires zeigten sie kein Einsehen, keine Reue. Vielmehr fühlten sie sich zu Unrecht verfolgt. So sagte Emilio Massera während des Prozesses: «Ich kam nicht, um mich zu verteidigen. Niemand, der einen gerechten Krieg gewonnen hat, muss sich verteidigen. Der Krieg gegen den subversiven Terrorismus war ein gerechter Krieg.»

Die Generäle konnten, anders als ihre Opfer, sich einen Rechtsanwalt nehmen und sich verteidigen. Sie beriefen sich dabei auf die Anweisung von Präsidentin María Estela Martínez de Perón, die Guerilla auszurotten, und betonten, dass Argentinien zu diesem Zeitpunkt von den bewaffneten Gruppen terrorisiert worden sei. Im Zeugenstand saßen die Folteropfer , die beschrieben, was ihnen angetan wurde, wie oft sie mit einem Stromkabel gequält wurden, wohin sie verschleppt wurden und wen sie dabei erkannt hatten.

Das Urteil lautete: lebenslängliche Freiheitsstrafe für Rafael Videla und Emilio Massera, lange Gefängnisstrafen für die anderen Junta-Mitglieder. Die Anklage mit vorbereitet hatte damals ein junger Staatsanwalt, der sich sein Jurastudium mit einer kleinen Möbelwerkstatt finanzierte: Luis Moreno-Ocampo. Im Alter von 35 Jahren wurde er 1985 Assistent von Staatsanwalt Julio César Strassera, der die Anklage leitete. Ein Jahr später klagte Moreno-Ocampo den ehemaligen Polizeichef von Buenos Aires an, der während der Diktatur unzählige Oppositionelle hatte foltern und ermorden lassen. Inzwischen ist Moreno-Ocampo Chefankläger des Internationalen Strafgerichtshofs in Den Haag und hat weiterhin beruflich mit Diktatoren zu tun. Noch in Argentinien machte er auch einer Gruppe Militärs den Prozess, die zu Ostern 1987 den

Aufstand gegen die Demokratie probten. Sie malten ihre Gesichter schwarz an und forderten den Rücktritt des damaligen Heereschefs. Erst als Präsident Raúl Alfonsín persönlich in der Kaserne Campo de Mayo mit ihnen verhandelte, legten sie die Waffen nieder. In die Kameras sagte Alfonsín noch: «Frohe Ostern.»

Für viele der Opfer der Diktatur wurden es aber keine frohen Ostern. Zwar war Argentinien das erste Land, das seine Diktatoren aburteilte. Schnell wurde jedoch gegengesteuert. Noch im Jahr 1985 verabschiedete der Kongress das Schlusspunktgesetz. Wer bis zu einem Stichtag nicht angeklagt war, würde auch nicht mehr angeklagt werden, so die Regelung. Zwei Jahre später legte Alfonsín das Gesetz über Befehlsnotstand nach. Dieses nahm alle diejenigen von strafrechtlicher Verfolgung aus, die auf Befehl eines Vorgesetzten gehandelt hatten. Im Jahr 1990 begnadigte sein Nachfolger Carlos Menem alle diejenigen, die wegen Verbrechen während der Diktatur im Gefängnis saßen.

Kein Vergessen, kein Vergeben
Die Aufarbeitung der Diktatur

Erst zahlreiche Verfahren aus dem Ausland und die Tricks argentinischer Menschenrechtsanwälte brachten einige der Militärs, zumindest vorübergehend, wieder ins Gefängnis. Sicherlich erzeugten die Verfahren gegen argentinische Militärs Ende der 1990er-Jahre/ Anfang 2000 in Frankreich, Deutschland und Spanien Druck auf Argentinien. Doch es mutete schon seltsam an, dass ausgerechnet Spanien argentinischen Militärs den Prozess machen wollte, wo kein einziger General der Franco-Diktatur nach Spaniens Rückkehr zur Demokratie vor Gericht gestellt worden war. Erstaunlich war, dass ausgerechnet Spanien Argentinien zeigen wollte, wie ein Rechtsstaat zu funktionieren hat. Viele in Argentinien hatten ihre Hoffnungen auf Richter wie den Spanier Baltasar Garzón gestützt, der auch Augusto Pinochet in London festsetzen ließ. Aber man wurde den Eindruck nicht los, dass Richter wie Garzón damit einen rechtsstaatlichen Anspruch einlösen wollten, den sie im Umgang mit der Vergangenheit ihres eigenen Landes schuldig geblieben sind – internationale Selbstgerechtigkeit statt internationaler Gerichtsbarkeit. Doch mit dem Amtsantritt von Präsident Néstor Kirchner am 25. Mai 2002 änderte sich auch der Umgang mit der

Vergangenheit Argentiniens. Im Jahr 2003 beseitigte der Kongress die Amnestiegesetze und ermöglichte damit die Strafverfolgung der Militärs ein zweites Mal. Eine bemerkenswerte Wandlung hat Hebe de Bonafini, Präsidentin der «Mütter der Plaza de Mayo», hinter sich, seit Kirchner in der Casa Rosada residiert. Präsidenten gegenüber war sie stets skeptisch eingestellt. Alfonsín stellte die Mörder ihrer Söhne zwar vor Gericht, verhinderte aber später weitere Prozesse, und Carlos Menem ließ sie laufen. Kein Wunder also, dass Hebe de Bonafini niemals denen traute, die in der Casa Rosada regierten. Für die Präsidenten ihres Landes hatte sie immer prägnante Umschreibungen parat: Raúl Alfonsín nannte sie einen «Verräter», sein Nachfolger Carlos Menem war für sie ein «Hurensohn». Ihm folgte mit Fernando de la Rúa ein «Feigling», der mit Übergangspräsident Eduardo Duhalde von einem «Mafioso» abgelöst wurde. Kirchner, so hatte Bonafini einst gegiftet, sei «dieselbe Scheiße» wie der Rest der politischen Klasse. Doch als sie im März 2004 mit einem Megafon unter dem Arm auf der Plaza de Mayo stand, sagte die damals 78-Jährige: «Kirchner macht viel, was wir wollen.»

Für immer unwissend
Das Erbe der Diktatur

Theoretisch können die Militärs erneut vor Gericht gestellt werden. Sie können erneut verurteilt werden. Aber Informationen preiszugeben, dagegen haben sie sich stets gewehrt. Nach wie vor sind Tausende von Menschen in Massengräbern verscharrt, ihre Angehörigen haben nicht die geringste Ahnung davon, wo sie liegen, wer sie ermordete, ob sie gefoltert wurden, wie sie starben. Im Interview mit den Journalisten María Seoane und Vicente Muleiro machte Videla im Jahr 1998 klar, dass die Militärs ihr Schweigen nicht brechen werden. «Wir sollen sagen, wo die Leichen liegen? Aber was könnten wir sagen? Im Meer, im Río de la Plata, im Riachuelo? Man dachte eine Zeit lang darüber nach, die Listen zu veröffentlichen. Aber dann dachte man sich: Wenn man sie für tot erklärt, dann kommen sofort die Fragen, die man nicht beantworten kann: Wer mordete, wo, wie?» Schon vor Jahren hat Hebe de Bonafini gesagt: «Wir wollen keine Liste der Toten, wir wollen die Liste der Mörder.»

Die Anthropologen des Grauens

Die Mitglieder der «Gruppe der Forensischen Anthropologen Argen-
tiniens» sind nicht nur Anthropologen. Sie sind Historiker, Soziolo-
gen und Detektive. Mit wissenschaftlichen Methoden arbeiten sie die
Diktaturvergangenheit auf.

Wenn von den Menschen nichts mehr übrig geblieben ist als ihre
Knochen, werden sie nach ihrem Fundort bezeichnet. A4/1 ist der
Code des Skeletts, das in der silbernen Metallwanne vor Patricia
Bernardi liegt. A4 ist das Planquadrat auf dem Friedhof von Avel-
laneda, wo es ausgegraben wurde. 1 steht für das erste Skelett in
diesem Quadrat. Auf einem türkisen Tuch wurde A4/1 wie ein
Puzzle zusammengesetzt. Der Schädel, die Wirbelsäule, Ober- und
Unterarme, die Hände mit den fünf Fingern, Becken, Oberschen-
kel, Knie, Schienbeine, Füße, Zehen. Jedes einzelne Knochenteil ist
nummeriert. Manchmal braucht es für eine Rippe zwei Nummern,
weil sie durch eine Kugel zerteilt wurde. Mit einer Schublehre misst
Patricia Bernardi die Größe des Oberschenkelknochens und trägt
die Zahl in eine Liste ein. «A4/1» steht darüber. Das Skelett hat
keinen Namen, es wurde noch nicht identifiziert.

Es ist ein nüchterner Raum, in dem Patricia Bernardi die Knochen vermisst und nach Spuren an ihnen sucht. Große Fenster lassen viel Licht in das Zimmer, an der Wand hängen Anatomieposter,
auf dem Schreibtisch vor dem Fenster steht ein Computer. Bernardi
geht wieder zum Schreibtisch, trägt die Länge eines Schienbein-
knochens in die Liste ein. Sie sagt: «Ein toter Körper enthält sehr
viele Informationen, die Knochen nur noch wenige.»

In einer Altbauwohnung an der Avenida Rivadavia werden im
Viertel Miserie in Buenos Aires die Verbrechen der Militärdiktatur
wissenschaftlich aufgearbeitet. Dort ist das Büro der «Gruppe der
Forensischen Anthropologen Argentiniens» (EAAF). Patricia Bernardi ist eine der Gründerinnen. Nach der Militärdiktatur von
1976 bis 1983 hat sie sich mit zehn anderen Anthropologen zusam-
mengetan, um die Reste der Verschwundenen zu suchen.

Als die ersten Massengräber gefunden wurden, gruben Bauarbeiter mit großen Baggern Löcher in die Erde. In einem Nebenzimmer zeigt Bernardi Fotos von den Ausgrabungen auf dem Friedhof von Avellaneda. Darauf sind Bagger zu sehen, in deren Schaufeln Hüftknochen liegen. Auf einer Plastikfolie liegen Menschenknochen durcheinander. Skelette oft von mehreren Personen wurden in einen Sack gesteckt. «Es war unmöglich, sie jemandem zuzuordnen», sagt Bernardi. Angesichts der chaotischen Zustände bei den Ausgrabungen rief die Regierung eine Wissenschaftlergruppe aus den USA zu Hilfe. Darunter war auch der Gerichtsanthropologe Clyde Snow.

Snow war ein Texaner aus dem Lehrbuch. Mit Cowboystiefeln und Stetson-Hut stieg er 1984 in Buenos Aires aus dem Flugzeug, doch er wusste nicht recht, was ihn in Argentinien erwarten würde. Er kannte Brasilien, dort hatte er Jahre zuvor die Knochen von Josef Mengele identifiziert. Das Erste, woran er dachte, als man ihn fragte, ob er nach Argentinien kommen wolle, war Juan Vucetich. Der argentinische Anarchist Vucetich hatte der Polizei einst einen großen Dienst erwiesen, als er die Identifizierung per Fingerabdruck entdeckte.

«Ein Yankie ist in Buenos Aires, der Leichen exhumieren will, er sucht Studenten, die mitmachen wollen», erzählte ein Kommilitone Patricia Bernardi, damals Anfang 20 und Studentin der Anthropologie. Tags darauf trafen sich die Studenten mit Snow in der Lobby eines Hotels. Er berichtete, was zu tun sei: Die Gräber seien vorsichtig zu öffnen, Schicht für Schicht sei die Erde abzutragen, die Knochen der Opfer müssten sorgfältig freigelegt werden. «Ist noch Fleisch an den Knochen?», fragten die Studenten. Er verneinte es. Tage später standen sie mit Snow auf dem Friedhof. Der Texaner hatte sie gut vorbereitet, ihnen eindringlich beschrieben, was sie erwarten würde. Trotzdem war es ein Schock. «Es war die längste Exhumierung meines Lebens», sagt Bernardi. «Wir fanden Dinge, die ein Archäologe sonst nicht findet: Kleidung und Patronenhülsen.» Snow hatte schon vorher angeordnet: Gegraben wird am Tag, geweint in der Nacht.

«Es ist ein komisches Gefühl, man gräbt die Knochen von jemandem aus, der heute so alt wäre, wie ich es bin, der vielleicht dieselbe Jeans tragen würde oder dasselbe Hemd», sagt Luis Fondebrider und zupft dabei an seinen Klamotten. Fondebrider ist ein weiterer

Gründer der Gruppe. Er spricht langsam und ruhig, er hat kurze Locken, sein Hemd hängt über der Hose. In den Regalen in seinem Büro sind Ordner aufgereiht. «Todesurkunden», «Fingerabdrücke», «Leichenfunde in Avellaneda» steht darauf.

Zehn Jahre lang haben die Anthropologen auf dem Friedhof von Avellaneda gearbeitet, einer Industrievorstadt im Süden von Buenos Aires. 1988 fingen sie an, dort systematisch zu suchen. Der Abschnitt für die Diktaturopfer war 24 Meter lang und zwölf Meter breit und durch eine Backsteinmauer vom Rest des Friedhofes getrennt. Die Militärs kamen nachts mit einem Lastwagen auf den Friedhof, hoben Erdlöcher aus, warfen die Leichen hinein und buddelten sie wieder zu. Grabsteine wurden keine aufgestellt. Dafür ist jede einzelne Leiche im Friedhofsbuch notiert, auch ein Totenschein wurde ausgestellt. Dort ist allerdings nur das Datum vermerkt. Als Name ist eingetragen: «N.N.» So werden normalerweise Tote beerdigt, die auf der Straße gefunden wurden. Selten jedoch haben Tote, die auf der Straße gefunden werden, Einschusslöcher im Kopf. Bis zum Militärputsch im Jahr 1976 sind fünf Prozent der N.N. laut Totenschein an Schussverletzungen gestorben. In der schlimmsten Zeit der Repression in den Jahren 1976 und 1977 waren es mehr als die Hälfte. 19 Sammelgräber und elf Einzelgräber haben Fondebrider und Bernardi in Avellaneda gefunden, insgesamt 336 Skelette. Sorgfältig müssen die Skelette mit Pinsel, Spachtel und feinen Messern freigelegt werden, jeder Knochen wird mit farbigem Klebeband markiert, um zu kennzeichnen, zu welchem Skelett er gehört.

In Argentinien hat die EAAF in vielen Provinzen die Gräber von Verschwundenen gehoben und Skelette identifiziert. So konnten sie auch die Reste der französischen Nonne Léonie Duquet identifizieren, die wegen ihrer Unterstützung der damaligen Wortführerin der Mütter der Plaza de Mayo, Azucena Villaflor, von dem Agenten Alfredo Astiz entführt wurde. Duquet wurde dann neben der ebenfalls ermordeten Villaflor beigesetzt. Ende 2007 hat die EAAF mit der argentinischen Regierung vereinbart, eine Gendatenbank von Angehörigen von Verschwundenen anzulegen, um die Opfer einfacher identifizieren zu können. «Es ist das erste Mal, dass in Argentinien in einer breit angelegten Kampagne Blutproben gesammelt werden, um Personen zu identifizieren», sagt Fondebrider.

Die EAAF ist eine der ersten Gruppen, die mit wissenschaftlich-forensischen Methoden Menschenrechtsverletzungen untersucht. Im Jahr 1986 begann die EAAF ihre Aktivitäten über Argentinien hinaus auszuweiten. Bis heute hat die Gruppe in über 30 Ländern bei der Aufklärung von Verbrechen mitgearbeitet. Im Auftrag der UNO und des Roten Kreuzes waren ihre Mitglieder in Ländern wie Angola, Bolivien, Bosnien, Chile, Kolumbien, Kroatien, Kongo, Osttimor, Äthiopien, Guatemala, Kurdistan, Sierra Leone und Südafrika tätig. Im Flur vor Fondebriders Büro hängen Fotos aus El Salvador und Guatemala und ein Gemälde aus Mexiko. Es trägt den Titel «Hochzeit der Skelette».Fondebrider schaut kurz drauf, lächelt verschmitzt, zuckt dann mit den Schultern.

In einem Nebenraum knipst er das Licht an. Bis unter die Decke sind dort Apfelkisten in Regalen gestapelt. «Industria Argentina – Argentinische Industrie» steht darauf. In den Kisten lagern Knochen. Jede Kiste hat eine Kennung, die den Namen ersetzt: «D 4/7». Jedes Skelett hat seine eigene Kiste. 356 sind es insgesamt. Fast alle stammen von dem Friedhof von Avellaneda. Dort lagerte auch A 4/1, das Fondebrider und Bernardi hoffen zu identifizieren.

Die Todesursache ist ohne Zweifel festgestellt. A 4/1 wurde erschossen. Dort, wo die Kugel in die Schädeldecke eindrang, ist nur ein kleines Loch, dort, wo sie herauskam, ist der Kopf zersprungen. Die Knochensplitter mussten vorsichtig im Grab freigelegt und dann zusammengeklebt werden. Eine zweite Kugel traf den linken Unterarmknochen, eine dritte den rechten Unterarm. Knochenstücke sind dabei weggesplittert, Ruß hat sich an der Stelle abgelagert. «Was für eine Aggression, wo er doch mit dem ersten Schuss schon tot war», sagt Bernardi. Sie schüttelt den Kopf und schiebt die Brauen nach oben. Neben dem rechten Handgelenk von A 4/1 liegt ein Nylonband, mit dem das Opfer gefesselt war. Nylon verrottet nicht. Das Nylonband und der Kopfschuss beweisen die Hinrichtung des Opfers. Oft haben die Militärs behauptet, ihre Opfer bei Schießereien getötet zu haben. In der Zeitung stand dann am nächsten Tag zu lesen: «Terrorist bei Schießerei getötet.»

Anhand des Knochenbaus kann Bernardi bestimmen, dass A 4/1 männlich war und etwa 27 Jahre alt, zu sehen an den Wachstumsfugen. Der Mann muss 1,77 Meter groß gewesen sein, er hatte einen auffallend hervorstehenden Oberkiefer und eine große Beule an der Stirn. «Das war ein Trauma oder eine Verletzung, das ist wichtig bei der Identifizierung. Die Familie kann ihn daran wiedererkennen», sagt Patricia Bernardi. Sie setzt sich an den Computer und gibt im Archiv der Anthropologengruppe einen Suchauftrag ein: ein Mann mit diesen Merkmalen aus dem Großraum Buenos Aires, der zwischen Mai und September 1977 in der Stadt Quilmes bei Buenos Aires verschwunden ist. Der Zeitraum wird mit den Friedhofsbüchern bestimmt. Und wenn ein Opfer in Avellaneda liegt, kommt es mit ziemlicher Sicherheit aus einem Kerker in der Nähe. So werden die Möglichkeiten langsam eingegrenzt. Die Anthropologen sind nicht nur Anthropologen, sie sind Soziologen, Historiker und vor allem eines: Detektive. Der Computer liefert Ergebnisse, es gibt einen Verdacht, wer es sein könnte.

Seine Familie wird kontaktiert. Bernardi bittet sie, Fotos von ihm mitzubringen, noch besser sind Röntgenbilder. Alles, was sie über seine Krankheitsgeschichte kennen, hilft bei der Identifizierung. Gelingt dies, wird am Ende eine DNA-Probe genommen. Wenn sie positiv ausfällt, werden die Knochen der Familie übergeben. Das Opfer wird dann zum zweiten Mal beigesetzt, mit seinem richtigen Namen. «Es ist oftmals eine Erleichterung für die Familien zu wissen, wie und wann ihr Verwandter ermordet wurde. Das Schlimme am Verschwinden von Personen ist, dass die Angehörigen sich grausame Dinge ausmalen, ohne zu wissen, was wirklich war», sagt Luis Fondebrider.

An dieser Erleichterung für die Angehörigen arbeiten die Anthropologen. Sie helfen aber auch, die Geschichte eines Verbrechens aufzuarbeiten. Es war Clyde Snow, der sagte, dass die Knochen eines Menschen handfeste Beweise über seine Todesart liefern können. Wenn das Blut getrocknet ist, das Fleisch verwest, die Fingernägel zu Staub geworden sind, bleiben die Knochen als die letzten Zeugen übrig.

Wirtschaft

Der schwierige Traum vom Industrieland:
Eine Wirtschaftsgeschichte bis 1945

Die Macht der Märkte
Argentinien ist der Weltkonjunktur ausgeliefert

Gemessen an seinem Territorium, ist Argentinien ein sehr großes Land. Doch es ist mit seinen 39 Millionen Einwohnern dünn besiedelt. Sein Markt ist überschaubar. Argentinien erwirtschaftete im Jahr 2006 ein Bruttoinlandsprodukt von 214 Milliarden Dollar. Die argentinische Wirtschaft hängt sehr stark von Exporten als Devisenquelle ab und von Importen von Produkten, die im Land nicht hergestellt werden. Diese Außenabhängigkeit macht Argentinien sehr anfällig für jedwede Laune der Weltkonjunktur. Wenn am Chicago Board of Trade die Preise für Soja, Weizen und Mais fallen, sind das schlechte Nachrichten für Argentinien. Dann bezahlen auch die Exporteure wie Bunge & Born weniger für das Getreide, die Landwirte verdienen weniger, der Staat nimmt weniger Steuern ein. Steigen jedoch die Preise, weil in Ländern wie China und Indien der Proteinbedarf steigt und sie Soja importieren, dann sind das gute Nachrichten für Argentinien. Die Kassen der Großgrundbesitzer werden mit Dollars geflutet, sie kaufen Maschinen, bauen Silos, stellen Arbeiter ein und überweisen dem Staat hohe Steuerbeträge. Diese Abhängigkeitsstruktur zu verändern ist sehr schwer. In der Geschichte gab es jedoch zahlreiche Versuche, das Land stärker zu industrialisieren. Davon zeugt eine umfassende Industriebasis, verglichen mit anderen Ländern des Kontinents. Aber die Wirtschaftspolitik in einem peripheren Land hängt immer auch von internationalen Machtverhältnissen und internen Kräfteverhältnissen ab.

Zu Kolonialzeiten war das Gebiet des heutigen Argentinien ein weiter, ungenutzter Raum. Die Bevölkerung konzentrierte sich im Norden des Landes, entlang der Handelswege nach Bolivien, wo das Gold aus den Bergen gekratzt wurde. Zu Beginn des 19. Jahrhunderts lebte die Mehrheit der Bevölkerung an dem Korridor, der Potosí mit dem Hafen von Buenos Aires verband. Die Städte Jujuy, Salta, Tucumán, Córdoba und Rosario stellten Lebensmittel für die Minen bereit, ihre Einwohner züchteten Zugtiere und zimmerten einfache Holzkarren. Westlich dieses Korridors gab es nur noch die Andenvorstädte Mendoza und San Juan, im Osten zog sich ein undurchdringlicher Urwald bis zur Grenze zum heutigen Paraguay hin, der von Indígenas bewohnt war. Südlich von Buenos Aires lebten ebenfalls nur Indígenas, Patagonien war in den Karten nur eingezeichnet, weil Seefahrer die Küste kennen mussten.

Importieren statt produzieren
Die Marktmacht Englands

Während in Bolivien der Bergbau boomte, wurden in Argentinien Landwirtschaft und Handwerk betrieben. Doch was in Argentinien zu dieser Zeit hergestellt wurde, taugte gerade dafür, in den Dörfern und Städten der Umgebung verkauft zu werden. Nicht ein einziges Stück Metall wurde bei den von Schreinern in Tucumán fabrizierten Holzkarren verwendet. Und zwar nicht nur, weil Metall ein knappes Gut war im Vizekönigreich. Sondern weil die rigide Einwanderungspolitik der spanischen Krone verhinderte, dass Spezialisten ins Land kamen. Als Folge konnte sich in Argentinien kein Handwerksstand herausbilden, die Wirtschaft hing von Importen ab.

Vor allem die englische Industrie entdeckte bald den Absatzmarkt des Vizekönigreiches. Gegen Ende des 18. Jahrhunderts wurden die ersten Produkte aus englischer Herstellung im Hafen von Buenos Aires von Schiffen gelöscht. Damals war der Bedarf an fast allem sehr groß. Sogar Decken und Sporen wurden aus England geliefert. Selbst ein argentinisches Symbol ist ohne englische Waren nicht denkbar: der Gaucho. Sein Poncho, sein Seil, sein Messer – alles waren englische Importe.

Die ohnehin nicht besonders gewieften Handwerker hatten den englischen Produkten wenig entgegenzusetzen. Was in den Fabrikhallen von Manchester gefertigt wurde, blieb in Argentinien konkurrenzlos. Durch die Seeverbindungen kamen gefertigte Produkte ins Land, welche die einheimischen Produzenten dazu zwangen,

die Preise für ihre Waren zu senken. Dafür stiegen jedoch die Rohstoffpreise am Río de la Plata, Argentinien konnte sein Rindfleisch,
sein Leder, sein Getreide gut verkaufen. Der Erfolg der Rohstoff-
exporte suggerierte den Porteños, dass sie sich keine wirtschaftlichen Zukunftssorgen machen und sich nicht um den Aufbau einer
eigenen Industrie kümmerten mussten. In einem Regierungsbericht
des Jahres 1853 zogen die Beamten den alarmierenden Schluss:
«Die Industrie scheint sich sehr wenig weiterentwickelt zu haben.»
Das Land setzte auf seine fruchtbaren Böden und sein mildes Klima.
Die durch den Agrarexport erzielten Devisen wurden meist für
britische Fertigprodukte wieder ausgegeben. Die Handelsbezie-
hungen zwischen Argentinien und Großbritannien waren sehr eng,
die marktbeherrschende Stellung britischer Waren gründete sich
auf die hohe Wettbewerbsfähigkeit der Fabrikprodukte, die Präsenz der britischen Flotte im Atlantik und die Kredite, welche die
Londoner City Argentinien für den Kauf von Waren gewähren
konnte.

Ein Fluss voller Blut
Pökelfleischbetriebe – die ersten Industrien

Bei einer auf Agrarwirtschaft getrimmten Wirtschaft ist es dann
auch keine Überraschung, dass die Ursprünge der argentinischen
Industrie in Nebenprodukten der Viehzucht zu finden sind: in der
Herstellung von Leder und Pökelfleisch. Die Pökeleien schlachteten
die Rinder, verarbeiteten Fleisch und Haut und verkauften Pökelfleisch und Leder. Die Besitzer der Pökeleien kamen aus den führen-
den Familien des Landes, sie trugen Nachnamen wie Rosas, Ter-
rero, Dorrego, Irigoyen, Díaz Vélez, die bis heute nach Reichtum
und Einfluss klingen – und immer nach Landluft riechen. Hygie-
nisch waren die Pökeleien eine Pest für Buenos Aires. Ungehindert
floss das Blut der Rinder in den Riachuelo-Fluss, dessen Gewässer
sich an manchen Tagen rot färbten. Die trocknenden Häute lockten
Heerscharen von Fliegen in die Stadt. Auf dem Boden der Pökeleien
vergammelten die Gedärme, Speiseröhren und Herzen der Rinder.
Schließlich verdonnerte die Stadt die Pökeleibesitzer dazu, Schweine
zu halten, welche die Schlachtabfälle fraßen.

Entsprechend hart war die Tätigkeit in diesen Betrieben. Die Arbeiter töteten die Tiere mit einem Messer, zogen ihnen die Haut

vom Leib, trennten das Fleisch von den Knochen und schnitten es in Stücke. Sie waren blutverschmiert und stanken. Zwischen 150 und 200 Menschen arbeiteten damals in einer Pökelei, das bedeutete, dass in den zehn Unternehmen im Süden von Buenos Aires zwischen 1500 und 2500 Arbeiter beschäftigt waren.

Wichtig für den Aufbau der entstehenden Industrien war das Eisenbahnnetz, das sich ab 1870 durch Argentinien zu spinnen begann. Die Eisenbahn senkte die Transportkosten, verkürzte die Reisezeiten und erschloss parallel einen nationalen Markt. Finanziert wurde die Eisenbahn in Argentinien von den Großgrundbesitzern, Spekulanten und englischen Zwischenhändlern. Die Eisenbahn war für Argentinien ein Fortschritt. Aber sie stärkte in Argentinien keinen Industriezweig, Argentinien knüpfte zwar eines der größten Schienennetze der Welt, doch dadurch wurde keine Produktionskette der nationalen Industrie in Gang gesetzt. Da Argentinien zu diesem Zeitpunkt über keine Eisenindustrie und keine Mechanikindustrie verfügte, wurden Lokomotiven, Waggons, Schienen, selbst Kohle aus England importiert. Nicht in Argentinien entstanden Produktions- und Zuliefererketten, die eine Industrie entwickeln, sondern in England.

Eingewandertes Wissen
Pioniere der Industrialisierung

Dies lag auch an den Finanziers der damaligen Industrien, den Großgrundbesitzern, den Banken und den Lieferanten: Sie wollten schnelle und hohe Renditen. Es blieb bei einigen wenigen Pionieren, welche die industrielle Entwicklung des Landes anschoben. Diese Pioniere waren sich in einem sehr ähnlich: Sie brachten aus dem Ausland technisches Know-how mit. Einer von ihnen war Emilio Bieckert, der 1855 aus dem Elsass an den Río de la Plata kam. Nach einer Reise durch Argentinien, während deren er den Markt studierte, baute er 1860 seine eigene Brauerei auf, die erste in Argentinien. Zunächst braute er sein Bier in zwei Tanks im Hinterhof seines Mietshauses gegenüber der Kirche Balvanera in Buenos Aires, Hilfe hatte er nur von einem Angestellten. Sein Bier schmeckte den Nachbarn, bald wurde es ihm im Hinterhof zu eng. Er zog in die Salta-Straße Nummer 12, stellte mehr Arbeiter an und baute eine größere Anlage. Nur fünf Jahre später kaufte Bieckert ein Grundstück zwischen den Straßen Juncal und Esmeralda, wo er eine Großbrauerei errichtete. Den Dampf ließ er durch einen 65 Meter hohen Schornstein ab, der auf Seekarten als Referenzpunkt eingezeichnet wurde. Jahrzehntelang braute Bieckert dort sein Bier, die Marke «Bieckert» ist immer noch erhältlich, wenn auch längst nicht mehr in Familienbesitz.

Nicht alle Pioniere waren so erfolgreich wie Bieckert. Da es kaum möglich war, von den Banken Kredite zu erhalten, mussten die neuen Unternehmer nahezu sofort Gewinne machen, sonst hielten sie nicht lange durch. Im Jahr 1887 zählte die Unión Industrial Argentina (UIA) 400 Unternehmen in Buenos Aires. Doch was komplett fehlte, war eine Industriepolitik. Zwar stritt 1876 der Kongress über die Einführung von Schutzzöllen. Doch die Landwirtschaft war bis zu diesem Zeitpunkt die wichtigste wirtschaftliche Ressource, und die Großgrundbesitzer hatten kein Interesse am Schutz des heimischen Marktes zum Aufbau einer Industrie.

Mit der Erfindung der Kühltechnologie sollte sich diese Tendez noch verstärken. Im Jahr 1876 machte das französische Schiff *Le Frigorifique* im Hafen von Buenos Aires fest. Zum ersten Mal war tiefgekühltes Fleisch über den Ozean verschifft worden und nicht im Schiffsbauch vergammelt. Die *Frigorifique* hatte eine Kühlkammer an Bord, in der Fleisch bei null Grad Celsius, nach der Methode des französischen Ingenieurs Charles Tellier, gelagert war. In Buenos Aires probierten Testesser das Fleisch. «Perfekt konserviert», befanden sie. Argentinien stand vor einem Boom.

Die neue Technologie ermöglichte Argentinien ab 1876 einen Wachstumsschub, der mehrere Jahrzehnte anhalten sollte. Andere Entwicklungswege wurden dadurch jedoch verdrängt, eine Debatte im Kongress über die Zukunft der argentinischen Wirtschaft fand ein abruptes Ende. Ackerbau statt Industrie, hieß die Lösung. Die Fleischexporte stiegen, die Einnahmen daraus finanzierten die Importe und den Schuldendienst. Zwischen 1860 und 1930 wuchs die argentinische Wirtschaft jährlich um fünf Prozent. Auch die Bevölkerung wuchs, und das größer werdende Buenos Aires schaffte fast automatisch neue Absatzmärkte, da eine größere Bevölkerung konsumieren und wohnen musste. Die Eisenbahn vereinte Argentinien als Markt, und die in der «Wüstenkampagne» hinzugewonnenen Gebiete vergrößerten die Weide- und Anbaufläche der Großgrundbesitzer. Die Landwirtschaft setzte auf neue Technologien wie Dünger, Spritzmittel und wechselnde Felder. Doch Argentinien wurde Opfer seines Erfolgs. Der Agrarboom schien eine Industrialisierungspolitik unnötig zu machen.

Gekühlt frisch auf den Tisch
Schlachthöfe und Industrialisierung um 1900

An die Stelle der Pökeleien traten mit Erfindung der Kühltechnik die großen Schlachthöfe. 1904 kauften sie zum ersten Mal mehr Rinder als die Pökeleien. Hauptkunde war damals wieder Großbritannien. Mit Kühlschiffen gelangte das Fleisch aus Argentinien in akzeptabler Qualität auf den Londoner Smithfield Market. England war nicht nur Hauptexportziel, englische Geschäftsleute waren auch die Hauptinvestoren in die Schlachthöfe. In kurzer Zeit gelang es den sieben großen Schlachthöfen, ein Oligopol aufzubauen. Sie sprachen sich untereinander ab und standen im engen Kontakt zu Lieferanten und Dienstleistern. Leicht aufgebrochen wurde das Oligopol der angloargentinischen Schlachthöfe, als 1907 die US-Firma Swift aus der Schlachthofmetropole Chikago eine Filiale am Río de la Plata eröffnete. Im Gefolge kamen noch weitere Unternehmen aus Chikago. Während die argentinische Regierung kaum etwas dabei fand, dass wenige Firmen den Markt unter sich aufteilten, interessierte sich das britische Parlament für den Fall. Immerhin stammten 1912 64 Prozent aller Fleischeinfuhren nach England aus Argentinien. Lord Nelson, Inhaber eines Schlachthofs, gestand damals ein, dass man wöchentlich «freundschaftliche Gespräche» mit Großgrundbesitzern, den Transportunternehmern und den anderen Firmen führe. Der Landwirtschaftsverband Sociedad Rural hingegen gab an, dass im Fleischhandel «das Gesetz von Angebot und Nachfrage» herrsche.

Auch wenn die Schlachthöfe die Wirtschaft dominierten entstanden zu dieser Zeit weitere Industriezweige. Im Januar 1884 eröffnete in Buenos Aires das Schuhwerk Fábrica Argentina de Alpargatas, das sehr schnell auch in den Textilbereich expandierte, 1899 entstanden die von dem deutschen Otto Bremberg gegründete Brauerei Quilmes und die zuliefernde Glasfabrik León Rigolleau, 1901 entstand La Martona, die zum ersten Mal industriell gefertigte Butter herstellte. Im selben Jahr wurden in Puerto Madero von Buenos Aires die ersten Silos gebaut: Mit den Río de la Plata

Flour Mills and Grains Elevators, später Molinos Río de la Plata, entstand die erste Industriemühle in Buenos Aires. Zur selben Zeit wurden Telefon- und Stromkabel verlegt. Aber auch hier sprachen sich die Elektrizitätswerke und die Straßenbahnbetriebe ab: Die Elektrizitätswerker versicherten, keine Straßenbahn betreiben zu wollen, die Straßenbahner, dass sie keinen Strom produzieren und gemeinsam eine Geschäftsbeziehung pflegen würden. Die Elite des Landes «nahm die Industrie als eine weitere Aktivität wahr. Sie forderten von ihr hohe Einnahmen und versuchten zu diesem Zweck mit allen Mitteln den Markt zu kontrollieren», schreibt der Ökonom Jorge Schvarzer in seiner Geschichte der argentinischen Industrie (1996). «Zu ihrem Ziel gehörte nicht die technische Erneuerung, auch versuchten sie nicht, Techniker und Profis für ihre Firmen zu finden. Ihre Gewinne waren zu hoch, als dass sie sich vom technischen Fortschritt verlocken ließen.»

Das große Elend
Arbeiter in Argentinien

Fabrikbesitzer und Fabrikarbeiter lebten geografisch getrennt. Im Süden, wo die Fabriken standen, wohnten die Arbeiter. Im Zentrum, nahe der mondänen Plaza San Martín, bezogen die Fabrikbesitzer ihre Häuser und edlen Apartments. Der Riachuelo-Fluss war in Buenos Aires die geografische Grenze zwischen Arm und Reich. Sie ist es bis heute, wenn sie auch durchlässiger geworden ist. Eine Befragung aus dem Jahr 1914 ermittelte in Buenos Aires 220000 Fabrikarbeiter, zehn Prozent der Gesamtbevölkerung. Die Arbeiter begannen sich zu organisieren, in den 1880er-Jahren gab es bereits die ersten Gewerkschaften, sie waren stark geprägt von eingewanderten Sozialisten und italienischen Anarchisten.

Selbst Karl Marx beobachtete den Einfluss der Anarchisten in Argentinien mit Sorge. Er fürchtete, sie könnten die örtliche Sektion der Kommunistischen Internationalen dominieren. Deshalb schickte er den Belgier Raymond Wilmart nach Buenos Aires, um nach dem Rechten zu sehen. Zumindest in einer Sache konnte er Marx beruhigen: In der lokalen Sektion der Komintern gibt es keine Anarchisten. Aber das war es auch schon mit den guten Nachrichten. Zu den Treffen der örtlichen Sektion kämen nur sehr wenige Arbeiter. Am 27. Mai 1873 schreibt Wilmart in einem Brief an Marx: «Ich fange an zu glauben wie Picard, dass man mit diesen Leuten hier nichts machen kann. Es gibt zu viele Möglichkeiten, ein kleiner Patrón zu werden und die neu angekommenen Arbeiter auszubeuten, als dass man daran denkt, in einer bestimmten Art zu handeln. (...) Es gibt hier eine schreckliche Ungleichheit, eine schlimme Verachtung der Schwarzen. Man läuft nicht mit einem Arbeiter durch die Stadt, man schlägt die Dienstmädchen, und zwar mit einer erniedrigenden Brutalität. Man findet es ganz normal, Inhaftierte zu töten. Auf dem Land geht es ungestüm zu. Ohne den Andrang der Ausländer gäbe es dort keinen möglichen Fortschritt, man wüsste nichts, außer auf Pferden zu reiten.»

Aber die Kampfbereitschaft der Arbeiter sollte zunehmen. 1882 gründeten deutsche Arbeiter, die von Bismarcks Sozialistengesetzen aus dem Reich vertrieben worden waren, in Buenos Aires den «Club Vorwärts». Wenige Jahre später entstand daraus die Sozialistische Partei. Für die Oligarchie waren die organisierten Arbeiter eine Bedrohung. Im Jahr 1902 erließ die Regierung ein Gesetz, das Ruhestörer des Landes verwies. Diejenigen, deren «Verhalten die nationale Sicherheit beeinträchtigt oder die soziale Ordnung stört», konnten fortan ohne Gerichtsurteil ausgewiesen werden. Gemünzt war das Gesetz auf Gewerkschafter, die sich in ihren Betrieben engagierten. 1907, 1909 und 1910 streikten die Arbeiter, allein in Buenos Aires legten bei jedem dieser Streiks mehr als 100 000 die Arbeit nieder. 1907 streikten die Mieter der in der Regel von Arbeitern bewohnten *Conventillos* und weigerten sich, die Miete zu bezahlen. Sie wehrten sich gegen die quälenden Lebensbedingungen in ihren Behausung.

Als die Arbeiterkämpfe um die Jahrhundertwende zunehmend heftiger wurden, schickte die Regierung mit Bialet Massé einen Berichterstatter in die Fabriken, um mehr zu erfahren über das Leben der Arbeiter. Er kam geschockt von seiner Fabriktour zurück. Kein Fabrikbesitzer würde sich um den Achtstundentag scheren, obwohl das für Arbeiter und Unternehmer das Beste wäre. Aber vor allem sei die Ausbildung der Arbeiter mangelhaft. Erzürnt schreibt er in seinem Bericht: «Ich habe Maschinenführer gesehen, die nicht wissen, wie der Dampf arbeitet, Schreiner, die nicht wissen, wie man den Hobel hält, Elektriker, die nicht wissen, was Strom ist. Die Ignoranz der Chefs ist aber noch viel größer. Ich habe nicht einen Industriedirektor, nicht einen Eisenbahnverwalter getroffen,

der – und sei es aus Neugierde – ein Buch über diese Themen aufgeschlagen hätte.» Aus diesen Erfahrungen zieht er den Schluss, ein
Arbeitsschutzgesetz zu erlassen. Doch seine Forderung sollte lange
ungehört bleiben.

Das Land in fremder Hand
Wirtschaftskolonie Englands

England war zu dieser Zeit der wichtigste Handelspartner Argentiniens und mitverantwortlich dafür, dass Argentinien ein Agrarland
blieb. Im Jahr 1929 führte Lord D'Avernon eine englische Delegation nach Argentinien an. Er bemerkte, dass die argentinischen
Schlachthöfe «entscheidend» vom Fleischexport nach England ab-
hingen – und überredete die Argentinier zu einem Deal: England
kauft argentinisches Fleisch, dafür kauft Argentinien englische
Produkte – eine «reziproke Handelsbeziehung», wie er es nannte.
Die Argentinier schlugen ein. Eine Bestellung neuer Lokomotiven
in den USA wurde storniert, englische wurden geordert. Derweil
suchten die Engländer nach Fleischlieferanten in Brasilien, um
nicht dem argentinischen Monopol ausgeliefert zu sein. Die
damalige Elite des Landes, so schimpft der Wirtschaftshistoriker
Schvarzer, «glaubte fest daran, dass es besser wäre, eine englische
Halbkolonie zu sein als eine unabhängige Nation».

Dass Argentinien weitgehend ein Agrarland blieb, hatte aber
noch eine andere Ursache: die Zollpolitik der starken Länder. Das
Land lieferte Baumwolle ungewaschen nach England. Nicht weil
Argentinien zur Reinigung keine Möglichkeit gehabt hätte. Sondern weil die Zollgesetze Englands gewaschene Baumwolle mit hö-
heren Steuern belegten als ungewaschene. Somit schützte England
seine Industrien und gab einer Ware durch industrielle Verarbei-
tung einen Mehrwert, während Argentinien nur die Rohstoffe
lieferte. Auch in Zeiten hoher Rohstoffpreise wurde es dem Land
dadurch erschwert, eine eigene Industrie aufzubauen. Als Konsequenz daraus schlitterte Argentinien mit dem Ende der Hoch-
preisära für Rohstoffe in eine Krise.

So war die argentinische Wirtschaft bereits geschwächt, als am 24. Oktober 1929 die überhitzte New Yorker Börse einbrach. Die Weltwirtschaftskrise zog auch Argentinien mit hinab. Die Preise für Rohstoffe gingen in die Knie, während gleichzeitig viele Ziel-länder ihre Märkte für argentinische Waren schlossen. Argentinien hatte damit ein doppeltes Dilemma: Das Exportvolumen war gering, verkauft wurde auch noch zu niedrigen Preisen. Zudem war es fast unmöglich, Kredite im Ausland zu erhalten, wodurch in Argentinien die Devisen knapp wurden und die Importe nicht mehr finanziert werden konnten. Die argentinischen Exporte sanken zwischen 1928 und 1932 um die Hälfte, gemessen in Pesos. Aber die Weltwirtschaftskrise und die Blockade der Handelswege infolge des Zweiten Weltkriegs sollten für Argentinien auch eine Chance sein: Das Land musste seine Importe durch eigene Produkte ersetzen. Zunächst aber erließ die Regierung Notstandsmaßnahmen: Der Außenhandel wurde stark reguliert, der Devisenhandel kontrolliert.

Die Regierung begann damit, immer stärker in den Markt zu intervenieren. Es wurden zahlreiche Behörden aufgebaut, die den Handel mit Zucker, Öl, Quebracho-Harz und Lebensmitteln beobachteten. Richtige Regulationsinstanzen schuf die Regierung für Getreide, die Milchindustrie, die Weinherstellung, außerdem widmete sich eine weitere Behörde der Bekämpfung der Arbeitslosigkeit. Diese Einrichtungen zurrten die Preise für die jeweiligen Primärprodukte fest, um eine fairere Entlohnung der Produzenten sicherzustellen und so das Nationaleinkommen gerechter zu verteilen. Die Gründung der Zentralbank 1935 hatte zum Ziel, die Währung zu stabilisieren und Reserven anzuhäufen, welche die Regierung im Falle einer Kapitalflucht anzapfen konnte. Anfangs war die Zentralbank eine Institution, bei der der Staat nur einen Minderheitsanteil hielt, ausländische Banken verfügten über die Mehrheit der Aktien. Ihr erster Präsident wurde Raúl Prebisch, später Autor der wegweisenden Schrift «El desarollo económico de América Latina y algunos de sus principales problemas» (1949). Prebisch sah den Grund für die Entwicklungsunterschiede zwischen Industriestaaten und Entwicklungsländern nicht einfach in einer zu spät einsetzenden Entwicklung der Entwicklungsländer, sondern in ihrer strukturellen Außenabhängigkeit. Prebisch war einer der Begründer der Dependenztheorie. In der Nachkriegszeit wurde er Direktor der neu gegründeten UN-Wirtschaftskommission für Lateinamerika und die Karibik (CEPAL), später der erste Direktor der United Nations Conference on Trade and Development (UNCTAD) und damit zu einem der einflussreichsten lateinamerikanischen Ökonomen seiner Zeit.

Die notgedrungene Industrialisierung
Die argentinische Wirtschaft während des Zweiten Weltkriegs

Zwar bremste die Weltwirtschaftskrise den Handel, wodurch die argentinischen Exporte sanken. Doch die Regierung hatte die Steuereintreibung verbessert und damit mehr Geld in ihren Tresoren. Kurz vor Beginn des Zweiten Weltkriegs in Europa entstanden in Argentinien die ersten Sozialwohnungen, Krankenhäuser wurden gebaut, darunter Großprojekte wie die noch heute in Betrieb befindlichen «Hospital Militar» und das «Hospital de Clínicas» in Buenos Aires. Im ganzen Land wurden neue Straßen gebaut, das Netz wurde von 2000 auf 30000 Kilometer ausgebaut.

Diese neue Infrastruktur erleichterte den abermaligen Industrialisierungsschub während des Zweiten Weltkriegs. Nicht nur die Exporte sanken während des Kriegs, auch die Importe tendierten gegen Null. Noch 1935 lieferten Frachtschiffe zwei Millionen Messer und Gabeln, 300000 Federmesser, 100000 Küchenartikel, 40 Tonnen Hutnadeln. Für all diese Waren gibt es in den Registerbüchern des Zolls nach Beginn des Zweiten Weltkriegs keine Einträge mehr – sie mussten also selbst fabriziert werden. Das Fundament legte die Zementherstellung. Argentinien verfügt über Kalkstein, hatte diese Ressource aber bis dahin kaum genutzt. Noch im Jahr 1930 kam die Hälfte der 800 000 Tonnen Zement, die in diesem Jahr verbraucht wurden, aus dem Ausland. 1935 wurde kein Zement mehr eingeführt, fünf Jahre später produzierte Argentinien 1,2 Millionen Tonnen Zement.

Zement gab es damit genug, was fehlte, war Stahl. Deshalb schlossen sich die Baufirmen Acevedo und Shaw zusammen, um das Stahlwerk Acindar in Rosario aufzubauen. Auch die Elektroindustrie erhielt durch den Einfuhrstopp starke Impulse. Das von der traditionellen Familie Di Tella gegründete Metallunternehmen SIAM suchte nach neuen Marktnischen und begann von Pumpen bis zu Kühlschränken eine breite Produktpalette zu entwickeln. Weil Argentinien fast komplett von Importen abgeschnitten war, musste so mancher Unternehmer umsatteln. Boris Garfunkel etwa, der bis zur Krise Radios importiert hatte, begann selbst Elektroartikel herzustellen. Neue Formen der Produktion entstanden, etwa die Molkerei Sancor, die als Genossenschaftsbetrieb Milchprodukte herstellte und so den Landwirten höhere Einnahmen sicherte.

Die notgedrungene Industrialisierung veränderte das Land. Am Riachuelo in Buenos Aires standen viele Fabriken und nur noch wenige Schlachthöfe. Die Industrieproduktion hatte sich 1946 in nur elf Jahren verdoppelt. Ihr Gesamtanteil an den Exporten kletterte von fünf Prozent im Jahr 1940 auf 19 Prozent im Jahr 1945, der Anteil der Industrie am Bruttoinlandsprodukt hatte den des Agrarsektors überholt. Die Industrie war der wichtigste Arbeitgeber und der Motor der argentinischen Ökonomie.

Doch die konservativen Großgrundbesitzer wollten noch immer den Ausbau der Industrie verhindern, weil sie um ihre Einkünfte fürchteten. Und noch ein Hindernis hatte Argentinien nach dem Zweiten Weltkrieg: Der Maschinenpark war hoffnungslos veraltet. Die Eisenbahnen dampften zum Teil schon 50 Jahre auf den Schienen. Die staatliche Erdölgesellschaft YPF besaß so gut wie kein neues Gerät. Mithilfe von staatlichen Firmen wurde versucht, die Wirtschaft anzukurbeln, staatliche Banken halfen mit billigen Krediten – doch am Ende stand ein Zurück zur Landwirtschaft. Handelsverträge mit dem traditionellen Partner Großbritannien halfen nicht wirklich: Die Briten sicherten sich erneut Rindfleischlieferungen, sie wollten argentinisches Fleisch, keine Kühlschränke. Es gab wenige ermutigende Firmengründungen, der Stahlrohrhersteller TECHINT war eine davon. 1947 befahl die Regierung an eine Unterstelle im Wirtschaftsministerium: «Die Regierung hat eine Rückkehr zur Landwirtschaft beschlossen, deshalb müssen alle Maßnahmen, welche die Industrie fördern, eingestellt werden.» Nicht nur deshalb sollte das 20. Jahrhundert für die argentinische Wirtschaft ein ständiges Auf und Ab werden.

Die Küche der Welt

Versteckt in der Provinz am Uruguay-Fluss liegt eine Fabrik, in der mit der Formel des Gießener Chemikers Fleisch in Fleischextrakt verwandelt wurde. Einst gehörte sie der «Liebig's Meat Extraction Company Ltd.», heute ist sie eine Industrieruine – und niemand weiß, wem sie gehört.

Bei der Jesus-Statue rechts ab, hatte der Polizist gesagt. Doch Jesus war nicht erschienen. Nicht auf der argentinischen RutaNacional Nummer 23, in der Provinz Entre Ríos. Dafür standen mehrere Marien-Häuschen am Straßenrand. Nach einer scharfen Linkskurve, gleich hinter einer Hühnerfarm, zweigt eine Geröllpiste von der National-straße ab. Hier müsste es sein. Im Rückspiegel zieht der Wagen eine dichte Staubwolke hinter sich her. Links und rechts der Piste grasen Rinder, inmitten der Weiden steht eine einsame Metzgerei. Die Mittagssonne brennt auf die Straße, die Klimaanlage bläst, «FM Melody 105,3» aus dem nahe gelegenen Colón dudelt. Dann sieht man von der Brücke aus schon den Schornstein hinter dem Schilfgras. Noch zwei Kilometer. Am Ortseingang ein Schild: «Willkommen in Pueblo Liebig». In den Karten ist das Dorf als «Fabrica Colón» eingetragen.

Die Hauptstraße säumen einfache Häuser, ihre Bewohner sitzen in Gartenstühlen davor. Am anderen Ende des Orts steht die Fabrik, direkt am Uruguay-Fluss gelegen. Vor dem ehemaligen Pförtnerhäuschen schrauben zwei Männer die Rückbank aus einem alten Auto. «Die Küche der Welt» wurde die Fabrik in den Zwanzigerjahren genannt, als sie noch zu dem einstigen Weltkonzern «Liebig's Meat Extraction Company Ltd.» mit Sitz in London gehörte. Die «Fabrica Colón», wie sie im Firmenjargon hieß, war die zweite Kühlfabrik für Dosenfleisch in der Welt, die erste in Argentinien. Heute ist sie eine Industrieruine.

Aber von vorn: Die beiden Männer vor dem Pförtnerhäuschen heißen Aldo Moren und Fernando Bernardo Seija. Beide sind 57 Jahre alt. Moren arbeitete mit Unterbrechungen von 1967 bis 1976 in der Fabrik, Seija von 1965 bis 1980. Die zwei kennen das Gelände in- und auswendig. Zwei Pesos nehmen sie für einen Rundgang. Seija zeigt vor allem Dinge, die es nicht mehr gibt.

Unten am Fluss gab es drei Kais. In einem Betonbecken am Wasser wurde das Fett für die Seifenproduktion gesammelt. In einer Halle, in der heute ein Schreiner hobelt und schraubt, wurden einst Bouillonwürfel hergestellt. Und dort, wo jetzt Gras wächst, stand einst der Kesselsaal: Stundenlang kochten hier Rinderknochen, bis ein dickes Mehl aus ihnen geworden war, das als Kunstdünger diente. Die Dosenfabrik allerdings ist noch komplett erhalten. Auch Metall- und Aluminiumrollen stehen noch in einer Ecke. «Man müsste sie nur anschalten, und sie würde wieder Dosen herstellen», sagt Seija. Und Moren: «Ich habe verstanden, dass moderne Fabriken kleiner sind, aber auch nur 120 Stück in der Minute auswerfen.»

Fleisch verarbeitet und konserviert man am besten dort, wo es viele Kühe gibt, so lautete die Erkenntnis der «Liebig's Meat Extraction Company Ltd.», deren Namensgeber, Teilhaber und technischer Berater Justus von Liebig 1860 wurde. Der deutsche Chemiker hatte ein Verfahren entwickelt, das 30 Kilogramm zerkleinertes, fettfreies Rindfleisch in ein Kilogramm Fleischextrakt verwandelte. Bei 70 Grad Celsius gekocht, ausgelaugt, filtriert und im Vakuum eingedampft, fand «Liebig's Fleischextrakt» vor allem als Zugabe in Soßen und Suppen Verwendung. 1863 kaufte das britische Konsortium in Argentinien zahlreiche Estancias, Rinderfarmen, und produzierte Rindfleisch für den lokalen Markt. 1903 kam die Fabrik für Pökelfleisch am Uruguay-Fluss hinzu. Schon ein Jahr später exportierte die Fabrica Colón Fleischextrakt nach Europa.

Die Produktion brummte. Anfangs waren in der Fabrica Colón 3500 Arbeiter beschäftigt, täglich wurden 1500 Rinder geschlachtet. «Hier», sagt Seija, «war die Schlachthalle». Er steht auf einem Betonsockel, schwingt die Hände so, als schlüge er mit einem schweren Hammer zu. «Nach dem Knock-out wurden die Rinder an den Vorderfüßen aufgehängt, mit einem langen Messer stach man ihnen ins Herz.» Das Blut floss in die dafür angelegten Rinnen auf dem Boden und wurde für die Blutmehlherstellung verwendet. Den Tieren wurde der Bauch aufgeschnitten, die Innereien entfernt und getrennt verarbeitet. Die ausgenommenen und enthäuteten Kühe lagerten in drei 40 Meter langen Kühlhallen. Das Fleisch wurde gekühlt, nicht gefroren, da sonst die Wasserteilchen im Fleisch die Faser zerstören, was sich auf den Geschmack auswirkt.

«Eingefroren wurden nur Zungen und Nieren», berichtet Seija und schließt die Aluminiumtür zum Kühlhaus wieder.

Dank der Kühltechnik erlebte Argentinien im 19. Jahrhundert einen grandiosen Wirtschaftsaufschwung. Doch es dauerte, ehe es dazu kam. Der argentinische Präsident Domingo Faustino Sarmiento war sich der enormen Möglichkeiten bewusst und schrieb im Jahre 1868 einen Wettbewerb aus: Derjenige, der eine Methode erfände, mit der Rindfleisch konserviert werden könnte, sollte 8000 Pesos erhalten. Es wurde allerhand versucht: Kühlen erwies sich als unrentabel, weil das Eis zu teuer war. Versuche, dem Fleisch die Feuchtigkeit zu entziehen, scheiterten ebenso. Sarmiento behielt sein Geld, der Wettbewerb blieb ohne Sieger. Erst zehn Jahre später kam die Lösung von der anderen Atlantikseite, als 1876 das französische Kühlschiff *Le Frigoriqué* in Buenos Aires festmachte. Darauf eröffneten um 1900 zahlreiche Schlacht- und Kühlfabriken, die meisten in ausländischer Hand.

Auch die Fabrica Colón gehörte Briten. Aber sie hatte ein Problem: ihre geografische Lage. Zwar war die Fabrik inmitten der Provinz Entre Ríos umzingelt von Rinderherden, zur Fabrik aber führte keine Straße. Die Arbeiter kamen mit dem Ruderboot, alles musste mit dem Schiff über den Uruguay-Fluss nach Buenos Aires gebracht werden. Bis in die Sechzigerjahre bestand daher eine regelmäßige Dampfschiffverbindung zwischen Buenos Aires und der Fabrik. 14 Stunden dauerte die Reise damals – heute sind es vier –, und der Schiffsverkehr war nicht immer einfach. Zahlreiche Hochseedampfer fuhren den Río Uruguay hinauf und machten am Fabrikkai fest. Doch wenn der Fluss im Sommer wenig Wasser führte, mussten die Dampfer ihre Ladung schon vor der Fabrik löschen, da sie sonst auf Grund gelaufen wären. Mitten im Nichts gelegen, war die Fabrica Colón auf Unabhängigkeit angewiesen. Dosen wurden nicht eingekauft, sondern selbst hergestellt, der Dampf zur Stromerzeugung wurde mit riesigen Öfen produziert, angefeuert mit Kohle aus Cardiff. Die einstige Steuerungsanlage zur Elektrizitätserzeugung sieht aus wie ein Liebhaberstück aus einem Industriemuseum. «Fabrica Colón 1927» steht über den schwarzen Armaturen, die Uhr ist bei 20 vor neun stehen geblieben. Der Flaschenzug zur Reparatur der Turbinen funktioniert noch. «Nur etwas Öl könnte er gebrauchen», sagt Aldo Moren, der die Hoffnung nicht aufgibt, dass hier noch einmal etwas passiert. Er hat einige Jahre als selbstständiger Schlosser gearbeitet und nicht in die Rentenkasse eingezahlt. Er benötigt noch einige Jahre eine Festanstellung, ehe er einen Rentenanspruch stellen kann. Solange er keinen Job findet, schlägt er sich mit Fabrikführungen durch.

Fabrica Colón oder Pueblo Liebig sind auf den Karten der Tourismusbehörde von Entre Ríos als Sehenswürdigkeiten eingezeichnet. Aber heute, an einem Sommerferiensonntag, waren erst sieben Besucher da. Es ist bald Abend, die Luft wird etwas frischer. In Pueblo Liebig kommt wieder Leben auf die Straße. Das Dorf zählt heute 800 Einwohner, zu seinen besten Zeiten waren es 1600. Immerhin haben die Bewohner inzwischen ihre politischen Vertreter gewählt: Bis 1975 war das Dorf im Privatbesitz. 1903 von den Verwaltern errichtet, gehörte es offiziell zur Fabrik. Es gab dort keinen Bürgermeister und keinen Gemeinderat. Stattdessen führte die Fabrikverwaltung eine «Abteilung Dorf», der ein Dorfchef vorstand. So vermieden es die britischen Investoren lange Jahre, Gewerbesteuern zahlen zu müssen, und unterlagen keinerlei Kontrollen der Behörden. Im Dorf gab es eine Schule, eine Bibliothek, einen Golfklub, einen Tennisplatz, einen Arzt und eine Apotheke. Und es gab die Rinderweide der Fabrik. Sie führte mitten durch den Ort und teilte das Arbeiterviertel mit den einfachen Häusern von den Chalets der aus Deutschland und England stammenden Geschäftsführer. Noch nicht einmal beim Einkaufen liefen sich Arbeiter und Geschäftsführer über den Weg. Die Briten bezogen ihre Butter, Marmelade und Zigaretten aus der Heimat. Die Arbeiter gingen in den Dorfladen. Nur in der Kirche trafen sich Arbeiter und Verwalter am Sonntag.

«Das Dorf hat keine Zukunft mehr», sagt Ignacio Ismael Barreto. Fast 50 Jahre lang hat er in der Fabrik gearbeitet. Zuerst als Laufbursche, dann, zum Schluss, als Chefbuchhalter. 2003 ist sein Buch über die Fabrica Colón erschienen. Es fußt auf Zeitungsberichten und den Kassenbüchern und listet die Geschichte in chronologischer Folge auf: «Am 2. Juli 1904 kaufte man Möbel für das größte Haus, besser bekannt als Haus Nummer 1, im Wert von 1594,25 Dollar...»

Ab 1950 werden die Eintragungen dünner. Nach Ende des Zweiten Weltkriegs verliert Liebig's Fleischextrakt seine Märkte in Europa, die Gründung von Wirtschaftsblöcken, die sich vor Agrarprodukten aus Südamerika schützen, steuert ein Übriges bei zum Niedergang der Fabrik. Ab 1965 wird das Personal halbiert, es kommt zu harten Auseinandersetzungen mit den Gewerkschaften. Die Firmenleitung unterschreibt die Schecks der Abfindungen. Im Jahre 1979, zu Zeiten der argentinischen Militärdiktatur, wenden sich die Arbeiter, getrieben vom Mut der Verzweiflung, mit einer Zeitungsanzeige an die Öffentlichkeit: Der Lohn bei Liebig reiche nicht mehr zum Leben. Doch die technisch veraltete Firma stand bereits vor dem Aus. 1980 verkauft die Liebig Company die Fabrik an den Konkurrenten Vizental, der dort jedoch nur für kurze Zeit Dosen produzierte und die Bänder dann endgültig stilllegte. Inzwischen ist auch Vizental pleite. «Wir wissen nicht, wem die Fabrik heute gehört», heißt es bei der Stadtverwaltung im nahe gelegenen Colón. Der Buchhalter Barreto sagt: «Sie gehört Vizental, aber der Fleischfabrikant Swift hat die Schulden von Vizental gekauft, also gehört die Fabrik bald Swift.» Aldo Moren sagt: «Vizental, so viel wie ich verstanden habe.» Und Seija weiß nur, dass er 1997 von Vizental in einer anderen Fabrik entlassen wurde und bis heute auf seine Abfindung wartet.

Seija und Moren und zwei weitere Kollegen leben davon, dass sie eine Fabrik verwalten, von der niemand weiß, wem sie gehört. Sie vermieten Räume an eine Schreinerei, an eine Eukalyptuseinkocherei und an ein Restaurant. So kommt jeder von ihnen auf 200 Pesos im Monat. Viel ist das nicht. Aber wer hat eigentlich Seija und Moren vor dem Fabriktor abgestellt und ihnen erlaubt, zwei Pesos für die Führung zu nehmen? «Ein ehemaliger Verwalter von Vizental», so Moren. Und wo ist der? «Ich habe verstanden, dass er inzwischen in Rente ist.» Es bleibt ein Mysterium.

Ein letztes Mal fuhr die Fabrik Anfang der Neunzigerjahre für einige Wochen die Kühlhäuser an. Der damalige Präsident Carlos Menem träumte davon, sein Land in die Erste Welt zu führen, und importierte, größenwahnsinnig, gefrorene Hähnchen aus Polen. Doch im Agrarland Argentinien wollte niemand die Ware essen. Und weil es einfacher war, die Tiefkühlkost zu gefrieren als zu vernichten, wurde ein Teil davon in der Liebig-Fabrik eingelagert – und das Versteck gehütet wie ein Staatsgeheimnis.

«Sie sollen alle abhauen»:
Die Wirtschaft und ihre Krise

Das Auf und Ab
Krisen und Reformen

Es gab eine Zeit, in der die argentinische Wirtschaft äußerst erfolgreich war. Die Strategie der Importsubstituierenden Industrialisierung (ISI) in den 1920er-Jahren brachte gute Resultate. Sie wurde
von verschiedenen Regierungen in unterschiedlicher Intensität wei-
terbetrieben. Nach dem Sturz von Juan Domingo Perón im Jahr
1955 erarbeitete Raúl Prebisch ein Wirtschaftsprogramm, das auf
Schutzzölle und Industrialisierung setzte. Vor allem unter Präsident Arturo Frondizi (1958–1962) wurden wichtige Bedingungen
für eine nachholende Industrialisierung geschaffen. Bis Mitte der
1970er-Jahre war es Argentinien gelungen, eine relativ intakte
Industriestruktur aufzubauen, geschützt durch hohe Außenzölle,
Wechselkurskontrollen, regulierte Zinssätze und ein stark kontrol-
liertes Finanzsystem. Trotz einiger Probleme konnte das Land besonders zwischen 1964 und 1974 relativ hohe Wachstumsraten
verzeichnen. Doch mit der beginnenden Öffnung der Wirtschaft
unter der Militärdiktatur ab 1976 geriet die einheimische Industrie
unter enormen Druck. Die in dieser Zeit angesammelten Probleme
erbte der erste demokratische Präsident nach den Militärs, Raúl
Alfonsín, im Jahr 1983.

Die ökonomische Situation war für Alfonsin vom ersten Tag an
kritisch. Er übernahm von den Militärs ein tiefes Haushaltsloch,
gigantische Schulden und eine Wirtschaft in einer schweren Rezession. Sein Wirtschaftsminister Bernardo Grinspun versuchte das
Defizit zu senken und die Wirtschaft zu aktivieren, aber beides zusammen konnte ihm nicht gelingen. Also beging er die Flucht nach
vorn und bezweifelte die Legitimität eines Teils der von den Militärs
angehäuften Schulden. Doch dieser politische Schaukampf brachte
keinen Erfolg. Er verbreitete unter den Gläubigern Nervosität und
konnte erst recht nicht die galoppierende Inflation bremsen. Die mit
den Gewerkschaften vereinbarten Lohnerhöhungen und der billige

Kredit zur Reanimierung der Wirtschaft zwangen die Regierung dazu, Geld zu drucken. Als Folge lag zwischen 1983 und 1989 die jährliche Inflationsrate bei durchschnittlich 300 Prozent.

Mit der Einführung einer neuen Währung versuchte Alfonsín den Befreiungsschlag. Parallel dazu unterzeichnete er ein Abkommen mit dem IWF, in dem er sich dazu verpflichtete, kein Geld mehr zu drucken, seine Schulden zu bezahlen und die Wirtschaft zu öffnen. Doch schon 1988 war Argentinien praktisch zahlungsunfähig. Als Anfang 1989 öffentlich wurde, dass Argentinien kein Geld mehr von den supranationalen Kreditgebern erhielt, kam die Geldentwertung richtig in Fahrt. Im Bankenviertel von Buenos Aires standen Männer auf der Straße, die Passanten leise die Wörter «tausche Geld» zuriefen. Auf dem Schwarzmarkt wechselten die Angestellten ihre Australes in Dollar, um ihren Monatslohn in Devisen zu sichern. Auf Druck der Unternehmer wurde der Kurs freigegeben. In einem Klima des Chaos und der Angst gewinnt am 14. Mai 1989 ein Mann mit Elvis-Koteletten die Wahlen: der Peronist Carlos Menem. Es half nichts, dass der Tangokomponist Astor Piazzolla vorher gesagt hatte: «Wenn Menem gewinnt, verlasse ich das Land.»

Trotz des Wahlsiegs der Opposition ist die Inflation nicht zu bremsen. Es spielen sich Szenen ab, die sich 2001 wiederholen sollten. Am 23. Mai 1989 plündern Tausende von Menschen Supermärkte in den ärmeren Vierteln von Buenos Aires. Ihr bescheidenes Einkommen reicht nicht mehr aus, sich mit dem Nötigsten zu versorgen. Mindestens 15 Menschen kommen bei den Unruhen ums Leben. Alfonsín übergibt sein Mandat vor Ende seiner offiziellen Amtszeit am 10. Dezember 1989 an Carlos Menem. Der sagte später: «Sie sind davongelaufen. Man übergab mir eine Regierung in Flammen.»

Die kurze Zeit der Illusion
Das neoliberale Modell der 90er-Jahre und sein Zusammenbruch

Als Präsident säte Menem Illusionen. «Bald werden wir zur Ersten Welt gehören», wiederholte er ausdauernd. Glitzernde Shopping-Malls, importierte Autos, Filialen ausländischer Banken, so wurden Menems Erste-Welt-Fantasien in Buenos Aires illustriert. Menem beschritt einen komplett neuen Entwicklungsweg unter neoliberalen Vorzeichen. Er sah im Staat die «Totalität des Problems», schrieb der argentinische Politologe Atilio Borón (1992:207). Kaum im Amt, setzte Menem ein radikales Privatisierungsprogramm durch und verkaufte die Staatsunternehmen. Die Telefongesellschaft, die Wasserversorgung, die Autobahnen, die Energieversorger, selbst die Zollabfertigung am internationalen Flughafen von Buenos Aires wurde privatisiert.

Die zweite wichtige Säule der Reformen von Menem war die Außenöffnung der Wirtschaft. Er senkte die Einfuhrzölle für ausländische Waren von durchschnittlich 50 auf elf Prozent. Anders als in Chile, das sich schon in den 1980er-Jahren radikal dem Weltmarkt öffnete, wurde in Argentinien die nationale Wirtschaft nicht durch staatliche Programme und Kredite auf die ausländische Konkurrenz vorbereitet.

Gekoppelt wurden diese Maßnahmen mit einer neuen Währungspolitik. Um die Inflation zu bändigen, band Wirtschaftsminister Domingo Cavallo den argentinischen Peso an den US-Dollar im Verhältnis 1:1. Für jeden Peso der Umlaufmenge M3 (Bargeld und Sichteinlagen) musste in den Tresoren der Zentralbank ein Dollar an Reserven hinterlegt sein. Mit dieser hunderprozentigen Deckung der argentinischen Währung wurde ein Dollarstandard für den Peso geschaffen. Fatal für die argentinische Industrie: In Argentinien produzierte Waren mussten auf dem Weltmarkt teuer verkauft wurden, da die investierte Arbeitskraft, Steuern, Miete ebenfalls in Dollar entrichtet werden mussten. Auch im Inland hatte dies schwere Folgen. Eine Flasche von importiertem Heineken-Bier kostete damit so viel wie eine Flasche argentinisches Quilmes. In der Folge sank die Industrieproduktion.

Zunächst jedoch floss Geld ins Land, etwa für die Modernisierung der Telefongesellschaft, die Wirtschaft wuchs von 1990 bis 1994 um 7,4 Prozent, allerdings verdoppelte sich in dieser Zeit die Arbeitslosigkeit. Zwischen 1995 und 1998 verlangsamte sich das Wachstum, und spätestens ab 1998 setzte eine schwere Rezession ein.

Auch der argentinische Staatshaushalt geriet in dieser Zeit in eine Schieflage. Während der Amtszeit von Carlos Menem verdoppelten sich die Staatsschulden. Die Peso-Dollar-Parität hatte ihren Preis, fällig gewordene Schulden wurden mit neuen Krediten bedient. Die Regierung ist eine Wette auf Wachstum eingegangen. Als Menem im Jahr 1989 seinen Amtseid leistete, stand Argentinien mit 65,3 Milliarden Dollar bei seinen Gläubigern in der Kreide. Zehn Jahre später waren es bereits 145,3 Milliarden Dollar (Rapoport 2006:175).

Verschärft wurde die Krise dadurch, dass im Jahr 1998 die Weizen- und Sojapreise einbrachen und der US-Dollar an Wert gegenüber den europäischen Währungen gewann. Damit verlor der ohnehin schon schwache Exportsektor weiter an Dynamik. Dieser wurde abermals geschwächt, als 1999 Argentiniens wichtigster Handelspartner Brasilien seine Währung abwertete und die argentinischen Ausfuhren nach Brasilien sanken. Ein weiterer Grund für die 1998 einsetzende Rezession dürfte gewesen sein, dass die Privatisierungen abgeschlossen waren und damit kein frisches Geld mehr ins Land kam. Das bis dahin erzielte Wachstum durch Privatisierung war nichts weiter als ein Strohfeuer des Aufschwungs. Durch den Verkauf von Staatsfirmen wurden keine neuen Werte geschaffen, sondern bestehende Werte umverteilt. An der Wertschöpfungsbasis der argentinischen Industrie hat sich aber nur sehr wenig verbessert. Im Gegenteil, durch die Privatisierungen kam es zu einer Transnationalisierung der argentinischen Unternehmen. Damit fließen die Unternehmensgewinne in den Wertschöpfungsprozess internationaler Konzerne und bleiben nicht im Land.

Durch diese Reformen geriet Argentinien in eine Abwärtsspirale. Die Argentinier konsumierten weniger, die Gewinne der Unternehmen brachen ein, durch die schwächere wirtschaftliche Aktivität sanken die Steuereinnahmen des Staates. Und die Regierung kam bei der Bezahlung ihrer Schulden in Verzug. Daraus folgte, dass Argentinien für frisches Geld immer höhere Zinsen bezahlen musste. An den Finanzmärkten ermittelt der J.P.Morgan Emerging Market Bond Index (EMBI+) sekündlich das Länderrisiko von Schwellenländern. Sieht es so aus, als ob ein Land seine Schulden nicht mehr bezahlen könne, werden auf den Schuldtitelmärkten in New York, London oder Buenos Aires Schuldtitel («Bonds») zum Verkauf angeboten. Dadurch sinkt der Wert der Bonds, und es steigen die Länderrisikopunkte. Die Länderrisikopunkte werden dann auf die Zinssätze von US-Staatsanleihen als Risikoprämie hinzugerechnet. Gegen Ende des Jahres 2001 hätte Argentinien 34 Prozent Zinsen bezahlen müssen, was kein Staat der Welt sich jemals leisten kann.

Aus Angst vor einem Zusammenbruch hoben daraufhin die Anleger ihr Geld von den Banken ab und bunkerten es im Ausland oder in Schließfächern. Parallel dazu schmolzen die Reserven der Zentralbank, weil die Anleger ihre Pesos in Dollar wechselten. Um zu verhindern, dass die Banken vollends austrockneten, ließ Menems Nachfolger Fernando de la Rúa 2001 die Bankkonten sperren, nur noch eine limitierte Menge Pesos durfte abgehoben werden. Damit ging der Wirtschaft das Bargeld aus. Wer konnte, tauschte Güter. Schwer gebeutelt wurden davon die Tagelöhner, die seit den Privatisierungsprogrammen einen bedeutenden Anteil an der Arbeitsbevölkerung stellten, sie nahmen für die Reparatur einer Heizung keine Kreditkarte, sondern nur Bargeld. Ihnen blieb nichts mehr.

Selbst der Ökonom Rudiger Dornbusch resignierte während der Krise. In einem Interview mit der Wirtschaftszeitung *El Crónista* (29.11.2000) sagte er: «Ich sehe keine Antworten für Argentinien. Es ist ein Rätsel. Man könnte Reformen machen, aber das Land hat sie schon gemacht. Die Reformen der 1990er-Jahre haben es ermöglicht, dass das Land trotz hoher Zinsen wachsen konnte. Aber die für die Wirtschaft dringend nötige interne Nachfrage existiert nicht mehr (...) und so bemerkt man, dass keine der drei Wachstumsalternativen, Produktivität, höhere Rohstoffpreise oder Kapitalinvestitionen, in diesem Moment möglich ist. Manchmal gibt es Situationen, in denen man keine Antwort hat. Es ist eine Tragödie.»

Die Tragödie mündete im Dezember 2001 in Plünderungen, Straßenschlachten und den Sturz von Präsident de la Rúa, als Tausende mit der an alle Politiker gerichteten Parole «Sie sollen alle abhauen» den Präsidentenpalast belagerten. Es war das erste Mal in der Geschichte Argentiniens, dass sich die Bevölkerung des Präsidenten entledigte, nicht das Militär. Kurz nach Weihnachten 2001 schwor der Übergangspräsident Adolfo Rodríguez Saá seinen Amtseid. Im Kongress verkündete er, die Zahlung der Schulden auszusetzen. 172,8 Milliarden Dollar schuldete Argentinien in diesem Moment. Es war der größte Zahlungsausfall eines Schwellenlandes. Noch nie konnte ein Land so viel Geld nicht zurückbezahlen.

Saá blieb dann auch nur eine knappe Woche im Präsidentenamt. Nachdem wütende Demonstranten im Nationalkongress Feuer gelegt hatten, versagte ihm seine Partei die Gefolgschaft. Nach seinem Rücktritt übernahm der peronistische Gouverneur der Provinz Buenos Aires Eduardo Duhalde die Geschäfte. In seiner Antrittsrede sagte er: «Das alte Wirtschaftsmodell hat abgewirtschaftet, es hat weite Teile unserer Mittelklasse und große Teile unserer Industrie zerstört.» Argentinien Anfang 2002: ein Land in Trümmern. Die Bankkonten eingefroren, die Währung abgewertet, die Rekordschulden konnten nicht mehr bedient werden.

Tägliche Proteste
Arbeitslose und Straßensperren

Argentinien hatte sich zahlungsunfähig gemeldet. Das war ein Befreiungsschlag, doch die Probleme fingen damit neu an. Von schweren Maschinen über Milchtüten bis hin zu dem Papier, mit dem die nationalen Schokolade-Karamelltaler «Alfajores» eingewickelt werden, musste alles importiert werden. Aber wie, wenn die Banken nicht mehr liquide sind und die Firmen an ihre Guthaben nicht mehr herankommen? Alle Waren aus dem Ausland mussten vor der Lieferung in bar und in Dollar bezahlt werden. Seit der Zahlungsunfähigkeit der Regierung kam keine CD, keine Schraube, keine Druckerpatrone mehr in das Land, die nicht vorher bezahlt worden war.

Anfang Januar setzte Präsident Duhalde zum zweiten Befreiungsschlag an und hob die Peso-Dollar-Bindung auf. Schlechte Nachrichten für die privatisierten Versorgungsunternehmen, deren Einnahmen im Wechsel 1:1 von Dollar auf Pesos umgestellt wurden. Glück im Unglück für die Argentinier, deren Wasserrechnung noch immer dasselbe kostete wie vorher. Für die Konzerne bedeuteten 40 Prozent Abwertung 40 Prozent weniger Gewinn. Damit war sich Duhalde der Wut der ausländischen Konzerne sicher. Aber er wusste, es wäre politischer Selbstmord, die Abwertung anders abzuwickeln und die krisengeplagten Argentinier zur Kasse zu bitten. Also weigerte er sich, die Verluste der Unternehmen zu sozialisieren. Duhalde wusste, dass sein Vorgänger de la Rúa von aufgebrachten Demonstranten gestürzt worden war. Das wollte er unbedingt vermeiden. Denn Argentinien war Anfang 2002 noch immer ein rebellisches Land, täglich wurde auf den Straßen von Buenos Aires demonstriert.

Die Lage war verfahren, die Beziehungen zu internationalen Konzernen verstimmt, die Kontakte zu den Gläubigern gereizt, die ständigen Besuche von IWF-Unterhändlern eine Last. Und im Inland war die Stimmung explosiv. Argentinien hatte den Schuldendienst eingestellt, die Konten waren eingefroren, es gab keine Kredite für die Industrie, die Firmenpleiten brachen alle Rekorde. Als Eduardo Duhalde im April 2002 einen neuen Wirtschaftsminister suchte, bekam er einen Korb nach dem anderen. Niemand riss sich um den Job. Roberto Lavagna stand nicht ganz oben auf Duhaldes Liste. Er war aber der Einzige, der ihn am Telefon nicht ausgelacht hatte. Vorsichtshalber übernahm er damals in seinem Büro im Ministerium noch die Einrichtung seines Vorgängers. Es war nicht abzusehen, wie lange er durchhalten würde, als er Anfang Mai 2002 seinen Amtseid als Wirtschaftsminister leistete.

«Die ersten 48 Stunden waren die schwierigsten als Minister», sagt er rückblickend. Als erste Amtshandlung zwang er die Banken dazu, ihre Filialen wieder zu öffnen, gegen deren erbitterten Widerstand. Danach zog er sein Programm durch. Stur und stetig führte er Argentinien aus der schlimmsten Krise seiner Geschichte. Die Zeitbombe der eingefrorenen Bankkonten entschärfte er nach und nach, indem er den Sparern genehmigte, immer höhere Summen abzuheben. Die Industrieproduktion kam wieder in Gang, weil er versuchte, den Peso im Wechsel zum Dollar billig zu halten, damit argentinische Produkte auf dem Weltmarkt billiger wurden. Und den Preis des Peso kontrollierte er durch das Steuern der Geldmenge, gegen die Überzeugung des Zentralbankpräsidenten.

Die Rechnung ging auf. Die Inflation lag im Jahr 2002 Jahr bei 40 Prozent, kein schlechter Wert, denn die Währung war um 70 Prozent eingebrochen. Gute Nachrichten? Einerseits. Andererseits: «Wir werden noch einige Jahre brauchen, um unsere Probleme zu lösen, vorausgesetzt, wir machen keine Fehler», sagte Lavagna damals. In Brüssel hat er Wirtschaftswissenschaften studiert und gehört der keynesianischen Schule seiner Zunft an. Als Minister war er vor allem ein Pragmatiker, der sich für das entschied, was er gerade für richtig für sein Land hielt. Nach dem Ende von Duhaldes Amtszeit übernahm ihn dessen Nachfolger Néstor Kirchner als Wirtschaftsminister, ehe er ihn 2005 entließ.

Wenn Lavagna im Mikrokino des Wirtschaftsministeriums zur Pressekonferenz lud, gab er gerne den Professor. Er informierte nicht, er hielt monotone Vorträge, bombardierte seine Zuhörer mit Zahlen. Wenn einer an seinen Zahlen zweifelte, wurde er sauer. Oder er schaute mitleidig, wenn jemand sich in den Fachbegriffen verirrte. Und er wurde skeptisch, wenn sich einer meldete, der für internationale Wirtschaftsagenturen arbeitete: Denn die wollten meist nur wissen, wann Lavagna seine Schulden zahlen würde.

Aber das war nicht so einfach. Lavagna arbeitete an der vom Volumen her größten Umschuldung der Geschichte. 700 000 Gläubiger hielten Argentinienbonds in ihren Portfolios, sie waren Investmentbanker und Industrielle, Kleinanleger und Rentner. Mit ihnen musste Lavagna einig werden. Aber die Verhandlungen waren zäh und zogen sich hin. Pressuregroups gründeten sich, wie die Argentine Bond Restructuring Agency, in deren Beirat damals auch der ehemalige Bundesbankpräsident Hans Tietmeyer saß. Eine ganze Abteilung im Wirtschaftsministerium rechnete gegen die Zeit: Sollten die argentinischen Bonds zu einem einzigen zusammengefasst werden? Würden die Anleger einen Abschlag von 50 Prozent akzeptieren? Niedrigere Zinsen? Vor allem: Wie viele Dollar würde Argentinien im Monat abstottern können, ohne sich selbst zu schaden?

Die Gläubiger und der IWF machten Druck. Aber Lavagna blieb stoisch, ihm kam entgegen, dass das Land während der Verhandlungen mit den Gläubigern einen Haushaltsüberschuss verzeichnete und daher kein Geld brauchte. Er ist damit durchgekommen. Im März 2005 schloss die Regierung ihren Schuldentausch ab, den fast 80 Prozent aller Gläubiger akzeptiert hatten und damit erhebliche Verluste abschreiben mussten: einen durchschnittlichen Abschlag von etwa 70 Prozent auf die verbleibende Nominalschuld in Höhe von 81,8 Milliarden US-Dollar. Danach blieben Argentinien Außenstände in Höhe von 125 Milliarden Dollar, was im Jahr 2005 72 Prozent des BIPs ausmachte. Rechnet man die 20 Milliarden Dollar Schulden hinzu, die von den Anlegern nicht getauscht wurden, käme man auf eine Schuldsumme von rund 145 Milliarden Dollar. Trotzdem: für Argentinien eine enorme Befreiung. Hilfreich für diesen Erfolg war es, dass für die Finanzmärkte und den IWF ein solches Szenario bis dahin unbekannt war, für Firmenpleiten gibt es Gesetze, für Staatspleiten nicht.

Der Neuanfang
Die Wirtschaft nach der Krise

Doch Krisen enden nicht einfach, ihre Folgen hallen lange nach. Als im Jahr 2003 der neue argentinische Präsident Néstor Kirchner seinen Amtseid leistete, kündigte er an, einen «normalen und seriösen Kapitalismus» einführen zu wollen. Was er damit meinte, war eine Politik, die soziale Belange und Wirtschaftsstabilität ins Zentrum stellte, alles andere war nach dem Schock nicht durchsetzbar. Aber nicht nur in Argentinien. Mit dem Zusammenbruch des Landes war in ganz Lateinamerika ein Wirtschaftsmodell diskreditiert, das auf Privatisierung, Deregulierung und Außenöffnung setzte. Auch in Ecuador, Brasilien und Uruguay waren die neoliberalen Regimes um die Jahrtausendwende in die Krise geraten. Nicht zufällig kamen danach in zahlreichen Staaten Linksregierungen an die Macht: In Venezuela, Brasilien, Bolivien, Uruguay, Ecuador wird nach Alternativen zum Marktradikalismus gesucht.

Zumindest in Zahlen gemessen war man damit in Argentinien relativ erfolgreich. In den Jahren 2003 und 2004 verzeichnete das Land jeweils acht Prozent Wirtschaftswachstum, die offiziell gemessene Arbeitslosigkeit sank, der Konsum stieg. Auch in den Folgejahren blieb die argentinische Wirtschaft auf Wachstumskurs. Für das Jahr 2007 rechnete das Nationale Statistikinstitut mit einem Wachstum von etwa acht Prozent.

Getrieben wird das hohe Wirtschaftswachstum von hohen Rohstoffpreisen. Argentinien ist der drittgrößte Sojaproduzent der Welt, und gerade China hat einen sehr großen Bedarf an Proteinen. Auch die hohen Preise für Weizen und Mais kommen Argentinien entgegen. Zudem hat die verringerte Schuldenlast dem Staat dabei geholfen, öffentliche Investitionsprogramme aufzulegen. Die durch Interventionen der Zentralbank unterbewertete Währung erschwert Importe und fördert die Industrieproduktion und den Export, ein Versuch, die Abhängigkeit von Agrarexporten zu verringern. Auch korrigierte Kirchner einige Richtungsentscheidungen in der Wirtschaft. So wurden von Arbeitern verwaltete Unternehmen gefördert und das Mindesteinkommen erhöht, was wiederum den Konsum stärkte.

Der Staat griff aber nicht nur als Regulationsinstanz in die Wirtschaft ein, er wurde auch zum Unternehmer. So wurde im Jahr

2004 die staatliche Energiefirma ENARSA gegründet. Durch Abkommen mit Venezuela und Bolivien soll sie die Versorgung mit raffinierten Erdölprodukten und Erdgas sicherstellen und selbst Öl fördern.

Die Kooperation mit den Nachbarn in der Region steht nach der Krise in Argentinien oben auf der Agenda. Bereits im Jahr 1992 haben sich Argentinien, Brasilien, Paraguay und Uruguay im Mercado Común del Sur (Mercosur) zusammengeschlossen (vgl. Malcher 2005). Doch während der neoliberalen Dekade der 1990er-Jahre wurde er kaum weiterentwickelt. Seit der Jahrtausendwende erweiterte sich der Mercosur. Venezuela stand Ende 2007 kurz vor der Aufnahme, Bolivien, Chile, Kolumbien und Peru sind assoziierte Mitglieder. Fast alle diese Länder leiden unter ähnlichen Problemen. So steht in allen Ländern eine weitere Industrialisierung auf der wirtschaftspolitischen Agenda. Dieser Weg kann am besten eingeschlagen werden, wenn die Länder gemeinsame Projekte initiieren und so Wertschöpfungsketten in der Region knüpfen. Auch handelspolitisch macht die Einheit stark. So empfiehlt der argentinische Wirtschaftshistoriker Mario Rapoport (2006:360ff.), den von der WTO gestatteten Außenzoll von 30 Prozent im Mercosur auszuschöpfen, um die lokale Industrie zu schützen. Dies soll einhergehen mit Kapitalverkehrskontrollen, einer stärkeren Regulierung ausländischer Direktinvestitionen, dem Aufbau einer regionalen Entwicklungsbank, einheitlichen juristischen Vorschriften für den Abbau von Rohstoffen und einer gemeinsamen Sozialpolitik. Zumindest in einem folgten die Präsidenten Rapoports Vorschlägen. Seit Ende 2007 ist die Bank des Südens beschlossene Sache.

Nach der Krise 2001 wurde in Argentinien eine Zeitbombe nach der nächsten erfolgreich entschärft. Der Aufschwung Argentiniens nach der Krise beruht zum einen auf von der Regierung gelenkten Politiken und strukturellen Veränderungen, zum anderen aber auch auf von Argentinien aus nicht kontrollierbaren Faktoren, wie den hohen Weltmarktpreisen für Rohstoffe. Die ökonomische Stabilisierung bleibt also fragil und reversibel, was sich auch in den seit 2005 bemerkbar machenden Preissteigerungen zeigt. Die hohe Inflation ist insbesondere dadurch schwer zu kontrollieren, dass gerade im Lebensmittelhandel einige wenige Konsortien den Markt kontrollieren. Doch auch wenn die Wirtschaft mit hohen

Wachstumszahlen aufwarten kann, hat sich an der ungleichen Einkommensverteilung wenig geändert. Die Slums an den Rändern der großen Städte sind nicht kleiner geworden, wenig hat sich am oligarchischen Charakter der Wirtschaft verändert. Und noch immer hängt Argentinien von der zyklisch schwankenden Agrarwirtschaft ab. Sinken die Agrarpreise, ist die nächste Krise vorprogrammiert – und die Wirtschafts- und Sozialpolitik durch den Schuldendienst konditioniert.

Zu Unternehmern verdammt

Was tun Arbeiter in Argentinien, wenn ihre Fabrik pleitegeht und sie entlassen werden sollen? Ganz einfach, sie übernehmen die Fabrik und werden Unternehmer. Eine Geschichte über das Einfache, das schwer zu machen ist.

Zuerst ist da das taub machende Hämmern des Bolzens der Aluminiumpresse. Einmal pro Sekunde, 60-mal in der Minute, 3600-mal in der Stunde. Ohne Pause und monoton schlägt Eisen auf Eisen. Als Nächstes der Gestank. Es riecht nach verglühtem Metall, nach verbranntem Lack, nach giftiger Asche. Ätzend setzt er sich in der Nase fest und wandert durch die Bronchien langsam zur Lunge. Jeder Atemzug kostet Überwindung. Und dann ist da der alte Pförtner am Fabrikeingang. Die grauen Haare hat er nach hinten gekämmt, zur grünen Hose trägt er ein blaues Zweireiherjackett mit Goldknöpfen. Er hört schlecht und bewegt sich langsam, ist aber äußerst zuvorkommend. «Sergio Veliz?», ja, er lässt ihn rufen.

Über dem Tor neben der Pförtnerloge steht in roten Lettern «IMPA» – Argentiniens erste Aluminiumfabrik. Im Jahr 1932 gegründet, im Jahr 1997 pleitegegangen und trotzdem nicht verschwunden. Die Fabrik ist zu einem Symbol geworden in Argentinien. Ihre Arbeiter gehören zu den Pionieren der Arbeitsplatzsicherung in Zeiten der Krise, wenn auch mit unorthodoxen Methoden. Als die Besitzergesellschaft Konkurs anmeldete, hat die Belegschaft IMPA übernommen und betreibt die Fabrik seither in eigener Regie mit eigenen Regeln: ohne Manager, Prokuristen und Aufsichtsräte. Dafür mit Erfolg, aber Erfolg ist etwas sehr Relatives in Argentinien nach dem Staatsbankrott.

Sergio Veliz ist im Jahr 2003 30 Jahre alt, seit acht Jahren bei IMPA und seit einem Jahr im Arbeiterrat der Kooperative. Sein Platz ist an der hämmernden Alupresse, die im Sekundentakt den Arbeitsrhythmus bei IMPA vorgibt und deren Donnern noch bis auf die Straße zu hören ist. Täglich schaufelt er rund 25 000 kleine Alumünzen auf ein Tablett, sortiert die kaputten aus und schüttet den Rest in seine Maschine. Mit einem heftigen Schlag hämmert ein Bolzen auf die Münze, heraus kommt eine Tube. In zwei Schichten läuft die Maschine, rund 50000 Tuben für Zahnpasta oder Medikamente schafft sie täglich.

Zermürbende Arbeit. Aber Veliz ist sein eigener Chef. «Anfangs war ich skeptisch gegenüber unserem Modell», brüllt er gegen seine Maschine an, «aber heute glaube ich, wir können es schaffen. Wir haben Material, Maschinen und eine gute Ausbildung.» Einerseits. Andererseits sieht IMPA nicht aus wie ein florierendes Unternehmen. Eher wie ein Industriemuseum. 22000 Quadratmeter Fläche fasst die Fabrik, etwa auf der Hälfte wird noch gearbeitet. Das Gebäude ist ein finsteres Labyrinth aus dunklen Gängen, Treppen, Rampen und verdreckten Innenhöfen. Man fühlt sich in die Zeit der industriellen Revolution in Europa zurückversetzt. Die Alupresse von Veliz ist eine Rarität. Mit einem Lappen wischt er das Metalletikett frei. «Maschinenfabrik Herlan & Co. Karlsruhe» kommt dort zum Vorschein. «Type: ATR, Baujahr 1959».

Auch der Aluminiumofen bei IMPA ist noch aus der Vorzeit. Er ist ein wahres Monster. 30 Tonnen Aluminium kann er schlucken, ist so groß wie ein Tanklaster und steht auf krummen Beinen. Hinter den verrosteten Wänden brodelt flüssiges Aluminium, das in Formen gegossen wird. Es ist unerträglich heiß, glühender Alustaub wirbelt durch die Luft, es stinkt nach geschmolzenem Metall und verbrannter Farbe. Niemand trägt Schutzkleidung oder Atemmaske, eine Lüftung gibt es nicht, und viele Fenster klemmen. Arbeiterselbstverwaltung ist auch Arbeiterselbstausbeutung. Doch neues Aluminium zu kaufen wäre zu teuer. «Dann wären wir schon längst bankrott», sagt Veliz. Daher wird in dem Ofen alles eingeschmolzen, was nach Aluminium aussieht: Joghurtdeckel, Produktionsabfälle und die Druckplatten einer Tageszeitung, duales System mit Risiken: Alles, was dem Aluminium beigemischt wurde – Farben, Lacke, Bindemittel –, verbrennt zu einem ätzenden Gemisch. Was wirklich aus dem kleinen Schornstein rauskommt, weiß keiner, es hat auch noch nie einer danach gefragt.

Giftige Dämpfe, uralte Maschinen, verdreckte Fabrikhallen – aber Veliz meint, er habe Glück gehabt. «Ich bin sehr dankbar», sagt er. Er hat ein Lausbubenlächeln, trägt Bermudas und die schwarze Baseballmütze einer brasilianischen Heavy-Metal-Band. Wäre IMPA nicht gerettet worden, wäre er arbeitslos.

Argentinien im Jahr 2003. Die Banken geben Kredite nur zu Fantasiezinsen, doch ohne Kredit auch keine Produktion. Die Firmenpleiten sprengten im Jahr zuvor alle Rekorde. Das staatliche Statistikinstitut INDEC gibt die Arbeitslosigkeit mit 20 Prozent an, hinzuzuzählen sind weitere 20 Prozent der arbeitsfähigen Bevölkerung, die sich als Tagelöhner durchschlagen. Arbeitslos in Argentinien bedeutet einkommenslos. Firmenpleiten sind für die Arbeiter damit auch der private Ruin.

Auswege gibt es wenige. Bei IMPA wird ein solcher versucht. Aus der Not wurde eine Bewegung. In ganz Argentinien übernahmen Arbeiter ihre bankrotten Fabriken. Sie mischen Eiscreme, zersägen geschlachtete Rinder zu Steaks oder nähen Hemden. Mehr als 150 Unternehmen sind in Arbeiterhand, rund 10 000 Arbeitsplätze dadurch gerettet. Gründerhilfe leistet die argentinische Verfassung. Dort ist niedergeschrieben, dass ein Richter die bankrotten Besitzer eines Unternehmens enteignen kann, um betrügerische Bankrotte zu vermeiden. In Argentinien herrschen in der Wirtschaft Wildwestsitten. Nicht selten laufen gewiefte Unternehmer zum Konkursrichter, wenn sie ihre Firma schließen wollen. Sie entledigen sich damit geschickt ihrer Schulden und sparen sich Sozialplan und Abfindungen, selbst wenn sie in Wirklicht gar nicht pleite sind. Genau hier lauert der Enteignungsparagraph: Im Falle des Konkurses kann ein Firmenbesitzer enteignet werden, da die Firma ohnehin schließen würde. Voraussetzung: Die Arbeiter müssen beschließen, fortan ihre Firma weiterzuführen. Oft ist das die einzige Alternative zur Arbeitslosigkeit, sie sind zum Unternehmertum verdammt.

Und sehen in den erhabenen Büros der Chefetage etwas verloren aus. Eduardo Murúa hat bei IMPA das einstige Büro des Geschäftsführers bezogen. Die Wände sind mit dunklem Holz vertäfelt, in den Zimmern stehen schwere Schreibtische und abgewetzte Ledersessel. Mit jedem Schlag der Alupresse einen Stock tiefer vibriert der Fußboden. Murúa hat nichts von einem Geschäftsführer: Sein weißes Wuschelhaar steht in alle Richtungen ab, sein Hemd hängt über der Hose, er raucht ununterbrochen, und im Aschenbecher klebt ein Kaugummi. Aber ohne Murúa würde es IMPA nicht geben.

Als die undurchsichtige Besitzergesellschaft 1997 pleiteging, besetzten die Arbeiter die Fabrik und forderten Abfindungen. Murúa wurde von der Gewerkschaft zur Fabrik geschickt, um den Arbeitskampf zu organisieren. Das war sein Job. Er war Gewerkschaftsprofi und wurde dafür bezahlt, dass Arbeiter demonstrierten, streikten oder Fabriken besetzten. Für Murúa war IMPA zunächst eine Fabrik mehr auf seiner Streikliste. Aber nicht seine einfachste, anderthalb Jahre hielten sie die Fabrik besetzt. Am 22. Mai 1998 hatten sie gewonnen. Per Gerichtsbeschluss wurde die Besitzergesellschaft enteignet, die Firma der Belegschaft zugesprochen. Jedoch auch die sechs Millionen Dollar Schulden.

Damit fing der eigentliche Kampf erst an, allerdings auf fremden Terrain. So hatten die Versorgungsbetriebe den Strom, das Wasser und das Gas abgedreht, weil die Rechnungen in den Jahren zuvor nicht bezahlt worden waren. Es gab keine Materialien für die Produktion. Es gab keine Kredite. Es gab keine Ingenieure und Buchhalter – alles, was Murúa und die Arbeiter konnten, war, Aluminiumplatten in Teller, Tuben und Tabletts zu verwandeln. «Alle haben uns gesagt: Vergesst es, es wird nie klappen», sagt Murúa. Also fingen sie an, aus Aluabfällen Alufolie herzustellen. Das war das Einfachste.

Und Murúa, der Gewerkschaftsmann, wurde zum Geschäftsmann. Mit über der Jeans hängendem Hemd, die Packung Marlboro in der Brusttasche, lief er bei den Aluminiumimporteuren auf und wollte Materialien kaufen. Sie lachten ihn aus, als er 40 Prozent Rabatt herausschlagen wollte. Aber Murúa ist Gewerkschafter. Er kann verhandeln, und seine braunen Augen können überzeugen. Er hat gesagt: «Wollt ihr Geschäfte machen, die weniger rentabel sind, oder wollt ihr, dass auch wir pleitegehen und euch dann gar nichts mehr abkaufen?» Er bekam die 40 Prozent.

Auch alte Kunden wurden zurückgewonnen, obwohl ihnen die Arbeiterkooperative anfangs suspekt war. Aber die Wirtschaftskrise Argentiniens kam IMPA beim Verkaufen sehr gelegen. Seit der argentinische Peso 2002 um 70 Prozent gegenüber dem Dollar nachgegeben hat, sind Importwaren unerschwinglich geworden, nationale Produkte hingegen blieben stabil. Dadurch sind argentinische Aluteller eben billiger als spanische.

Verkehrte Welt, aus gebeutelten Arbeitern wurden Krisengewinner. IMPA produziert Aluteller für Fluggesellschaften und Tiefkühlpizza, Alupapier für Sektflaschen und Schokoladenverpackungen, Spraydosen und Tuben in allen Größen. Im Krisenjahr 2002 machte IMPA fünf Millionen Pesos Umsatz (1,3 Millionen Euro), im Jahr 2003 waren es sieben Millionen Pesos (2,1 Millionen Euro). Zu Beginn hatte IMPA 47 Arbeiter, 2003 waren es schon 147, 2005 190, und alle sind Miteigentümer. Zu Beginn haben sie 500 Pesos im Monat verdient, später zahlten sie sich mehr aus. Und zwar pünktlich am Monatsende, keine Selbstverständlichkeit in einem Land, in dem selbst die Stadtregierung von Buenos Aires ihre Angestellten vier Monate lang auf ihren Lohn warten lässt.

Es ist aber auch nicht selbstverständlich, dass es IMPA noch gibt. Bis zum Jahr 2001 kam die Arbeiterkooperative in den Bilanzen immer bei Null raus. Gewinn? Fehlanzeige. Dafür lasteten im Jahr 2002 noch vier Millionen Peso Schulden (1,2 Millionen Euro) aus dem Konkurs der Firma auf den neuen Unternehmern. Unmöglich ist das nicht, weil das Gebäude 16 Millionen Pesos wert sein soll. Aber es ist nicht wenig. Bis die Firma schuldenfrei ist, sind kaum Investitionen möglich. Es darf keine Maschine kaputtgehen, es darf kein Auftrag verloren gehen, und es müssen immer neue Kunden gewonnen werden. Vor allem: Es dürfen im Arbeiterrat, dem Entscheidungsgremium, keine falschen Entscheidungen gefällt werden.

Bei der Sitzung des Arbeiterrats im ehemaligen Büro des Direktors herrscht eine schummrige Atmosphäre. Die gewählten Arbeiterräte um Sergio Veliz sitzen in ihren ölverschmierten Uniformen am ovalen Konferenztisch, wo früher die Gesellschafter tagten. Durch die Milchglasscheiben dringt kaum Licht in den dunklen Raum, der Zigarettenrauch ist zu einem dichten Nebel geronnen. Es ist still, nur das dumpfe Hämmern der Alupresse hallt durch die Wände. Alle beugen sich über ein Blatt Papier, das Murúa ausgeteilt hat. Darin steht etwas von einer «arbeitszeitlichen Spezialperiode», Kollektivsprech für Überstunden. Murúa hat einen Auftrag an Land gezogen, der die Kräfte der Firma übersteigt. Zwei Millionen Alutuben in einem Monat hat er einem Kunden versprochen. «Das wäre eine Revolution», sagt er. Aber das ist mehr, als Veliz' Alupresse schafft. Sie müsste die Nacht durchlaufen, nur dann «gehen uns die Nachbarn an die Eier», murrt Veliz. Die Maschine ist zu laut. Murúa diktiert: «Die Nachbarn dürfen kein Problem sein.» IMPA liegt mitten in einer Wohngegend im Viertel Almagro. Aber wenn zwei Millionen Tuben verkauft werden können, kann auf die Nachbarn keine Rücksicht genommen werden. Es gilt die Konkursschuld abzustottern, da müssen alle Opfer bringen.

Aber trotz aller Überstunden fehlen Arbeiter. Für zwei Millionen Tuben braucht Veliz 16 neue Kollegen an seiner Presse. Aber wie sollen sie eingestellt werden? Festanstellung? Zeitvertrag? Eine Frage, bei der es bei IMPA um mehr geht als um Wirtschaftlichkeit. Es geht um Glaubwürdigkeit versus betriebswirtschaftlicher Vernunft. Hugo Sanagua, der stille Wartungschef, meldet sich zu Wort: Nur befristete Verträge für die Neuen. Der Gewerkschafter Murúa will von solchen Arbeitgebermethoden nichts wissen. Und Veliz will gut ausgebildete Leute an der Maschine, und die gibt es nicht auf Zeit. Sanagua aber fürchtet um die Stabilität von IMPA: «Heute haben wir Aufträge, was ist morgen? Wir haben das alles hier aufgebaut und verspielen es.» Sanagua setzt sich durch. Die Mehrheit will den Neuen nur einen dreimonatigen Arbeitsvertrag geben, wie in einer normalen Firma, geführt von ganz normalen Unternehmern. Murúa hat keine Zigaretten mehr, er zündelt mit dem Alupapier der Schachtel.

Auf dem Gang braucht auch Veliz eine Zigarette. Vier Stunden Sitzung haben ihn unruhig gemacht. Er kriegt Zweifel. IMPA funktioniert, aber IMPA steht auf wackeligen Beinen. Am Werkstor sagt Veliz noch: «Das hier ist da, um zu wachsen», und er zeigt auf die Alupresse in der Halle, «nicht um wieder einzugehen.» Es soll optimistisch klingen. Aber er sagt es so, als wäre es eine Frage, für die er dringend eine Antwort brauche.

Kultur

Die Seele der Stadt:
Die Cafés von Buenos Aires

Ein fester Treffpunkt
Das Café in der Stadt

Nicht im Parque Lezama, vermutet der Schriftsteller Jorge Luis Borges, wurde Buenos Aires gegründet. Sondern in dem Viertel Palermo Viejo, dort, wo er als Kind gelebt hat. In seinem Gedicht «Die mythische Gründung von Buenos Aires» schreibt er:

> Einige scheue Landstücke nahmen sie an der Küste,
> schliefen befremdet. Angeblich war das am Riachuelo,
> aber das ist ein Schwindel, erfunden im Viertel von Boca,
> es war ein ganzer Block in meinem Viertel, Palermo.

> Ein ganzer Block, aber mitten im Feld und der Morgenröte
> Ausgesetzt und dem Regen und den südwestlichen Stürmen.
> Gleich dem Block er noch immer fortbesteht in meinem Viertel:
> Guatemala, Serrano, Paraguay und Gurruchaga.[2]

Von 1901 bis 1914 lebte Borges genau in diesem Straßenquadrat. Serrano 2135 war die Adresse des Hauses seiner Eltern. Heute hängt an dem Haus eine Plakette, die Straße heißt «Jorge Luis Borges». Als Zehnjähriger übersetzte Borges dort Oscar Wilde, die Gebrüder Grimm und Märchen aus Tausendundeiner Nacht. Gegenüber seinem Elternhaus steht ein einstöckiger Bau mit dicken Mauern, die beige Farbe ist etwas vergilbt. «El Preferido de Palermo» wurde an eines der Fenster geschrieben. Dahinter sind quadratische Holztische aufgereiht, darauf die in Plastik eingeschweißten

---

[2] Jorge Luis Borges (1983). Gesammelte Werke, Band 1, Gedichte 1923–1965, Carl Hanser Verlag (S. 51–52).

Speisekarten und Serviettenhalter aus Blech, die silbern glänzen. An der Theke versteckt sich hinter einem Holzregal für die Gläser der Tellerwäscher. Er schaut auf, sagt: «Was weiß ich?» Dann zuckt er fragend mit den Schultern. «Diese Bar gab es schon immer.»

Arturo Fernández heißt der Besitzer, er lehnt sich mit den Unterarmen auf die Theke hinter dem Glasaufbau für die Sandwiches und den Kuchen. «Schon seit Anfang des vergangenen Jahrhunderts gab es hier einen Laden», sagt er. Sein Vater, der aus Asturien eingewandert war, weil er nicht in Afrika kämpfen wollte, hat das Lokal in den 1950er-Jahren übernommen. Noch immer gibt es im Preferido de Palermo einen Kaufladen, der mit der Bar durch eine Türe verbunden ist. Dort verkauft Fernández López-Wein und Tomatenkonserven, frittierte Teigstücke und abgepacktes Toastbrot. Der Preferido de Palermo ist eine der letzten altmodischen Bars im schicken Palermo Viejo. Die neuen Bars sind kalt und modern, viel Chrom, viel Weiß und gedimmtes Licht. Im Preferido de Palermo hingegen ist die Zeit stehen geblieben, die Wand ist altmodisch mit Holz vertäfelt, der Putz bröckelt an manchen Stellen.

Buenos Aires ist die Stadt der Cafés. An fast jeder Ecke gibt es ein Lokal mit quadratischen Tischen, einer Glasglocke, unter der die Sandwiches liegen, und einer zerlesenen Zeitung. Die Lokale heißen Confitería Bristol, Bar Virasoro, Café Nostalgia. In den Cafés spielt sich das Leben der Porteños ab. Sie sind ausgelagerte Wohnzimmer, Treffpunkte für Freundschaften, Orte der Erholung. Die Cafés sind die Seele der Stadt, sie prägen ihren Charakter und ihren Alltag. In gewisser Weise sind die Cafés Buenos Aires. Sie strukturieren das Leben der Porteños.

Billardtisch und Thonet-Stuhl
Die Historie

Im Fernseher über dem Eingang laufen die Nachrichten ohne Ton. Die Börse von Buenos Aires ist um 1,2 Prozent gefallen. Ein Colectivo, ein Linienbus, hat eine Telefonzelle gerammt. Präsident Néstor Kirchner reist nach Venezuela. Der Cortado, Kaffee mit einem Schuss Milch, ist bitter im Café Varela Varelita. An den Tischen sitzen Männer, die Zeitung lesen oder zum Fernseher sehen, und es wirkt so, als säßen sie schon immer in diesem Eckcafé, das noch nie renoviert wurde.

«Das Café ist ohne Zweifel eine Institution, die zu uns gehört. Wir tun nicht so, als hätte das Café seinen Ursprung in Buenos Aires gehabt. Aber unser Café hat sich uns angepasst, es ist eine Art zu leben», sagt José María Peña. Er hat das Museum der Stadt geleitet und forscht seit 1959 über die Architekturgeschichte seiner Stadt. Eines der ersten Zeugnisse eines Cafés fand er in einer Ausgabe des *Telégrafo Mercantil* aus dem Jahr 1801 als Anzeige: «Morgen, Donnerstag, wird ein Kaffeehaus an der Ecke gegenüber der Schule eröffnet, mit einem Billardtisch, Confitería und Alkoholausschank.» Ab 1850 machten zahlreiche Lokale in Buenos Aires auf: 1858 das Café Tortoni an der Avenida de Mayo, 1887 La Puerto Rico in Monserat, 1894 36 Billares an der Avenida de Mayo. Sie hatten weite Räume mit Holzvertäfelung an der Wand, Milchglastrennwände teilten den Raum in ein Familienabteil und ein Erwachsenenabteil. Hinter der Theke gehörten der Tellerwäscher und der Kassierer zum festen Inventar. Daran hat sich bis heute nichts geändert. Und schon damals hatten die Cafés ein Eigenleben, in das ihre Besucher eintauchten. Um 1910 war das Café La Brasileña stilbildend für Buenos Aires: quadratische Holztische, Thonet-Stühle mit geschwungener Rückenlehne und Korbgeflecht und ein Familienabteil. In einer Ecke hing ein Schild: «Es ist verboten, auf den Boden zu spucken.»

Die Einrichtung hat sich wenig verändert, die Cafés halten sich an die klassischen Formen. Da sind zum einen die quadratischen Tische, an die vier Stühle passen und die leicht zu einer großen Tafel zusammengeschoben werden können. Da ist die Kaffeemaschine, die erst dann ausgeschaltet wird, wenn der letzte Gast den Raum verlassen hat. Da ist die Kellnerzeremonie beim Einschenken von Whisky. Auf einem Tablett bringt der Kellner die Whiskyflasche, ein Glas, einen Messbecher und einen Becher voller Eiswürfel. Während er mit der linken Hand das Tablett auf Schulterhöhe balanciert, öffnet er mit der rechten Hand die Whiskyflasche. Dann füllt er den Messbecher, stellt die Flasche auf dem Tablett ab, greift den Messbecher, schüttet den Whisky in das Glas, um dann abermals zur Flasche zu greifen und noch einen Bonusschluck ins Glas zu schütten. Schon vorher hat er gefragt, ob der Gast Eis wünsche, das er mit einer Eiszange ins Glas gelegt hat.

Die Eleganz der Stadt
Rettung und Erhaltung der Cafés

In den Cafés von Buenos Aires lebt die Eleganz der Stadt, auf Kleinigkeiten wird dort großer Wert gelegt. Kellner, die ihr Handwerk beherrschen und zum Bier immer auch eine Schale Erdnüsse reichen. An der Bar werden große Glasglocken über Sandwiches aus hauchdünnem Toastbrot gestülpt, die aussehen wie Dekorationshäppchen. In den Cafés geht es um viel mehr als um die Einnahme von Speisen und Getränken. In den Cafés wird das Leben zelebriert. Weil sie den Wert der Cafés für Buenos Aires erkannt hat, hat die alte Stadtregierung eine Kommission zum Erhalt der klassischen Cafés geschaffen. Das Gesetz Nummer 35 vom 4. Juni 1998 legt in Artikel 2 fest, was ein erhaltenswertes Café ist: «Die Bar, das Billardcafé oder die Confitería, die wichtige kulturelle Aktivitäten betreibt und deren Alter, Architektur oder lokale Relevanz ihren Wert steigern.» In den 54 ausgewählten «Bares notables» organisiert die Stadt Lesungen, Konzerte und Vorträge. Sie zahlt Subventionen für Renovierungsarbeiten und bringt die Besitzer mit Spezialisten für schwierige Restaurationsarbeiten in Kontakt.

Eines der Cafés, das von der Arbeit der Kommission profitierte, ist die Confitería Las Violetas an der Ecke der Avenidas Rivadavia und Medrano in dem Viertel Almagro. Am 21. September 1884 wurde in der Confitería zum ersten Mal ein Kaffee serviert, sogar der damalige Minister und spätere Präsident Carlos Pellegrini kam zur Einweihung. Die Gründer Felman und Rodríguez Acal scheuten weder Kosten noch Mühe, um ihr neues Lokal zu schmücken. Wandleuchten aus Bronze mit Kristallgläsern, ein dreifarbiger Granitfußboden, Bronzeringe an den runden Säulen. Legendär war Las Violetas auch für seine Merengue-Torten, das florentinische Gebäck und die süßen Plätzchen. Streng verboten war die Verwendung von Margarine, künstlichen Lebensmittelfarben und Aromastoffen. In seiner Hochzeit war Las Violetas nicht nur Intellektuellentreffpunkt, die Autorin Alfonsina Storni saß regelmäßig zum Schreiben an einem der Tische. Das Lokal wurde auch zum Spielort von literarischen Figuren. Ricardo Stephens, Protagonist aus der Erzählung «Noche Terrible» («Schreckliche Nacht») von Roberto Arlt, saß an einem der Tische in Las Violetas, als er sich ausmalte, was passieren würde, wenn ihn seine Verlobte Julia verließe. Las

Violetas war in Almagro eine feste Einrichtung. Doch am 1. Juli 1998 blieben die Türen verschlossen. In einem der Fenster hing ein Schild: «Wegen Inventur geschlossen.» Drei Jahre blieb die klassische Confitería geschlossen, ehe im Juli 2001 wieder Kellner mit weißem Jackett darin bedienten – und die alten Gäste wieder einkehrten.

Dabei braucht man in Buenos Aires kein bestimmtes Café. Man kann sich in der Stadt treiben lassen und ohne Ziel in irgendeinem Café an irgendeiner Ecke hängen bleiben. Es wird dort sicher bitteren Cortado geben, der Kellner wird ein weißes Hemd tragen und Kaffee, Kekse, Orangensaft und Wasser auf den Tisch stellen. Er wird verstehen, dass man gerne die Zeitung lesen möchte, und hat eine hinter der Theke liegen. Auch in diesem Café werden unter einer Glasglocke Sandwiches aus hauchdünn geschnittenem Toastbrot ohne Rand liegen. Auch dieses Café hat eine eigene Geschichte zu erzählen. Die Cafés sind Orte, in denen die Utopien konkret werden und Tagträume sich entfalten – und tonlos Pferderennen übertragen werden. Sie sind die Essenz einer Stadt der Illusionen, die, wie Borges schreibt, nie gegründet wurde:

Dass Buenos Aires jemals begonnen hat,
wirkt für mich wie eine Erzählung:
Ich halte sie für so ewig wie die Luft und das Wasser.

So wie die Caféhäuser der Stadt. Es sind Orte, in denen beim Cortado die Zeit nicht mehr weiterläuft. Sie sind Inseln der Ruhe, sie haben keinen Anfang und kein Ende – und deshalb bleiben viele von ihnen 24 Stunden am Tag geöffnet.

«Ein trauriger Gedanke, den man tanzen kann»: Der Tango

«Der Tango ist das Ergebnis einer unvernünftigen
Begegnung in einem Hafen
von Menschen aus unterschiedlichen Kulturen
und unterschiedlicher Herkunft.
Sie haben sich vermischt und produzierten
etwas, das die Zukunft Tango nannte.»
Gustavo Beytelmann, in: *Pugliese,*
September 2006

Helles Licht und strenge Codes
Der Tanzabend

Das Erste, was man sieht, ist ein helles Licht, das den Raum er-
leuchtet. Das Erste, was man hört, ist das Schlurfen von Ledersohlen, die über das abgewetzte Holzparkett geschoben werden. Erst
darunter erklingt die schwermütige Musik. Geige und Gitarre,
Bandoneon und Klavier. Eine getragene Melodie, dazu die Stimme
von Osvaldo Pugliese: «Como aprender a quererte – wie kann ich
lernen, dich zu lieben». Sie wird immer wieder unterdrückt durch
das Schlurfen der Ledersohlen auf Holz. Frauenbeine in schwarzen
Netzstrümpfen schlängeln sich um Anzughosen, Tanzpaare liegen
sich pyramidenförmig in den Armen – die Frauen mit schwarzem,
rückenfreiem Kleid, die Männer mit weißem Hemd und dunkler
Hose. Das grelle Licht der Neonleuchten an der Decke bricht den
morbiden Charme des Saales: An den Ecken bröckelt der schmut-
zige Putz von der Wand, über dem Eingang ist die Decke verschim-
melt, und neben der Türe zu den Toiletten ist eine spanische Land-
karte an die Wand gemalt.

Es ist Viertel nach zwei in der Nacht, und im Club Social, De-
portivo y Cultural in der Uriarte-Straße im Viertel Palermo von
Buenos Aires ist Tanzabend. Um die Tanzfläche sind wackelige
Klappstühle und Tische aufgereiht, dort sitzen alte Damen und

junge Männer, Studentinnen und Rentner, Hausfrauen und Vertreter. Die meisten kommen aus dem Stadtviertel. Es gibt Rotwein, Sandwiches und Empanadas, schlicht serviert auf einem Plastikteller mit Papierservietten. Auf einer kleinen Bühne bedient ein junger Mann im T-Shirt den CD-Spieler, die Zeiten, als in den Stadtteilclubs Orchester gespielt haben, sind schon lange vorbei.

Auf der Tanzfläche führen Männer ihre Partnerinnen über das Parkett. Mit Schulterzeigen oder leichtem Händedruck auf dem Rücken dirigieren sie die Frauen durch den Raum. Und es sind nicht nur alte Damen und Herren, die tanzen. Auch Mara Crahan und Juan Manuel Acosta schieben ihre Schuhe über das Parkett. Beide sind Anfang 20, Acosta dirigiert Crahan kunstvoll über die Tanzfläche. Sie dreht auf dem Fußballen, läuft mit ihrer Hüfte an seiner Hüfte vorbei, fädelt sich wieder in seine Schritte ein.

«Beim Tanzen in den Salons entspanne ich mich und vergesse den Alltag», sagt Mara Crahan. Ihre Lippen sind dunkelrot geschminkt, um den Hals liegt eine dünne silberne Kette, deren Steine im Licht blitzen. Sie ist schlank und trägt ein enges schwarzes Kleid. Beim Tanzen in den Salons taucht sie in das Tangouniversum ein. «Manchmal verliere ich die Orientierung und muss nach meinem Tisch suchen, wenn die Musik endet», sagt sie. Die Atmosphäre in dem Stadtteilclub ist bedeutungsschwer und entspannt zugleich. Tango, das ist Schmerz, Leid und Traurigkeit in der Melodie und im Text. Aber auch Ergebenheit, Leidenschaft und Erotik. Seit über hundert Jahren wird in Argentinien Tango getanzt. «Man wird mit dem Tango nicht geboren, man wächst damit auf», sagt Mara Crahan.

Der Tango ist Teil des Lebens in Buenos Aires. Die Tangosalons liegen versteckt in den Stadtvierteln. Es sind Sporthallen, alte Lagerhäuser oder Kneipen. Jede Nacht sind andere Salons geöffnet, die Tänzer werden zu Nomaden. Im Sommer wird auch auf den Plätzen der Stadt Tango getanzt. Und gelegentlich sperrt der Bürgermeister sogar die legendäre Avenida Corrientes kurz vor dem Obelisken und fordert die Bürger zum Tanz auf.

Die traurigen Verse des Tango klingen am Morgen am Zeitungskiosk aus dem Transistorradio, sie klingen beim Blumenverkäufer an der Ecke Avendia Corrientes und Avenida Callao, und so mancher Nachtwächter in den edleren Vierteln tritt an freien Tagen als Tangosänger auf. Der Tango ist in Buenos Aires keine Modeerscheinung, sondern ein Volkstanz im Wortsinn. Zwei Tango-Radi-osender spielen 24 Stunden am Tag nur Carlos Gardel, Roberto Goyeneche und Astor Piazzolla, im Kabelnetz sendet ein Tango-Fernsehkanal, und nachts um vier zeigt Crónica TV Pferderennen auf der Rennbahn in Palermo ohne Ton, dafür mit Tango unter-legt.

Einwanderer und Stadtneulinge
Die Ursprünge des Tango

Als ab 1880 im Hafen von Buenos Aires die Einwanderer von den Passagierschiffen von Bord gingen, fanden viele von ihnen nicht das Land vor, das sie sich vorgestellt hatten. Die argentinische Oligarchie gab sich damals liberal, Paris war ihr gefühlter Bezugs-punkt – aber ihre Liberalität endete an den Zäunen der eigenen Landgüter.Die Neuankömmlinge konnten keinen Grund und Bo-den in der Pampa erwerben. Die ins Land gelockten Einwanderer landeten am Stadtrand von Buenos Aires in verruchten Mietskaser-nen, den sogenannten Conventillos. Eine Familie bezog dort ein Zimmer von etwa 16 Quadratmeter Größe, das Badezimmer teilten sich zum Teil bis zu 60 Familien.

Die soziale Geografie von Buenos Aires war damals genau fest-gelegt. Im Zentrum um die Plaza de Mayo residierte die Ober-schicht. Sie verdiente ihr Geld mit Handel oder Finanzdienstleis-tungen. Die meisten jedoch waren Rinderzüchter, sie besaßen gi-gantische Estancias auf dem Land. In der Stadt lebten sie in herrschaftlichen Häusern, in denen englische Butler arbeiteten. Die Vorstadt, der Arrabal, blieb den Armen und Neuankömmlingen überlassen. Für die Oberschicht war der Arrabal ein Zentrum der Kriminalität und der verlotterten Sitten. Das Hafenviertel La Boca galt ihnen lange Zeit als gefährlicher Ort. Ganoven und See-leute verkehrten dort in den Gassen. Auch Matadero del Sur und Corrales Viejos zählten damals zur Vorstadt, in denen die Conven-tillos standen. Der argentinische Dichter Leopoldo Lugones sagte damals: «Der Arrabal ist die Brutstätte der Hölle.»

In den Conventillos des Arrabal trafen die Neuankömmlinge aus Italien, Spanien, Polen auf Rückkehrer vom Land. Zwei Kul-turen prallten in diesen Massenunterkünften aufeinander. Die Jahre zwischen 1865 und 1895 können als die Frühzeit des Tango gelten, es war auch die Zeit starker sozialer Konflikte. In den Conventillos werden Volkslieder über heldenhafte Gauchos gesungen. In einfache Theaterstücke wurden Lieder eingebaut, später auch Tangos. Der Tango ist ein soziales Produkt der damaligen Unterschicht. Er ist eine Fusion aus den einheimischen Musikstilen Candombe und Milonga mit der Habanera und dem Tango andaluz. Das Wort «Tango» taucht Anfang des 19. Jahrhunderts auf den Sklavenmärkten in Buenos Aires und Montevideo auf. Damit wurden Orte bezeichnet, an denen die Schwarzen Tänze aufführten und Geld sammelten, um Sklaven freizukaufen. Unklar ist, wie das Bandoneon nach Buenos Aires gelangte. Es war Heinrich Band, der 1848 in Krefeld die Concertina zu einem neuen Instrument weiterentwickelte. Sein erstes Bandoneon hatte 100 Töne, und es ist anzunehmen, dass es um 1870 mit Seeleuten nach Argentinien gekommen ist. Dort wusste man nicht gleich, wie es zu spielen sei, erst später wurde es in den Tango integriert.

Die verbotene Melodie
La Guardia Vieja – Die alte Garde (ab 1895)

In den Conventillos der Arbeiter und Tagelöhner war der Tango die Subkultur der Unterschicht, und lange blieb er die Musik des Arrabal, der Vorstadt, während er im Zentrum von Buenos Aires einen schlechten Ruf hatte. Er war klar als Musik und Tanz der Unterschicht kodiert. In den Herrschaftshäusern von Buenos Aires wurde er höchstens heimlich gespielt oder getanzt. Die herrschende Klasse pflegte ihre eigene Kultur und grenzte sich ab. Im Mai 1908 wurde das neue Opernhaus Teatro Colón eingeweiht. Es erstreckte sich über eine komplette Häuserzeile, hatte ausladende Balustraden, weite Foyers und war technisch auf dem neuesten Stand. Am Abend der Einweihung wurde «Aida» von Verdi gegeben. Bis der Tango es ins Colón schaffen würde, sollte es noch eine Zeit lang dauern.

Als der Tango nach der Jahrhundertwende in den Salons von Paris populär wurde, verstanden einige Oligarchen die Welt nicht mehr. Paris, das war für sie das kulturelle Vorbild. Eine Stadt, deren Besuch für die reichen Viehzüchter zur sozialen Gesellschaftspflicht gehörte, sie wähnten sich der französischen Hauptstadt näher als ihrer eigenen Vorstadt. Als der argentinische Botschafter in Paris und eingeheiratete Großgrundbesitzer Enrique

Larreta (1875–1961) gefragt wurde, warum bei den Festen der diplomatischen Vertretung kein Tango gespielt werde, erteilte er den fragenden Franzosen eine Lektion: «Der Tango ist in Argentinien ein primitiver Tanz einer Klasse mit schlechtem Ruf, und die Tanzlokale sind die schlimmsten ihrer Sorte. Man tanzt ihn nicht in den guten Salons, wo die besseren Leute verkehren. Für argentinische Ohren ruft der Tango unangenehme Gedanken wach.»

Gedanken an Prostitution und die Zustände in der Vorstadt wurden da wach. Während der Einwanderungswelle waren nur halb so viele Frauen wie Männer ins Land gekommen. Die Prostitution florierte um die Jahrhundertwende, ebenso wie der Frauenhandel. Vergnügungslokale entstanden, wie das von María Rangolla betriebene María la Vasca (María die Baskin) nahe der heutigen Straßenkreuzung Carlos Calvo und Jujuy. Etwas exklusiver war das Casa de Laura von Laurentina Monserrat in der Paraguay-Straße 2512, dort verkehrte vor allem die Oligarchie, aber auch Ganoven und Aufsteiger aus der Unterschicht. Gemeinsam hatten diese Lokale, dass dort Tango gespielt und getanzt wurde. Die Prostitution war nicht unbedingt die Hauptattraktion. Immer wieder kam es zu kuriosen Überschneidungen. Der Pianist Rosendo Mendizábal gab tagsüber als Klavierlehrer den Töchtern und Söhnen der Oligarchie Unterricht. Nachts spielte er in María La Vasca und dem Casa de Laura. Dort trug er 1897 seinen ersten Tango «El Entreriano» vor.

Die Musiker, die zu Beginn der «Guardia Vieja», der Gründungsgeneration, ab 1895 in den Tangolokalen mit und ohne Bordellanschluss auftraten, spielten meist in einem Trio zusammen. Querflöte, Geige und Gitarre waren ihre Instrumente. Gegen 1915 wurden Gitarre und Flöte aus dem Ensemble verdrängt, die Gitarre durch das Klavier, die Flöte durch das Bandoneon ersetzt. In den Tanz wurden Cortes (Schnitte) eingeführt, die eine Schrittfolge unterbrechen. Neu hinzugekommen waren auch die Quebradas, Verzierungen am Bein des Partners.

Auch in den Patios der Conventillos wurde Tango getanzt. In den Mietskasernen herrschte eine drückende Enge, die Lebensbedingungen waren erbärmlich. Der Tango beschreibt in seinen Texten das Leben im Arrabal. Er ist kein Protestlied und besingt meist Einzelschicksale aus der Vorstadt. Doch auch wenn sich der Tango auf individuelle Schicksale beschränkt, gibt es in ihm eine «generelle Tendenz der Negation herrschender Normen und Werte», schreibt Dieter Reichardt in seinem Standardwerk «Tango» (1984:171). Der Tango ist keine fröhliche Musik, er simuliert kein Glück, wo keines ist, und er hat niemals ein Happyend, wie es vielen modernen Musikarten ein kulturindustrieller Imperativ ist. In dem Theaterstück «Los inquilinos», 1907 geschrieben von Nemesio Trejo (1882–1916), wird im Tango sogar direkt agitiert. Das Lied sollte den Mieterstreik im September desselben Jahres unterstützen:

Señor intendente
Los inquilinos
Se encuentran muy mal
Se encuentran muy mal
Pues los propietarios
O los encargados
Los quieren ahogar
Abajo la usura
Y abajo el abuso
Arriba el derecho
Y arriba el derecho
Del pobre tambien.

Herr Bürgermeister
Den Mietern
Geht es schlecht
Es geht ihnen schlecht
Weil die Besitzer
Oder die Verwalter
Sie erdrosseln wollen
Weg mit dem Wucher
Weg mit dem Missbrauch
Hoch lebe das Recht
Und hoch lebe das Recht
Auch des Armen.

Die meisten Tangotexter kamen aus der Arbeiterklasse, wie Angel Gregorio Villoldo. Der Texter gilt als der «Vater des Tango criollo». Um 1880 war er Hilfskutscher bei der Straßenbahn, später arbeitete er als Schriftsetzer und als Clown. Viele seiner Stücke behandeln das Leben der Arbeiter. So etwa «El Choclo» (1898), «El Porteñito» (1898) oder «El Carrero y el cochero» (1910). In seinem Gedicht «Los Cabreros» (1912) beschreibt er die Angst vor Repression und Deportation wegen Gewerkschaftsaktivitäten. Villoldo war ein ausgezeichneter Sänger und Tänzer. Ab 1890 trug er seine Kompositionen in den Cafés des Arrabal vor. Um die Jahrhundertwende zog es ihn als Vortragskünstler in das Viertel La Boca, damals das Zentrum des Tango. Später produzierte er mit Musik unterlegte Filme. Eines seiner bedeutendsten Stücke schrieb er für eine Sängerin: «La Morocha». Villoldo starb im Jahr 1919.

Der Tango kommt ins Zentrum
Guardia Nueva (ab 1924)

Zwischen 1929 und 1935 durchlebte Argentinien eine Zeit der relativen Prosperität, die Mittelklasse vergrößerte sich, und sie besuchte die Tangokonzerte. Die Musiker verfeinerten ihre Technik, musikalisch war die Guardia Nueva, die neue Garde, professioneller als ihre Vorgänger. Eine Fortentwicklung war die Entstehung des Tangoliedes. Im Tangolied wurde der Sänger gegenüber dem Orchester bedeutender. Vor allem im entstehenden Rundfunk fand das Tangolied Verbreitung. Im Zentrum von Buenos Aires entstanden neue Aufführungsstätten, Tanzcafés, Cabarets, Tangotheater. Aber auch im Kino spielten bis zur Erfindung des Tonfilms Tangoorchester, welche die Stummfilme musikalisch unterlegten.

Während der Guardia Nueva konnten sich auch erstmals Sängerinnen durchsetzen. Mit dem Tangolied gelang in den 1920er-Jahren vielen Frauen der Schritt auf die Bühne. Zu ihnen gehörten Rosita Quiroga (1901–1984), Azucena Maizani (1902–1970), Mercedes Simone (1904–1990) und Tita Merello (1904–2002). Das war bemerkenswert, denn dem Tango eilte damals immer noch der Ruf voraus, in den Bordellen der Stadt entstanden zu sein. Es schickte sich damals nicht für eine Frau, eine Karriere als Tangosängerin anzustreben. Viele der ersten Tangosängerinnen waren Schauspielerinnen am Theater. In die Stücke wurden Tangolieder hineingearbeitet, welche die Frauen dann vortrugen.

Die meisten Tangotexte waren von Männern für Männer geschrieben. Auch ist der Tango ein Tanz, bei dem die Frau von einem Mann geführt wird. Sie muss ein Gefühl dafür entwickeln, welchen Schritt der Mann als Nächstes gehen wird, und diesem folgen. Es ist undenkbar, dass die Frau den Mann führt. Ohne Frage ist der Tango ein vom Machismo geprägter Tanz. Doch er ist mehr als nur das. Die Texte handeln oft von Männern, die von ihren Frauen verlassen wurden, vom Verlust der Arbeit, vom Heimweh, von Männern, die sich vor Schmerz betrinken. In vielen Tangos weinen die Männer, selten die Frauen. Die Frauen werden oftmals heimtückisch, rational, stark und dominierend dargestellt. Durch diese Rollenverschiebung wird in den Tangos nicht ausschließlich das Bild des harten Mannes transportiert.

Nicht nur um Liebe und Heim ging es in der Epoche der Guardia Nueva im Tango. Zu Beginn der 1930er-Jahre wurden in Argentinien heftige Arbeitskämpfe ausgefochten. 1930 zählte das Arbeitsministerium 125 organisierte Streiks, 1932 105. Im Jahr 1936 waren von 520000 Arbeitern in der Stadt 370000 gewerkschaftlich organisiert. Die Lebensbedingungen der unteren Klassen blieben ein Thema in den Texten und der Musik. Einer der bedeutendsten Tangotexter, Enrique Santos Discépolo, greift diese Themen in seinem Tango «Cambalache» auf.

Cambalache (1935):

Es lo mismo él que labora,
Noche y día como un buey,
Que él que vive de los otros,
que él que mata, que él que cura
o está fuera de la ley.

Trödelladen

Der, der arbeitet,
Nacht und Tag wie ein Ochse,
ist gleich dem,
der von den anderen lebt,
wie der, der tötet, wie der, der heilt,
oder der, der gesetzlos ist.

Zu dieser Zeit veränderte sich die Stadt. Wie in Hausmans Paris wurden in Buenos Aires breite Boulevards durch die Stadtviertel geschlagen. Für den Bau der Avenida 9.de Julio wurden ganze Häuserreihen niedergewalzt. Zwischen 1932 und 1935 wurde die Calle Corrientes zur Avenida verbreitert. Die Stadt wurde herrschaftlicher, die Tangokultur wurde feiner. 1919 wurden die Bordelle für illegal erklärt. In den neuen Cabaret-Theatern auf der Avenida Corrientes wurde für den Tangosänger das Smokingjackett zur Pflicht. Die Tangoorchester wurden größer, sie spielten mit mehreren Bandoneons und Geigen, wodurch die Musik praller und stärker wurde. Auch der Sänger ist spätestens seit Ende der 1930er-Jahre fest im Ensemble der Tangoorchester etabliert.

Der Mann mit dem Dauerlächeln
Carlos Gardel

Zu dieser Zeit begann auch der Aufstieg von Carlos Gardel. Gardel wurde 1890 als Charles Romuald Gardés wahrscheinlich im südfranzösischen Toulouse geboren. Er war erst drei Jahre alt, als er mit seiner Mutter nach Argentinien auswanderte. In Buenos Aires fand sie Arbeit als Büglerin. Gardel ging sechs Jahre lang zur Grundschule, er versuchte sich als Stift bei einem Juwelier und einem Drucker. Mehr Erfolg hatte er als Sänger von Folkloreliedern. Langsam wurde er in den Spelunken um den Großmarkt Abasto bekannt. «El Morocho del Abasto» – «den Dunklen vom Abasto» – nannten sie ihn damals. Zusammen mit seinem Freund José Razzano erhielt er 1913 die Gelegenheit, in einem teuren Restaurant in Buenos Aires zu singen. Danach ging es mit der Karriere der beiden bergauf. Engagements in Musiktheatern, in Montevideo, Auslandstourneen, Plattenaufnahmen, 1917 dann die Aufnahme des Tangoliedes «Mi noche triste». Insgesamt 1000 Stücke sang Gardel auf Schallplatte.

Gardel und Razzano wurden reich und berühmt, leisteten sich exklusive Hobbys, etwa ihren eigenen Pferderennstall, «Las Guitarras». Als 1923 Razzanos Stimmbänder den Singstrapazen nicht mehr gewachsen waren, trennte sich Gardel von ihm. Beide blieben aber enge Freunde. Zwei Jahre später gab Gardel sein Debut in Paris. Seiner Karriere als Sänger folgte eine weitere als Filmschauspieler. Als Sänger gelang es ihm, die Musik und den Text eines

Tangos in einer perfekten Stimmlage zu singen. «Er singt jeden Tag besser», hieß es in Argentinien über den Mann mit dem Dauerlächeln. Tangos wie «El día que me quieras», «Adios Muchachos» und «Mi Buenos Aires querido» klangen mit seiner Stimme ungemein ausgewogen und sind ohne ihn kaum vorstellbar. Im April 1935 stieg Gardel ins Flugzeug, um zu einer Lateinamerikatournee aufzubrechen. Am 24. Juni 1935 verunglückte sein Flugzeug im kolumbianischen Medellín. Gardel und fast alle seine Begleiter kamen ums Leben. Mehr als Hunderttausend Menschen folgten seinem Trauerzug zum Chacarita-Friedhof. Dort steht an seinem Grab eine Statue, noch immer ist es ein Wallfahrtsort der Bewunderer.

«Der größte populäre Poet»
Enrique Santos Discépolo

Einer der populärsten Texter der Guardia Nueva war Enrique Santos Discépolo, auch Discepolín genannt. 1901 wurde Discépolo in Buenos Aires geboren. Sein Vater war aus Neapel nach Argentinien eingewandert, er war Musiker und Komponist und starb bereits 1906. Vier Jahre später starb auch Discépolos Mutter, der Junge wuchs bei der Verwandtschaft auf. Als Heranwachsender schrieb er Theaterstücke, in denen er selbst auftrat. 1926 wurde in Montevideo sein erster Tango gespielt. In «Que vachaché» kritisiert eine Frau ihren Mann für dessen Idealismus und mahnt ihn, sie in Ruhe zu lassen oder sich doch gleich zu ertränken. Das Publikum, das sich sorgte über Weltwirtschaftskrise und Massenarbeitslosigkeit, verließ das Theater nicht wirklich beschwingt, das Debut von Discépolo hätte schlimmer kaum ausfallen können. Trotzdem wurden seine 26 Tangos in Buenos Aires populär. In «Esta noche me emboracho» erzählt er die Geschichte zweier Ehepartner, die beide an Tuberkulose leiden und ihre Krankheit voreinander versteckt halten. Die Motive des Stücks kommen aus dem Tangorepertoir: Das Cabaret, der Verlust der Geliebten, die Mutter, Freunde und Alkohol. Der Tango ist «ein trauriger Gedanke, den man tanzen kann», hat Discépolo einmal gesagt.

Die Traurigkeit im Tango ist keine Masche, sondern eine konkrete Erfahrung, die den Alltag in den Vorstädten und das Leben der unteren Schichten beschreibt. Der Tango mag als Musik den

Schmerz zelebrieren, er erleichtert ihn aber nicht und wirkt so auch nicht als Betäubungsmittel. Die Thematik des Tangos kommt aus der Wirklichkeit, und Discépolo schickte sich nicht an, sie zu beschönigen.

Wohl aber, sie zu verändern. Als 1946 Juan Domingo Perón zum Präsidenten gewählt wurde, war Discépolo von dem flammenden Nationalismus und Antiimperialismus des Caudillo begeistert. Nach dem gescheiterten Putsch gegen Perón 1951 zog es den Tangodichter auf die politische Bühne. Er moderierte seine eigene Radiosendung «Pienso y digo lo que pienso» («Ich denke und sage, was ich denke»), in der er wortgewaltig für Perón kämpfte. An einen imaginären Gesprächspartner gerichtet, agitierte er: «Ich habe Perón nicht erfunden. Ich habe weder Perón noch die wunderbare Eva Perón erfunden, auch nicht ihre Doktrin. Sie sind als Reaktion auf deine schlechten Regierungen entstanden. (...) Das Volk hat uns Perón gebracht, und zwar in einem Akt der Selbstverteidigung gegen dich und die deinen, ihr habt das Volk im Elend leben lassen.»

Die Reaktionen auf seine Worte waren gewaltig. Discépolo erhielt Drohbriefe und Päckchen voller Exkremente. Die Oligarchie hasste ihn. Perón soll ihn einmal «den größten populären Poeten» genannt haben. Aber das verstärkte den Hass der Antiperonisten auf den Tangodichter. Discépolo war fachfremd auf dem Gebiet der Politik, sein Metier war die Musik. Es war eine Auseinandersetzung, für die er nicht die richtigen Waffen hatte. Den erfolgreichen Putsch gegen Perón im Jahr 1955 musste er nicht mehr erleben. Er starb am 23. Dezember 1951.

Salontango und Modernisierung
Tercera Guardia (ab 1948)

Unter Perón genoss der Tango die Unterstützung des Staates. Perón wollte die Arbeiterklasse hinter sich bringen und förderte die Populärkultur. Zuschüsse flossen in Tangotheater, eine Quotierung schützte die heimische Musik vor ausländischer Konkurrenz im Rundfunk. Bereits Ende der 1930er-Jahre hatte sich der Salontango durchgesetzt, vier Bandoneons, vier Geigen, ein Kontrabass, ein Klavier, ein Sänger zählten zur Standardbesetzung der Orchester dieser Zeit. Die Rhythmik, das Tempo und die Tongebung veränderten sich. Der Tango machte nach 1955 Bekanntschaft mit dem Jazz und wurde rhythmischer. Dabei entstanden neue Stücke, alte wurden neu arrangiert.

Der Pianist und Komponist Horacio Salgán holte sich den Bandoneonisten Leopoldo Federico in sein Orchester und brachte einen markanteren Rhythmus in den Tango. Seine komplexen Harmonien waren vom Jazz beeinflusst. Salgán ist ein Pedant, in seinen Partituren steckt eine unglaubliche Präzision, die kleinsten rhythmischen Details sind durchdacht, das macht so manchem Meister zu schaffen. Als Salgán um 2000 noch regelmäßig mit dem Gitarristen Ubaldo de Lío im Club del Vino von Buenos Aires spielte, fand er eines Tages auf seinem Anrufbeantworter eine Nachricht. Es war die Stimme von Daniel Barenboim. «Hola, Horacio, ich habe die Noten gespielt, die du mir gegeben hast. Sie sind wunderbar. Und verflucht. Ihretwegen konnte ich nicht für mein Konzert proben. Ich bitte dich, dass du den Leuten im Club del Vino sagst, dass sie mir einen Tisch reservieren sollen für dein Konzert morgen. Ciao.» «Der Tango ist sehr mysteriös, er wird bevölkert von ganz vielen Feinheiten», sagt Salgán. Zusammen mit Osvaldo Pugliese und Astor Piazzolla ist er einer der wichtigsten Erneuerer des Tango.

Pugliese war ein Revolutionär. Musikalisch und politisch. Wenn er bei einem Konzert nicht am Klavier sitzen konnte, dann legten die Mitglieder seines Ensembles, mit dem er am 11. September 1939 zum ersten Mal aufgetreten war, auf den Klavierhocker eine rote Nelke. Osvaldo Pugliese war Kommunist und daher regelmäßiger Gast im Gefängnis. Musikalisch war er ein Erneuerer des Tango, der dem romantischen Tango anhing, sehr stark mit Kontrapunkten und Variationen arbeitete, unterlegt mit einem stärkeren Rhythmus. Er führte einen musikalischen Dialog zwischen den Modernisierern und den Traditionalisten des Tango. Pugliese wurde am 2. Dezember 1905 im Viertel Villa Crespo von Buenos Aires geboren. Er starb am 25. Juli 1995. Nach vier Jahren Grundschule hörte er auf, Mathematik und Spanisch zu büffeln, und widmete sich nur noch der Musik. Er lernte Geige und später Klavier, jobbte in einer Druckerei. Bei verschiedenen Lehrern nahm er Harmonieunterricht und studierte Komposition. Im Alter von 14 debütierte er als Pianist im Café La Chacha in der Rivera-Straße, fünf Jahre später komponierte er «Recuerdo», einen seiner bekanntesten Tangos.

Mit Astor Piazzolla wurde der Tango abermals modernisiert. Lange Zeit sagte Piazzolla, er spiele keinen Tango, sondern mache Musik aus Buenos Aires. Den Traditionalisten gefiel seine Melange aus Jazz und Tango überhaupt nicht. Erst im Alter von 66 Jahren gelang ihm der Durchbruch. Piazzolla wurde am 11. März 1922 in Mar del Plata geboren. Schon bald zogen seine Eltern mit ihm nach New York. Die Familie lebte in der achten Straße im Greenwich Village. «Wir haben die Mafia in den USA kennengelernt, und ich habe liebevolle Erinnerungen an sie. Es waren gute Leute, großzügig, den Freunden gegenüber treu. Was sie gemacht haben, hat mich nicht interessiert», sagte Piazzolla später.

In New York schenkte sein Vater Piazzolla ein Bandoneon, damit er Tango spielte. Der Junge war damals erst acht Jahre alt, und sein Vater hat damit, ohne es beabsichtigt zu haben, seinen musikalischen Weg vorgezeichnet. «Hätte er mir ein Saxofon geschenkt, wäre ich Saxofonist geworden», sagte Piazzolla einmal. Zurück in Mar del Plata, verdiente sich Piazzolla sein Taschengeld als Bandoneonist. Mit zwei Freunden trat er bei Picknicks auf. Das Trio spielte alles, was die Zuhörer bestellten. 1939 stieg Piazzolla in Buenos Aires als Krankheitsvertreter bei dem legendären Orchester von Aníbal Troilo ein. Doch die Auftritte waren ihm nicht genug. Er steckte voller Ehrgeiz. 1940 komponierte er sein erstes Klavierkonzert. Am Abend spielte er im Orchester Tango, tagsüber nahm er Unterricht bei dem Komponisten Alberto Ginastera. Er studierte Bartok und Strawinsky, neue Klänge und moderne Harmonien. Er lernte Komposition, Orchestrierung und Harmonielehre. Bei den Proben des Orchesters des Teatro Colón saß er im Saal als Zuhörer. Sein Austritt bei Troilo war abzusehen. 1944 stellte Piazzolla sein eigenes Orchester zusammen. Und begann zu experimentieren.

In sein Sexteto Típico berief er einen Gitarristen, der die Elektrogitarre spielte. Er verarbeitete Jazzelemente im Tango. Doch mit seiner Musik konnte er in Buenos Aires nicht landen. Frustriert zog er nach New York. Nach einem Konzert in Puerto Rico erhielt er einen Anruf. Seine Frau war am Apparat. Sie sagte ihm, sein Vater sei in Buenos Aires gestorben. Piazzolla schloss sich mit seinem Bandoneon in seinem Zimmer ein. Er komponierte den Tango «Adios Nonino». Nonino, Großvater, so hat er seinen Vater liebevoll genannt. Danach wollte die Familie zurück nach Buenos Aires, aber Piazzolla fehlte es permanent an Geld. Um die Rückkehr zu ermöglichen, band er sich 1960 per Knebelvertrag mehrere Jahre an eine französische Plattenfirma. Mit dem Vorschuss konnte er immerhin die Tickets bezahlen.

Zurück in Buenos Aires, bildete er mit dem Texter Horacio Ferrer ein produktives Arbeitsduo. Gemeinsam schrieben sie 1964 die Oper «Maria de Buenos Aires». 1986 erspielte sich Piazzolla auf dem Montreux Jazz Festival zusammen mit Gary Burton internationale Anerkennung. Er starb am 4. Juli 1992.

Piazzolla hat eine Reihe von Musikern stark beeinflusst, darunter auch den Pianisten Gustavo Beytelmann. Beytelmann blieb 1976 während einer Tournee mit Piazzollas «Conjunto Electrónico» in Paris, weil er als Politaktivist nicht mehr in das von Militärs regierte Argentinien zurückkonnte. Heute leitet er die Tangoabteilung des Konservatoriums in Rotterdam und entwickelt den Tango weiter, bis ins Bodenlose. Seine CD «¡Sigamos!» ist eine neue Fassung klassischer Tangos, eine Fusion von moderner und traditioneller Musik. Er sagt: «Wenn der Tango sich nicht verändert, verkommt er zu einem Musikmuseum und hört auf, Volksmusik zu sein.»

Tangosängerinnen
Cristina Banegas

Der Saal ist dunkel, die Gäste sitzen an kleinen runden Tischen. Auf der Bühne ein Gitarrist, ein Bandoneonist, im Hintergrund ein Querflötist. Am Bühnenrand eine Frau in schwarzem Kleid. Sie singt mit kraftvoller Stimme:

No pises el cotorro
que no te puedo ver.
No ves que hasta vergüenza
me da ser tu mujer.
Yo quiero, pa' que sepas
tener siempre a mi lado
a un hombre bien templado,
no a un maula como vos.
A un hombre que se juegue,
si llega la ocasión,
la vida en una carta,
sin sentir emoción.

A un hombre que sea hombre
y sepa responder
y no llore cobarde,
igual que una mujer.

Betritt nicht das Zimmer deiner Geliebten,
ich kann dich nicht mehr sehn.
Siehst du nicht, ich schäme mich,
deine Frau zu sein.
Ich will, damit du das weißt,
immer einen Mann an meiner Seite haben,
der mutig ist,
und keinen Feigling wie Dich.
Ein Mann, der,
wenn sich die Gelegenheit bietet,
alles auf eine Karte setzt.
Ein Mann, der ein Mann ist
Und der weiß, was zu tun ist,
Und jetzt heule nicht, du Feigling,
genau wie eine Frau.

Die Frau hat eine starke, fordernde Stimme, die kämpferisch klingt,
die Rhythmuswechsel des Stücks umschifft sie mit Leichtigkeit. Sie
holt Luft für die Schlussakorde, Bandoneon und Klavier nehmen
Anlauf, sie singt:

No vuelvas a la piezza
porque mi corazón,
se ha hecho para un hombre
y vos no sos varón.

Komme nicht zurück ins Zimmer,
weil mein Herz gemacht ist
für einen Mann,
und du bist kein Kerl.

Die Frau auf der Bühne heißt Cristina Banegas und ist Schauspielerin und Sängerin. Sie singt die klassischen Tangotexte nicht nur, sie
spielt sie, taucht in die Rolle des literarischen «Ich», egal, ob sie

ihre Stimme einem Mann oder einer Frau leiht. So nimmt sie beim Singen Frauenrollen und Männerrollen ein. Sie gibt die angreifende Ehefrau oder den verlassenen Mann. Banegas hat eine starke Stimme. Sie klingt hart, wenn sie angreift. Sie ironisiert den machistischen Text mit in Nuancen übertriebenen Betonungen. Das sind die Momente, in denen die Schauspielerin und die Sängerin auf der Bühne zusammenkommen. «Man kann das Geschlecht nicht verändern, das zerstört die Poesie», sagt sie. Dann macht sie eine kurze Pause, wechselt abrupt das Thema und sagt: «Ich liebe die gemeinen Tangos.»

Banegas hat dunkle Haare, dunkle Augen und eine einfühlsame Stimme. Über ihren Schultern trägt sie einen breiten grauen Wollschal. Mehrere Bühnenprogramme für gemeine Tangos hat sie konzipiert und aufgeführt, zwei CDs besungen. Die erste CD mit der Gitarristenlegende Ubaldo de Lío trägt den schlichten Namen «Tangos» und ist eine Zusammenstellung der Tangos der 1920er-Jahre. Die zweite, «La Criollez», ist stärker an der argentinischen Folklore orientiert und experimenteller. Die ersten drei Jahrzehnte des Tango sind ihre musikalische Requisitenkiste. Vor allem die Sängerinnen der 1920er-Jahre beeindrucken Banegas.

«In den Zwanzigerjahren waren die Frauen sehr stark im Tango, dann kam die Zeit der großen Orchester, und sie sind aus dieser Musik wieder verbannt worden», sagt Banegas. Heute jedoch gibt es in Buenos Aires mehr Sängerinnen als Sänger, Banegas ist eine von ihnen. Aber es ist kein leichtes Metier für Frauen. «Natürlich ist der Tango machistisch, als Tanz und als Text», sagt Banegas. «Er ist so machistisch wie der Rest der Gesellschaft.» Doch er lässt auch Raum für Ironie und Humor, gerade in den alten Tangos. Etwa wenn der eifersüchtige Mann in «Atenti Pebeta» seiner Geliebten den Rat erteilt, sie solle Milch mit Löffelbiskuit oder Kakao mit Churros bestellen, wenn sie sich in der Stimmung für einen Wermut fühlt. «Der Tango spiegelt das Dunkle, aber auch das Nostalgische und Ironische des Menschen wider», sagt Banegas. «Und in seiner Traurigkeit liegt etwas sehr Menschliches.»

Mit ihrer Art des Vortrages entwickelt Banegas den Tango weiter. Und sie ist nicht die Einzige. Es sind längst nicht nur die Veteranen, die auf den Bühnen der Tangotheater stehen und alte Stücke runterspielen. Das Orchester «El Arranque» gründete sich aus einigen Abgängern der Escuela de Música Popular. Ihre Mitglieder haben die Platten der großen Orchester aus den Vierziger- und Fünfzigerjahren abgehört, Di Sarli, Pugliese, Salgan, und entwickelten daraus einen eigenen Stil. Die Gruppe «34 Puñaladas» ist in ihrer Zusammensetzung ein Novum. Vier Gitarristen und ein Sänger musizieren zusammen. Ihre CD heißt «Tangos Carcelarios» – «Gefängnistangos». Ganz in Schwarz gekleidet, sind die «34 Puñaladas» auf der Bühne das Gegenteil einer prätentiösen Tangoshow. Ihr Repertoire schöpfen sie aus den Tangos der Zwanziger- und Dreißigerjahre, sie schreiben die Partituren auf vier Gitarren um. Die Tangos aus der Parallelwelt der unteren Klassen faszinieren die Gruppe.

Längst pflegt auch die Stadt Buenos Aires den Nachwuchs und fördert junge Musiker. Seit dem Jahr 2000 können Musiker für eine Aufnahme in das *Orchestra Escuela de Tango* vorspielen. Dort werden die Klassiker des Tango gelehrt: Horacio Salgan, Astor Piazzolla, Carlos Di Sarli, Leopoldo Federico, Osvaldo Fresedo, Julio Di Caro. Die Stile werden verglichen, die Partituren untersucht. Ziel des Orchesters ist es, junge Musiker in ihren Instrumenten zu schulen, und zwar so, dass sie auf die Erfahrungen älterer Tangomusiker zurückgreifen können. Zwei Jahre lang dauert der Orchesterkurs. Der Bandoneonist Néstor Marconi leitet das Orchester. Er sagt: «Es geht nicht nur darum, etwas Neues zu machen, sondern etwas Neues und etwas Gutes.»

Es gilt das geschriebene Wort:
Das Land und seine Intellektuellen

«Was können wir
mit den Lösungen der europäischen
Philosophie und Politik anfangen,
die nicht zu dem Ergebnis führen,
nach dem wir suchen?»
Esteban Echeverría

Subvention und Selbstorganisation
Die Kultur

Die Kellerbar der Fakultät für Sozialwissenschaften in der Straße
Marcelo T. de Alevar in Buenos Aires ist ein düsterer und unwirt-
licher Ort. Auf der Straße vor dem Gebäude liefern sich die Busse
der Linien 12, 39 und 152 Privatwettrennen, jedes Mal, wenn die
Ampel vor dem Gebäude auf Grün umschaltet, röhren die alten
Dieselmotoren. Die Akustik hinter den Kellerfenstern ist nicht bes-
ser. Eine mechanische Belüftungsanlage rotiert permanent, der alte
Kühlschrank brummt, regelmäßig wird mit gedämpftem Scharren
einer der wackeligen Stühle verschoben. Vorne an einem Tisch sitzt
der Soziologe Horacio González, er liest aus einer Schrift von John
William Cooke, einem argentinischen Revolutionär. Es geht um
Juan Domingo Perón: «Der Mythos um seine Person ist keine
dumme Idee der Massen, sondern ein positives Zeichen», trägt
González vor, während ein Zuhörer zum Kühlschrank krabbelt,
um den Stecker aus der Wand zu ziehen, damit es leiser wird.
«Perón ist für den Arbeiter die Erinnerung an den revolutionären
Frühling des argentinischen Proletariats, an den Zenit der großen
sozialen Eroberungen und der nationalen Forderungen.»
  An diesem Abend wird im Keller die neueste Ausgabe der Zeit-
schrift *El Ojo Mocho* vorgestellt, die González mitherausgibt. Die
Zeitschrift wurde im Jahr 1990 an der Fakultät für gegründet. Sie
befasst sich mit Themen wie «Moden des Erinnerns», «Kino, Psy-

choanalyse und Marxismus», «Profane Wörter». In den 1960er-Jahren zählte González zum Kreis der Professoren, welche in den «Nationalen Lehrstühlen» (siehe Kapitel «Perón, Perón...») versuchten, andere Inhalte und Formen der Lehre an der Universität einzuführen. Theaterstücke waren damals in den Seminaren ein wichtiger Bestandteil der Lehre und des Lernens. An diesem Abend lässt González die 1960er-Jahre noch einmal aufleben, sowohl in der Form als auch im Inhalt. Er hat eine befreundete Schauspielerin gebeten, ein Theaterstück, in dem Perón vorkommt, vorzutragen.

El Ojo Mocho ist eine Zeitschrift, die in den Buchhandlungen in das Regal «Literatur für Randgruppen» einsortiert wird. Aber sie ist längst nicht die Einzige ihrer Art. An der Fakultät für Sozialwissenschaften wird unter schwierigen Bedingungen viel geschrieben und viel aufgelegt. *Artefacto, Dialéktika, La Escena Contemporánea, Cuadernos del Sur* heißen weitere Periodika. An der sprachwissenschaftlichen und philosophischen Fakultät entsteht *Punto de Vista.* Wirtschaftswissenschaftler publizieren unter anderem in *Desarollo Económico* und *Realidad Económica.* Die intellektuelle Produktion in Argentinien ist beeindruckend, erst recht für ein Land, das über relativ wenige Ressourcen verfügt, um den Druck von Zeitschriften und Büchern, die Organisation von Konferenzen und Festivals zu finanzieren.

Philosophie und Literatur, Theater und Film werden in Argentinien durch ein breiteres Publikum wahrgenommen als etwa in Deutschland. Als der deutsche Soziologe Jürgen Habermas in Buenos Aires zu Gast war, reichten die Plätze im Vorlesungssaal nicht aus. Der britische Historiker Eric Hobsbawm wurde verehrt wie ein Rockstar, ebenso erging es dem US-Amerikaner Immanuel Wallerstein während seines Besuchs 2007. Die auflagenstärkste Tageszeitung des Landes, *Claríns,* publizierte zu Lebzeiten von Pierre Bourdieu regelmäßig dessen Aufsätze, und Noam Chomsky ist dort ein gern gelesener Kolumnist.

Der Posten für Kulturveranstaltungen war für die Mitte-Links-Bürgermeister von Buenos Aires Aníbal Ibarra und Jorge Telerman ein Teil im Budget, der nicht weggespart werden konnte. Das Filmfestival für unabhängiges Kino ist zusammen mit dem Theaterfestival ein jährlicher Höhepunkt des Kulturjahres. Aber längst nicht nur Großevents werden finanziert. Einmal jährlich geben auf Einladung der Stadtregierung Jazzbands Konzerte in den U-Bahn-

Stationen, die so getaktet sind, dass die Zuhörer von Konzert zu Konzert fahren können. Theatergruppen touren durch alle Stadtviertel. Zahlreiche städtische Kulturzentren wie das Centro Cultural San Martín auf der Avenida Corrientes warten mit einem ausgesuchten Programm auf. Daneben gibt es zahlreiche autonome Kulturzentren in Buenos Aires, etwa das universitätseigene Centro Cultura Rojas oder das Centro Cultural de la Cooperación, ebenfalls auf der Avenida Corrientes. Argentinien mag ein armes Land sein, aber es ist ein Land mit Ideen. So subventioniert das staatliche Filminstitut alle argentinischen Filmproduktionen und hilft mit billigen Krediten. Das Geld dafür kommt direkt von der Kinokasse. Eine Subventionssteuer ist in jeder Eintrittskarte enthalten, egal, ob Hollywood-Produktion oder argentinischer Film. Jeder Kinobesuch hilft automatisch der nationalen Filmindustrie.

Wissenschaft als Beruf
Die Universität

Als im Jahr 2007 das Fach Soziologie an der Universität von Buenos Aires (UBA) seinen 50. Geburtstag feierte, schlossen sich zahlreiche Verlage zusammen und organisierten die erste sozialwissenschaftliche Buchmesse im Centro Cultural de la Cooperación an der Avenida Corrientes. Die Verlage kamen damit einer verstärkten Nachfrage nach sozialwissenschaftlichen Werken entgegen. Im Jahr 1996 wurden nach Angaben des Verlegerverbandes 321 sozialwissenschaftliche Titel in Argentinien verlegt, das waren zusammengerechnet drei Prozent der gesamten Buchproduktion im Land. Im Jahr 2006 veröffentlichten die argentinischen Verlage 1095 sozialwissenschaftliche Bücher, 5,6 Prozent ihrer Gesamtproduktion. Nach der Krise 2001/02 hat das kritische Denken wieder Konjunktur. Und die Sozialwissenschaften, gelehrt an den staatlichen Universitäten des Landes, sind eine Schule dieses kritischen Denkens.

Nach wie vor ist die Universitätsausbildung an den staatlichen Hochschulen kostenlos, das Niveau sehr hoch. Dies mag einer der Gründe dafür sein, dass private Hochschulen, wie sie in vielen Ländern Südamerikas explodieren, in Argentinien keine Konjunktur haben. Die Universidad de Palermo, die Universidad de Belgrano oder die Universidad Católica mögen bequemere Sitzmöbel und eine Klimaanlage haben, in der akademischen Ausbildung sind sie jedoch keinesfalls besser. Es waren die Vordenker des Landes, wie Domingo Faustino Sarmiento, die großen Wert auf ein kostenloses Bildungssystem gelegt haben, weil sie darin eine der Grundbedingungen sahen, das Land zu entwickeln. Und sie waren zu ihrer Zeit sehr fortschrittlich. Als 1821 der damalige Präsident Bernardino Rivadavia die Universidad Pública de Buenos Aires einweihte, unterschied sich die neue Hochschule von der älteren Universität in Córdoba in einem wichtigen Punkt: Sie war von der Kirche unabhängig, was damals auf heftigen Widerstand stieß.

Gemäß des ersten Dekrets des damaligen Universitätspräsidenten war die Universität von Buenos Aires in sechs Abteilungen gegliedert: Sprache, Vorbereitende Studien, Naturwissenschaften, Medizin, Theologie und Jura. 1896 beschloss der Staatspräsident José E. Uruburu die Gründung der Fakultät für Philosophie und Literatur. Kurz darauf entstand 1911 die Fakultät für Wirtschaftswissenschaften. 1957 wurden die Fächer Soziologie, Psychologie und Pädagogik der Philosophischen Fakultät angegliedert. In dem ersten Gebäude der Soziologie, dem Edificio Cadellada in der Florida-Straße, herrschte damals Aufbruchstimmung. «Dieses Projekt, die Gründung eines Lehrstuhls für Soziologie, war ohne Zweifel einer der wichtigsten kulturellen Impulse in der öffentlichen Universität in der zweiten Hälfte des 20. Jahrhunderts», schreibt der Soziologe Horacio González (2000:67) in seinem monumentalen Sammelband über die Geschichte der argentinischen Soziologie.

Der Soziologe Gino Germani leitete damals den soziologischen Lehrstuhl. Zuvor hatte er unzählige Bücher übersetzt, darunter auch Werke von Erich Fromm. 1955 war sein Standardwerk «Estructura Social de la Argentina» erschienen, in dem er umfassend die argentinische Sozialstruktur erforscht und damit einen wichtigen Beitrag zur akademischen Verankerung der Soziologie in Argentinien geliefert hatte. In dem Buch untersucht Germani die räumliche Verbreitung und Anzahl der wichtigsten gesellschaftlichen Gruppen und Subgruppen. Germani war ein wissenschaftlicher Soziologe, der im Peronismus seiner Zeit eine «pseudototalitäre Lösung» sah. Die eingewanderten Arbeiter, so Germani in «Política y sociedad en una época de transición», stammten vor allem aus der Landbevölkerung und suchten in der Stadt einen starken Führer, der sie beschütze. Peróns Totalitarismus «kreiert in den

Massen die Illusion, dass sie jetzt das entscheidende Element sind, das aktive Subjekt, das die Richtung der öffentlichen Politik bestimme» (1962:159).

Auf Germani folgte eine Generation von Soziologen, für die Wissenschaft Gesellschaftsveränderung bedeutete. Der ehemalige Dekan der Fakultät für Sozialwissenschaften Juan Carlos Portantiero sagte einmal: «Über das Problem der Soziologie möchte ich sagen, dass ich mich zunächst nicht als Soziologe definiere, sondern als revolutionärer Sozialist. Die Antwort ist einfach und logisch: Wenn die Soziologie nicht als Instrument taugt, politische Veränderungen zu unterstützen, interessiert sie mich nicht als Beruf.» (Zit. nach Rubinich 1999) In diesem Klima der 1960er- und 1970er-Jahre entstehen die «Nationalen Lehrstühle», es wurden revolutionäre Theorien rezipiert. Häufig bearbeitet werden die Werke des italienischen Marxisten Antonio Gramsci (1891–1937) und seine Theorie von der gesellschaftlichen Hegemonie als Voraussetzung für Veränderung, etwa in dem Band von Juan Carlos Portantiero «Los usos de Gramsci» (1999).

Kein Wunder also, dass die Universität Ziel der Übergriffe der Militärs war. Besonders die Philosophische Fakultät mit den Fachbereichen Soziologie und Psychologie litt unter harter Repression. Nach dem Putsch von General Juan Carlos Onganía im Jahr 1966 wurde das Militär gegen die Studierenden eingesetzt. Die Universität sollte in Onganías autoritärem Entwicklungsprojekt eine wichtige Rolle spielen. Schon kurz nach dem Putsch schränkte der Diktator mit dem Gesetz 16912 die universitäre Autonomie ein und verbot jegliche politische Aktivität auf dem Campus. Nach einer kurzen, relativ liberalen Periode folgte abermals starke Repression. Daraufhin traten der Rektor und die Dekane der UBA von ihren Ämtern zurück. Fünf Fakultäten wurden aus Protest gegen das neue Universitätsgesetz von Professoren und Studierenden besetzt. In der «Nacht der langen Knüppel» wurden die Universitäten von den Sicherheitskräften der Diktatur geräumt. Unmittelbar danach reichten zahlreiche Professoren und Dozenten ihre Kündigung ein. In den Aulas herrschte ein Klima der Zensur und Repression.

Schlimmer kam es nach dem abermaligen Putsch im Jahr 1976, mit dem die blutigste Diktatur in Argentinien begann. Umgehend wurden Lehrtexte zensiert und verboten. Zahlreiche Professoren und Studierende wurden von den Militärs verschleppt und ermordet. Der Lehrstuhl für Soziologie wurde in den Keller der rechtswissenschaftlichen Fakultät verbannt. Die Zahl der Studierenden nahm daraufhin rapide ab, neue Professoren lehrten vor allem Statistik. Die alten Professoren waren im Exil oder fanden sich in der langen Liste der Verschwundenen.

Nach der Rückkehr zur Demokratie wurde aus dem Lehrstuhl für Soziologie die Fakultät für Sozialwissenschaften. Die Forschung wird pluralistischer. Doch der Alltag für Sozialwissenschaftler ist hart. Professorengehälter in Argentinien liegen unter denen von Taxifahrern, Dozenten erhalten kaum ein Gehalt. Deshalb lehren die meisten von ihnen an mehreren Universitäten. Alle Sozialwissenschaftler in Argentinien sind darauf angewiesen, in Zeitungen zu schreiben oder ein Einkommen außerhalb der Universität zu finden.

Nicht nur im Bereich der Sozialwissenschaften hat das kritische Denken Tradition. Auch die Fakultät für Wirtschaftswissenschaften der Universität von Buenos Aires zeichnet sich durch intellektuelle Arbeit über Alternativen aus. Der einstige Wirtschaftsminister Aldo Ferrer führt dort in die Grundlagen des argentinischen Kapitalismus ein, der Ökonom Jorge Schvarzer arbeitet über die Entwicklung einer eigenständigen Industriepolitik. Als Argentinien zum Jahreswechsel 2001/02 in eine seiner schwersten Finanzkrisen stürzte, waren es die Professoren der wirtschaftswissenschaftlichen Fakultät, die sich in einer Arbeitsgruppe «Plan Fénix» («Phönix-Plan») zusammenschlossen. In Konferenzen, Aufsätzen und Interviews versuchten sie eine alternative Wirtschaftspolitik aufzulegen, und sie waren dabei nicht ohne Einfluss. Zusammengefasst wurden diese Vorschläge in dem 2001 erschienenen Band «Hacia el Plan Fénix. Una alternativa económica». Vollkommen unverständlich ist es allerdings, dass gerade von der deutschsprachigen Lateinamerikaforschung die Arbeiten lateinamerikanischer Wissenschaftler selten wahrgenommen werden. Eine umfassende Rezeption findet nicht statt.

Morgens gegen vier Uhr klappen die Besitzer der Zeitungskioske in Buenos Aires die Seitenflügel ihrer Metallboxen auf und sortieren die Tagespresse. Kurz darauf laufen Männer mit Leiterwagen voll gestapelter Zeitungen und einem Schlüsselbund, der dem eines Gefängniswärters Ehre machen würde, durch die noch dunklen Straßen. Im Zeitungsland Argentinien werden die Blätter beim nächsten Kiosk abonniert, und der liefert sie aus. Morgens gegen sechs Uhr liegt die Zeitung in den Apartmentgebäuden in Buenos Aires vor der Wohnungstür. Die Kioske haben das Monopol auf den Vertrieb, sie gehören zum festen Inventar eines Stadtviertels. Sie verkaufen billige Bücher, Zeitschriften, Stadtpläne und eben die Tageszeitungen.

Doch es gibt Tage, da liegt bereits um die Mittagszeit keine *Página/12* mehr am Kiosk. Der 21. Dezember 2001 war ein solcher Tag, der 31. Dezember 2001 ebenfalls. Beide Male war am Vortag ein Präsident in Argentinien zurückgetreten. Zuerst Fernando de la Rúa, dann Adolfo Rodríguez Saá. An solchen Tagen verdoppelt sich die Auflage der Zeitung auf wundersame Weise. Anstatt 65 000 Exemplaren werden 130 000 in Buenos Aires verkauft. *Página/12* ist eine der kleinsten Tageszeitungen von Buenos Aires. Klein, aber nicht ohne Einfluss. *Página/12* «informiert dich nicht nur, sie bringt dich auch zum Nachdenken», wirbt das Blatt für sich selbst. Der Journalist Jorge Lanata gründete die Zeitung im Jahr 1987 als unabhängiges, alternatives Medium der linken Intellektuellen, sie war die erste Zeitung Argentiniens, die ihren Lesern Bücher geschenkt hat. Die Mittel von *Página/12* sind die Analyse, die Kritik und die Ironie. Weil sie an keinen großen Konzern gebunden ist, kann sie frecher sein, kann kritischere Meinungen zu Wort kommen lassen und kann schonungsloser recherchieren. Aber sie kann für ihre Leser auch manchmal ein großes Ärgernis sein, weil manche Nachrichten nicht vorkommen, Geschichten schlecht recherchiert sind oder, wie zu Zeiten der Regierung von Néstor Kirchner, das Blatt zu sanft ist.

Die Zeitung setzt weniger auf schnelle Nachrichten als auf Hintergrund und auf Meinung. Im ganzen Blatt sind in dem Kraut-und-Rüben-Layout Kommentarboxen versteckt. Es wird interpretiert, gemutmaßt, erklärt. Wichtige Themen laufen über mehrere Seiten. Auch das macht *Página/12* aus: Sie ist eine Lesezeitung, keine Bilderzeitung, daher wird auch auf eine sorgfältige Sprache Wert gelegt. Viele Intellektuelle kommen zu Wort: Eduardo Galeano und Juan Gelman, Miguel Bonasso und Osvaldo Bayer liefern regelmäßig Kolumnen. Aber auch eine wöchentliche Psychologieseite sowie die wöchentliche Wirtschaftsbeilage CASH zählen zu den Eigenheiten der Zeitung.

Viel Geld wird damit nicht verdient. Die Redaktionssäle sehen aus wie der Computerraum einer Schule, kein Redakteur ist dort zu viel. Hartnäckig hält sich das Gerücht, *Página/12* sei von der mächtigen Clarín-Gruppe gekauft worden, doch in beiden Häusern wird dies bestritten. Clarín ist eine der auflagenstärksten Zeitungen der spanischsprachigen Welt und der größte argentinische Medienkonzern. Auch wenn Clarín auf den ersten Blick aussieht wie ein Boulevardblatt, so ist es doch eine ernst zu nehmende Zeitung. Täglich verkauft sie mehr als 400000 Exemplare, sonntags sind es mehr als 750000. Samstags legt Clarín die Kulturzeitschrift *ñ* an den Kiosk, von der noch einmal 80000 Stück weggehen. 80 Prozent der Auflage wird in Buenos Aires verkauft. Clarín hat nach eigenen Angaben einen Anteil von etwa 53 Prozent am argentinischen Zeitungsmarkt.

Inzwischen kontrolliert Clarín auch andere Medienbereiche. Bis Mitte der 1980er-Jahre war das Unternehmen ein reiner Zeitungsverlag. Heute hat es eine marktbeherrschende Stellung in den argentinischen Medien und ist mit Abstand das einflussreichste Medienhaus. Die Fernsehsender «Canal 13», *«Todo Noticias»*, *«TyC Sports»* zählen zu dem Meinungsimperium ebenso wie der Radiosender «Mitre». Doch nicht nur als Nachrichtendienstleister verdient Clarín sein Geld, auch als Technologieunternehmen kassiert die Grupo Clarín. Die beiden größten Kabelnetzbetreiber Cablevision und Multicanal gehören der Gruppe ebenso wie zahlreiche Internetdienste. Damit hat Clarín auch politisch eine starke Stellung. Was die Gruppe über ihre zahlreichen Kanäle verbreitet, wird wahrgenommen. Doch die Zeitungslinie ist eher opportunistisch und an die jeweiligen Regierungen angepasst.

Traditionell eine konservative Leserschaft bedient die Tageszeitung *La Nación*. Auch sie erscheint überregional, doch sie kommt nicht an die Auflagenstärke des wesentlich liberaleren *Clarín* heran. Unter der Woche verkauft *La Nación* nach eigenen Angaben zwischen 125 000 bis 160 000 Exemplare, an Sonntagen mehr als 250 000. *La Nación* ist eine der ältesten Zeitungen des Landes. Am 4. Januar 1870 erschien das Blatt zum ersten Mal in einer Auflage von 1000 Exemplaren. Sein Gründer war Bartolomé Mitre, einst Präsident Argentiniens. Seine Familie ist noch immer in dem Unternehmen präsent.

Der Medienmarkt in Argentinien ist hart umkämpft und doch stärker konzentriert als in vielen anderen Ländern Lateinamerikas. Zu diesem Schluss kommt das Instituto Prensa y Sociedad in der peruanischen Hauptstadt Lima, das die Medien des Kontinents beobachtet. Nach einer Studie der Medienwächter dominieren in Argentinien die vier größten Verlage 75 Prozent des Marktes, und zwar in den Bereichen Print und Fernsehen, nur in wenigen Ländern gibt es derart starke Medienkonglomerate. Nicht nur auf nationaler Ebene sind die Besitzverhältnisse stark konzentriert. Auch in den Provinzen stehen oftmals wenige Verlage hinter den Zeitungen, Radiosendern und Fernsehstationen, nicht selten gehören sie zu den traditionellen Familien, die auch politisch das Geschehen in der Provinz bestimmen.

Doch dazwischen bleibt Platz für zwei Exoten: den täglich auf Englisch erscheinenden *Buenos Aires Herald* und das inzwischen wöchentlich erscheinende deutschsprachige *Argentinische Tageblatt*.

Die Geschichte des *Buenos Aires Herald* geht zurück in die Zeit, als Großbritannien der wichtigste Handelspartner für Argentinien war. Im Jahr 1876 gründete der Schotte William Cathcart die Zeitung unter dem Namen *Buenos Ayres Herald*. Damals jedoch war die Zeitung nur ein einzelnes Papierblatt, berichtet wurde vor allem über die Schifffahrt und Hafenbewegungen. Schon ein Jahr später verkaufte Cathcart seine Zeitung an D. W. Lowe in den USA, der sofort eine Tagszeitung daraus machte, die neben den Schifffahrtsnachrichten auch über Politik und Wirtschaft schrieb. Im Laufe der Jahre wechselte der *Herald* mehrfach seine Besitzer. Politisch ohne Einfluss war er nie, da seine Leitartikel stets auf Spanisch und Englisch gedruckt werden. Als 1976 die Militärs putschten, kritisierte der *Herald* mehrfach in seiner Kommentarspalte die Menschenrechtsverletzungen der Militärs. Doch dafür muss die Zeitung büßen. Nachrichtenchef Andrew Graham-Yooll musste ins britische Exil fliehen, kurz darauf musste auch der Chef-redakteur Robert Cox das Land verlassen. Während des Falkland-kriegs im Jahr 1982 boykottierten die Vertriebsfirmen die Auslie-ferung des *Herald*, was seine Leser dazu zwang, die Zeitung direkt bei der Druckerei abzuholen. Der neue Chefredakteur James Niel-son tauchte für die Zeit des Krieges in Uruguay unter, was er für sicherer hielt. Heute wird der *Herald* von Europäern, die in Buenos Aires leben, und Touristen gelesen. Nach wie vor können sie sich dort auf einer Spezialseite darüber informieren, welche Schiffe an welchem Tag in welche Häfen auslaufen.

Während der *Herald* unter der Diktatur demokratisch blieb, wechselte das *Argentinische Tageblatt* seine Haltung. Im Februar des Jahres 1874 landete der Schweizer Buchhändler Johann Alle-mann mit seinem Sohn Moritz im Hafen von Buenos Aires. Beide kamen auf Einladung der Einwanderungsbehörde des damaligen Präsidenten Domingo Faustino Sarmiento. Bereits in der Schweiz hatte Allemann journalistisch gearbeitet. In der Provinz Santa Fe, wo Vater und Sohn Allemann sich niederließen, gründeten sie die Zeitung *Der argentinische Bote*. Doch schon nach kurzer Zeit kehrten die beiden der Provinz den Rücken und zogen nach Buenos Aires. Dort ließ sich Allemann das zweite «L» aus dem Familien-namen streichen, weil es im argentinischen Spanisch wie «sch» aus-gesprochen wird und er den Klang seines Namens nicht verändern wollte.

Zunächst gründete Alemann, wie er seither hieß, das *Argenti-nische Wochenblatt*. Am 28. April 1889 erschien dann die erste Ausgabe des liberal gesinnten *Argentinischen Tageblatts*. Bis heute ist es in Familienbesitz der Alemanns. Das *Tageblatt* war die Zei-tung der deutschsprachigen Einwanderer, doch sie hatte eine klar antifaschistische Haltung – die viele Deutsche in Argentinien nicht teilten. Am 7. April 1931 schloss sich eine Gruppe Deutscher in ei-ner Hafenkneipe von Buenos Aires zur «Nationalsozialistischen Vereinigung, Ortsgruppe Buenos Aires» zusammen. Das liberal ge-sinnte *Tageblatt* druckte bereits am 31. März 1931 einen Leserbrief (zit. nach Groth 1996:75):

In 4 Wochen, wenn nicht früher
kriegst Du Dufer Judenlümmel
Deine Fresse vollgehauen, merke Dir das
Dies sagen Die 5 Nazis
Bald wird Deine Bude brennen!

Es blieb nicht bei Leserbriefen. Schon im Jahr 1933 organisierten deutsche Unternehmen in Argentinien einen Anzeigenboykott gegen das *Tageblatt*. Mit dabei waren damals Thyssen La Metal, Banco Alemán Transatlántico, I. G. Farben, Bayer, Norddeutscher Lloyd, Siemens-Schuckert (Groth 1996:110). Ein Jahr später schleuderten Unbekannte Brandbomben in die Setzerei. Eine Mitarbeiterin wurde bei dem Anschlag verletzt. Wenige Tage später wurden zwei Redakteure nahe des Retiro-Bahnhofs von Nazis verprügelt. Was die lokalen Nazis nicht ertragen konnten, war, dass sich das *Tageblatt* zum Sprachrohr der vor Hitler geflohenen Exilanten machte. Die Zeitung war eine wichtige Anlaufstelle für die geflohenen Antifaschisten. Unter ihnen war auch der Zeichner Ernst Meffert alias Clément Moreau, der seit 1935 in Argentinien im Exil lebte. Er zeichnete für das *Tageblatt* über 100 Karikaturen. Nicht nur als Arbeitgeber und moralische Stütze funktionierte das *Tageblatt*. Es hatte auch eine wichtige Rolle in der antifaschistischen Gemeinde. 1934 half die Familie Alemann beim Bau der Pestalozzi-Schule, der einzigen deutschen Schule in Argentinien, in der kein Hitler-Porträt in den Klassenzimmern hing. Ende der 1930er-Jahre hatte das *Tageblatt* eine Auflage von 40 000 Exemplaren, damit übertraf es, wie Hendrik Groth (1996:2) in seiner Arbeit über die Zeitung feststellt, sogar die Auflage des New Yorker *Aufbau*.

Doch so geradlinig und demokratisch die Zeitung zur Zeit des deutschen Faschismus war, so antidemokratisch war sie zu Zeiten der argentinischen Militärdiktatur (1976–1983). Nach dem Putsch wurde einer der Herausgeber, Juan Alemann, zum Finanzstaatssekretär unter Wirtschaftsminister Alfredo Martínez de Hoz berufen, sein Bruder Roberto folgte Martínez de Hoz im Amt des Ministers. Kein Wunder also, dass das *Tageblatt* die Diktatur unterstützte. Auch nach der Diktatur wollten die Herausgeber Juan und Roberto Alemann keinen Fehler begangen haben. Die Folter, das Verschleppen, der Mord an Oppositionellen – für das *Tageblatt* waren es Taten im Krieg gegen die Subversion. In der einst vorbildlich demokratischen Zeitung wurde für die Schlächter der Militärs gekämpft. Im *Buenos Aires Herald* stand (14.8.1977) hingegen: «Eines Tages wird sich die Regierung dafür rechtfertigen müssen, was geschehen ist. Sie wird niemanden davon überzeugen können, dass die Verschwundenen und die Toten unvermeidliche Opfer eines Krieges gewesen sind. Niemand wird glauben, dass es einen Krieg gab, wenn alles, was geschah, schleichend, leise und geheim geschah.» Solche Worte waren und sind im *Tageblatt* nicht zu lesen.

Leseland Argentinien II
Die Literatur

Martín Caparrós war 19 Jahre alt, als er vor dem Regime flüchtete, dem Juan Alemann als Staatssekretär und Roberto Alemann als Wirtschaftsminister dienten. Caparrós arbeitete bei der Zeitung *Noticias*, Rodolfo Walsh war sein Chefredakteur. Nach seiner Flucht studierte er Geschichte an der Pariser Sorbonne, mit der Rückkehr zur Demokratie 1983 kehrte auch Caparrós zurück nach Argentinien und arbeitete als Journalist und Schriftsteller. Im Jahr 1997 veröffentlichte er gemeinsam mit Eduardo Anguita das dreibändige Werk «La Voluntad – Una historia de la militancia revolucionario en la Argentina 1966–1978». Sie dokumentierten die revolutionären Gruppen in Argentinien in den Sechziger- und Siebzigerjahren. Im Jahr 1999 wagt Capparós das fast 1000seitige Opus «La Historia», in dem er pedantisch die Geschichte einer verlorenen Zivilisation aufschreibt, die er «Calchaqui» nennt. In dem Buch entdeckt ein argentinischer Historiker ein Manuskript aus dem 17. Jahrhundert, das ein Nachkomme über die Calchaqui verfasst hat, das jedoch zahlreiche Übersetzungen hat erleiden müssen. Caparrós erzählt die Geschichte in zwei Strängen, zum einen in dem gefundenen Manuskript, zum anderen mittels der Notizen und Studien des Historikers, der das Schriftstück analysiert, es Satz für Satz rekonstruiert und die Welt der Calchaqui durch die Brille der Geschichtswissenschaft der 1960er- und 1970er-Jahre interpretiert. Caparrós belohnt den Leser, der bereit ist durchzuhalten. Sein Text beschreibt das Alltagsleben, das Essen, die sexuellen Riten der Calchaqui, sogar eine eigene Sprache hat er für sie erfunden. Am Ende stellt das Buch auch die Geschichtswissenschaft infrage, denn «wie es sich für jedes Geschichtsbuch gehört, irrt sich der Historiker von Anfang bis Ende in seinen Schlussfolgerungen», sagt Caparrós.

Nach der Lektüre beider Werke stellt sich jedoch eine Frage: Wie aber verbindet Caparrós journalistische und literarische Arbeit? Er sagt: «Ich glaube, dass der Journalismus eine Literaturform ist. Wenn wir unter Literatur verstehen, dass sie die Welt beschreibt und dafür Wörter verwendet und unterschiedliche Erzählweisen, dann gibt es unterschiedliche Arten, dies zu tun. Eine ist die Fiktion, eine andere der Essay, eine andere das Theaterstück, und eine weitere ist die Nichtfiktion, innerhalb derer wir den Journalismus miteinbeziehen müssen. Natürlich gibt es schlechten Jornalismus, und man sagt: ‹Wie kann dieser Artikel Literatur sein?› Aber gut, wie kann ein Roman Literatur sein, der von … – ich sage jetzt nicht, an wen ich denke – geschrieben wurde. Nur, das ist dann nicht weniger Literatur, sondern schlechte, furchtbare Literatur. Trotzdem, wenn wir die Welt mit Worten beschreiben, dann nennen wir das ‹Literatur›.» Beide Genres verbindet Caparrós in seinem 2006 erschienenen Reisebuch «El Interior». Um das unbekannte Land außerhalb von Buenos Aires zu entdecken und zu verstehen, unternimmt er eine Reise durch die Provinzen, in seinen Ortsbesichtigungen vermischt er Reportage und Geschichtsschreibung, Erzählung und Lyrik.

Dass Genregrenzen überschritten werden, hat in der argentinischen Literatur Tradition. Der einstige Chef von Caparrós, Rodolfo Walsh, zeichnete in «Operación Masacre» die Niederschlagung eines Aufstands in José León Suarez im Jahr 1956 nach. Diese Art des Schreibens, die Journalismus und schriftstellerische Arbeit miteinander verbindet, hat schon Roberto Arlt betrieben. Arlt wurde am 2. April 1900 als Sohn deutsch-österreichischer Einwanderer in dem Stadtviertel Flores von Buenos Aires geboren. Als Reporter arbeitete er für die argentinische Tageszeitung *El Mundo*. Zwischen 1928 und 1935 erschien dort seine tägliche Kolumne «Aguafuertes Porteños», in der er Anekdoten und Erlebnisse niederschrieb, Theaterkritiken und Literaturbesprechungen verfasste – die «Aguafuertes» («Radierungen») sind eine kommentierende Kurzform. Obwohl er sein Geld als Journalist verdiente, hatte er keine besonders hohe Meinung von diesem Berufsstand. Am 31. Dezember 1929 nennt er in seiner Kolumne drei Voraussetzungen, die ein Journalist mitbringen müsse, um diesen Beruf ausüben zu können (2003):

1. Bedingung: ein absolut schamloser Typ sein.
2. Bedingung: gerade so lesen und schreiben können.
3. Bedingung: eine totale Kühnheit und eine unglaubliche Inkompetenz. Das erlaubt es dir, dich eines jeglichen Sachverhalts anzunehmen, obwohl du nicht die geringste Idee davon hast.

Nicht nur zu seinem Berufsstand hatte Arlt ein distanziertes Verhältnis, auch sich selbst nahm er nicht zu wichtig. «Meine Artikel sind keine Radierungen?», antwortet er am 10. Dezember 1929 einem Leser. «Ich kann es nicht ändern. Dann sind sie es eben nicht. Was sind sie? Mein Gott. Die Sonne wird weiterhin scheinen, die Straßenbahnen werden trotzdem weiterfahren, und die Busse werden deswegen nicht aufhören, Fußgänger anzufahren.» Arlt war entwaffnend und provokant: «Und dann, *che*, gibt es keine schönere Sache, als schlecht über jemanden zu reden.» Er scheute sich dann auch nicht, den angesehenen Autor Leopoldo Lugones in seiner Kolumne anzugreifen. Lugones verdächtigte einige argentinische Schriftsteller des Bolschewismus und beschwerte sich, sie würden sich nur mit den dunklen Seiten der Gesellschaft beschäftigen. Arlt hält die Armut in den Mietskasernen der Vorstädte durchaus für ein literaturwürdiges Thema und schreibt: «Aber nein, den Señor Lugones stören diese Dinge. Er liebt schöne Verse.»
Arlts Buenos Aires ist ein anderes als das von Lugones. Sein Buenos Aires ist eine Collage, welche die Vorstadt miteinbezieht. Er betrachtet die Armen nicht mit Mitleid oder Sorge, sie sind für ihn Teil der Stadt und des Landes. Arlts wenig harmonischer Roman «El juguete rabioso» («Das böse Spielzeug») spielt in den Vororten von Buenos Aires, wo Silvio Astier davon träumt, ein edler Bandit zu werden. Doch am Ende bleibt ihm zur Selbstrettung nur noch der Verrat eines Freundes. Arlt starb am 28. Juli 1942 in Buenos Aires. Seine Art des Schreibens und Erzählens prägt argentinische Schriftsteller bis heute. «Arlt hat eine extremistische Vorstellungskraft», urteilt die Literaturwissenschaftlerin Beatriz Sarlo (2007:226).
Arlt gehörte der sozialistisch gesinnten Literatengruppe «Boedo» an, die im Widerspruch stand zur «Florida»-Gruppe um Jorge Luis Borges und Victoria Ocampo. Ocampo wurde 1890 als Tochter aus gutem Hause geboren. Sie war Oligarchin und Nichte eines Freundes des Präsidenten Sarmiento. In ihrem Familienclan hatten

sich Frauen elegant zu kleiden, Französisch zu lernen und begütert zu heiraten. Aus dem Gefängnis der Tradition floh sie in die Ehe. Ihren Mann hat sie wahrscheinlich nie geliebt, dafür aber seinen Cousin. Im Alter von 40 Jahren gründete sie die Literaturzeitschrift «Sur», darin versammelte sie die Autoren der «Florida»-Gruppe, Borges, Bioy Casares und Silvina Ocampo, ihre Schwester. «Sur» wurde zur einflussreichsten Literaturzeitschrift ihrer Epoche in Argentinien. Es war die erste Zeitschrift, die einen spanischen Text über James Joyces «Ulysses» veröffentlichte. Ocampo übersetzte Virginia Woolf ins Spanische und publizierte viele ihrer Texte.

Jorge Luis Borges mochte Ocampo, doch er hielt Distanz zu ihr. Borges wurde am 24. August 1899 in Buenos Aires geboren, er war ein argentinischer Universalist. Den Stoff für seine Erzählungen entnahm er Büchern und weniger Betrachtungen der Gegenwart. Geprägt wurde er durch die europäischen Klassiker, Shakespeare und Goethe, aber auch durch die griechische Antike. Häufig bedient sich Borges in seinen Erzählungen Kunstgriffen, um einen fantastischen Effekt zu erzielen. In «El Alpeh» sieht Carlos Argentino Daneri den Punkt, in dem die Welt zusammenkommt, in «Shakespeares Gedächtnis» erwirbt der Schriftsteller Hermann Soergel Shakespeares Erinnerungen. Borges' große Erzählungen kreisen um die Ungewissheit der persönlichen Erinnerung, um das verlorene Leben und die künstliche Erfahrung. Die Chiffre dieses paranoiden Universums sind nicht die Amnesie und das Vergessen, sondern die Manipulation des Gedächtnisses und der Identität. «Wir haben das Gefühl, in einem Netz verloren zu sein, das auf ein Zentrum verweist, dessen bloße Architektur bösartig ist», würdigt Ricardo Piglia Borges als Erzähler (2007: 28).

Der politische Denker Borges war ein konservativer Kosmopolit, der sich zu wunderbar pointierten ironischen Kommentaren zum Falklandkrieg hinreißen ließ. Er scheute aber auch nicht davor zurück, sich von Diktator Augusto Pinochet eine Ehrenmedaille verleihen zu lassen, und würdigte den General Aramburu, der 1970 von den Montoneros ermordet wurde. Borges erblindete im Alter von 50 Jahren. Nach dem Sturz von Perón im Jahr 1955 wurde er Direktor der Nationalbibliothek. Er starb am 14. Juni 1986 in Genf.

Hinsichtlich des politischen Engagements des Intellektuellen war Julio Cortázar der Gegenentwurf zu Borges. In Cortázar, 1914 als Sohn argentinischer Eltern in Brüssel geboren, steckte der Geist der rebellischen Sechziger- und Siebzigerjahre. Er stiftete das Preisgeld des fanzösischen Prix Médicis, den er für seinen Roman «Album für Manuel», erhielt, dem chilenischen Widerstand gegen den Diktator Augusto Pinochet. Er saß in der Jury des zweiten Russeltribunals zur Lage der Menschenrechte in Südamerika. Er unterstützte die sandinistische Revolution in Nicaragua und stand hinter dem Kuba von Fidel Castro. Doch Cortázar verzichtete dabei nicht auf seinen eigenen kritischen Kopf und setzte sich gerne zwischen alle Stühle. Sowohl die Exilkubaner als auch die kubanische Führung hatten mit ihm ihre Probleme.

Sein literarisch bedeutendstes Werk ist der 1963 erschienene Roman «Rayuela». Es enthält die ganze Bandbreite eines Kultbuches seiner Zeit: sexuelle Befreiung, Widerstand gegen die Autoritäten, das Scheitern eines Menschen. Für «Rayuela» schlägt Cortázar unterschiedliche Lesemethoden vor. Entweder traditionell, von Kapitel 1 bis Kapitel 56 (also die beiden ersten Teile). Dabei kann man den Argentinier Horacio Oliveira zunächst bei seinen Streifzügen durch die Pariser Bohème der Fünfzigerjahre begleiten, später mit ihm durch ein biederes Buenos Aires ziehen, um schließlich in einem psychiatrischen Krankenhaus in der Provinz zu landen. Der zweiten von Cortázar vorgeschlagenen Leseweise liegt das Prinzip des Rayuela-Spiels, des Hüpfspiels Himmel und Hölle, zugrunde. Sie beginnt mit Kapitel 73 und springt durch sämtliche 155 Kapitel des Romans.

Cortázar ist ein schneller Erzähler, der besessen absurde Geschichten komponiert und ebenso liebenswerte wie harte und komplexe Personen konstruieren kann. Mit Witz, Nachsicht und in einer atemberaubenden Geschwindigkeit beschreibt er in «Der Verfolger» das Drama des Lebens von Charlie Parker. Dabei ist sein Blick auf die Welt ein humoristischer, sein Blick auf die Literatur hingegen ein sehr ernster. Unter der Militärdiktatur konnte Cortázar nicht mehr zurück nach Argentinien. 1981 verlieh ihm Präsident François Mitterrand die französische Staatsbürgerschaft. Am 12. Februar 1984 starb er in Paris. Sein Grab auf dem Pariser Friedhof Montparnasse ist eine Wallfahrtsstätte für Autoren und Bewunderer, die in die Ritzen seines Grabsteins gerne eine brennende Zigarette stecken.

Die Zeiten haben sich geändert. In den Cafés von Buenos Aires herrscht Rauchverbot, und nicht wenige Autoren verlassen die

Stadt für ihre Geschichten. Mempo Giardinelli, Autor des 1991 erschienenen Einwandererromans «Santo Oficio de la Memoria», für den er im Jahr 1993 den Premio Rómulo Gallegos erhielt, lebt in Resistencia, der Hauptstadt der Provinz Chaco. Dort wurde er im Jahr 1947 geboren. Und in dieser abgelegenen und undurchdringlichen Provinz an der Grenze zu Paraguay spielen die meisten seiner Kriminalromane. Sein Krimi «El septimo Infierno» («Die siebte Hölle») lässt sich auf zwei Arten lesen: als die Hetzjagd auf ein Paar, das den Ehemann der Frau umgebracht hat und vor der Polizei flüchtet. Aber auch als Reisebuch, das den Chaco mit seinem drückend heißen Klima und seiner tropischen Landschaft beschreibt. Beide Formen zusammengebracht und doch voneinander separiert hat Giardinelli in dem im Jahr 2000 erschienenen Buch «Final de Novela en Patagonia». Um einen Kriminalroman abzuschließen, macht sich Giardinelli mit einem Freund in einem kleinen roten Auto auf den Weg nach Patagonien. Während der Reise sammelt er Ideen, wie er seinen Krimi abschließen soll, und montiert die Fragmente zwischen die Reiseberichte.

Auch der argentinische Film hat sich des Themas Provinz angenommen. In «Historias Minimas» (2002) beschreibt Carlos Sorín in einem liebevollen Roadmovie das Leben in den abgelegenen Gegenden Patagoniens. Es treten auf: ein Handelsvertreter, der sich in eine seiner Kundinnen verliebt, eine junge Frau, die in einem Preisausschreiben eine Küchenmaschine gewonnen hat, ein 80-jähriger Mann, der seinen Bruder im nächsten Dorf besuchen will. Der Film ist hinreißend einfühlsam und unspektakulär, gedreht wurde er zum großen Teil mit Laiendarstellern. Das argentinische Kino kommt meist ohne große Effekte oder schwindelerregende Budgets aus. Subtil ist das Kino von Lucrecia Martell, die in «La Niña Santa» (2004) für die Musik ein Theremin einsetzt, ein elektronisches Musikinstrument, wenn sie zwei junge Mädchen in Salta begleitet, die Erfahrungen machen mit der Erwachsenenwelt, der ersten Sexualität, der Moral und der Religion.

Neben dem fiktionalen Kino erlebt der Dokumentarfilm eine Hochzeit, gerade als Reaktion auf die Wirtschaftskrise des Landes. Fernando «Pino» Solanas («La Hora de los Hornos» (1968), «Sur» (1988)) hat mit «Memoria del Saqueo» (2004), «La Dignidad de los Nadies» (2005) und «Argentina Latente» (2007) eine Dokumentartrilogie über die sozialen Verhältnisse in Argentinien vorgelegt.

Hier reiht sich der in Buenos Aires lebende italienische Filmemacher Daniele Incalcaterra ein, der mehrere Monate lang für seinen Film «FaSinPat» (2004) die Arbeiter der Fliesenfabrik Zanón in der patagonischen Stadt Neuquén begleitet hat. Unaufdringlich schildert er den Kampf der Arbeiter, die ihre Fabrik übernommen haben, und die langwierigen Diskussionen in der demokratischen Kooperative. Selbst Filme, bei denen der Regisseur vor der Kamera steht, schaffen es in das Kino, wenn sie einen starken Inhalt transportieren. So erregte Enrique Piñyero mit «Fuerza Aerea S. A.» (2006) großes Aufsehen. In mühevoller Recherchearbeit zeigt er in dem Film, dass der Flugverkehr in Argentinien extrem gefährlich ist, da korrupte und inkompetente Luftwaffenbrigadiere den Luftraum kontrollieren.

Von einem Subventionssystem, wie es der argentinischen Filmindustrie zur Verfügung steht, können argentinische Schriftsteller nur träumen. Nur wenigen gelingt es, vom Schreiben leben zu können. Martín Caparrós arbeitet als Journalist im Fernsehen und Radio. Sandra Russo ist Kulturchefin der Tageszeitung *Página/12,* andere geben Schreibkurse oder lehren an der Universität. Noch in den Sechziger- und Siebzigerjahren konnten Autoren wie Manuel Puig oder Osvaldo Soriano ihre Bücher in einer Auflage von 40000 verkaufen. Doch die Stückzahlen sind gesunken, Literaturpreise, wie die von den Verlagen Planeta und Anfaguara oder der vom Kulturministerium gestiftete Premio José Hernández sind ebenso wichtige Einnahmequellen wie der Verkauf der Bücher in Europa. Nur Bestseller wie Ricardo Piglias «Plata Quemada» bringen Geld in die Kassen der Autoren. In «Plata Quemada» nahm sich Piglia einen historischen Stoff vor: ein Bankraub in den Fünfzigerjahren, bei dem die Räuber von der Polizei gestellt wurden und die erbeuteten 500000 Pesos verbrannten. Auf mysteriöse Weise gelang einem Bandenmitglied die Flucht. In schnellem Rhythmus und in Umgangssprache erzählt Piglia die Geschichte des legendären Überfalls. Doch auch wenn die Auflagen sinken und die Autorenhonorare zum Leben nicht reichen, bleibt Buenos Aires eine Stadt, in der die Buchhandlungen an der Avenida Corrientes bis Mitternacht geöffnet haben und die jährliche Buchmesse mehr Besucher empfängt als andere Veranstaltungen in Lateinamerika.

Doch nicht immer ist die Fiktion die angemessene Antwort auf die Zustände im Land. Als die Finanzkrise 2001/02 das Land erschütterte, nahm sich Mempo Giardinelli eine Auszeit von der Kunst. «Ich fühlte, ich musste politisch etwas tun», sagte er Anfang 2002 bei einem Mittagessen in einem Café von Buenos Aires. Giardinelli war Mitinitiator des Manifiesto Argentino, eines Aufrufes für eine neue Sozialpolitik, er sprach zu Piquetero-Gruppen, die Straßen blockierten, er las Krimis vor in Suppenküchen. Schon 1999 hatte er die Fundación Mempo Giardinelli gegründet. In Resistencia steht das Haus der Stiftung mit zwei Stockwerken und einem Auditorium. Die Stiftung will die Argentinier zum Lesen animieren. Sie arbeitet aber bewusst nicht in der Hauptstadt Buenos Aires, wo der Zugang zu Kultur einfach ist, sondern im Nordosten des Landes. Es ist sein Beitrag für den Aufbau einer gerechteren Gesellschaft. Aber was kann ein Intellektueller sonst tun? Giardinelli schreibt: «Meine Antwort ist, dass das Einzige, was die Intellektuellen in dieser dunklen Zeit tun konnten, ist: weiter zu träumen und andere mit dem Traum anzustecken. Es ist das Schicksal und das Drama der Intellektuellen, von dem Unmöglichen zu träumen. Sich eine bessere Welt vorzustellen und sie in der Kunst zu schaffen und diese bessere Welt auf dem Gebiet der Ideen zu zeichnen. Und es scheint mir nicht, dass das Ergebnis, von heute aus betrachtet, unbrauchbar oder klein wäre. Die argentinische Gesellschaft suchte und fand in ihren Intellektuellen und Künstlern (Schriftstellern, Poeten, Dramaturgen, Regisseuren, Bildhauern) die moralischen Reserven, um ihre Identität und ihr verlorenes Vertrauen wieder zurückzugewinnen.» (2004:65)

Getreidekörner und Marxismus:
Felix Weil und die Ursprünge der Frankfurter Schule

Wie Landhandel und Kritische Theorie zusammengehören

So richtig passten Vater und Sohn nicht ins Deutschland von Kaiser Wilhelm II. Als Hermann Weil 1917 zum Berichterstatter des Kaisers berufen wurde, lud ihn Wilhelm II. zu einer Audienz nach Bad Kreuznach. Weil brachte seinen Sohn Felix mit und kümmerte sich nicht im Geringsten um die höfische Etikette. In seinen Memoiren erinnert sich Sohn Felix an den Besuch: «Nach dem Essen, bei dem mein Vater rechts neben dem Kaiser saß, begaben sich alle in einen Nebenraum, wo sich, solange der Kaiser noch stand, niemand hinsetzte, d.h. niemand außer meinem Vater.» Die Szene sorgte wohl für einiges Aufsehen, der Hofmarschall Freiherr von Reischach wechselte einige unverständliche Worte mit dem Kaiser, kam zu Vater und Sohn Weil und sagte: «Seine Majestät gestattet Ihnen, sich zu setzen.» Doch Vater Weil verstand nicht ganz. Sichtlich erstaunt, fragte er: «Wieso denn, ich sitz doch schon!» So zitierte das *Argentinische Tageblatt* aus den nie erschienenen Memoiren von Felix Weil.

Felix Weil, Sohn des nach Argentinien ausgewanderten Getreidehändlers Hermann Weil, hatte mit dem Unternehmen des Vaters nicht viel im Sinn. Weil Hermanos & Cia war bis 1930 die größte argentinische Getreidehandelsfirma mit nationalem Kapital. Und der am 8. Februar 1898 in Buenos Aires geborene Felix Weil wurde mit dem Vermögen der Eltern zu einem der wichtigsten Mäzene der kritischen Wissenschaft in Deutschland: Er finanzierte die Gründung des Instituts für Sozialforschung in Frankfurt.

Doch von vorn. Weil wuchs gut behütet im Luxus einer reichen Familie in Argentinien auf. Im Jahr 1907 schickte der Vater Felix Weil nach Frankfurt, damit er am Goethe-Gymnasium das Abitur machte. Dort lernte er Leo Löwenthal kennen, beim späteren Studium der Rechtswissenschaften traf er Max Horkheimer und

Friedrich Pollock. Als im Jahr 1913 seine Mutter Rosa Weil starb, hinterließ sie Felix Weil ein stattliches Erbe.

Trotz seiner wohlhabenden Herkunft war Weil von der Russischen Revolution von 1917 tief beeindruckt. Als Student stand er dem Spartakus-Bund nahe, er reiste auf Tagungen, lernte Clara Zetkin kennen. In Frankfurt promovierte er 1920 mit einer Arbeit mit dem Titel: «Sozialisierung. Versuch einer begrifflichen Grundlegung nebst einer Kritik der Sozialisierungspläne» (Weil 1921).

Nach Abgabe seiner Doktorarbeit reiste er auf Bitte seines Vaters nach Argentinien, um sich der Familiengeschäfte anzunehmen. Aber er hatte noch einen zweiten Plan. Auf dem Kongress der USPD in Halle hatte er 1920 den Komintern-Vertreter Grigori Zinoviev kennengelernt. Weil schlug ihm vor, seine bevorstehende Argentinienreise für die Komintern zu nutzen. Ausgestattet mit einem Brief der Organisation, kam Weil Anfang 1920 in Argentinien an und arbeitete im Zentralkomitee der argentinischen Kommunistischen Partei. Das *Tageblatt* zitierte seine in den Memoiren notierten Absichten: «Ich wusste, dass es darauf ankam zu erfahren, inwieweit die Kommunistische Partei Argentiniens vom Syndikalismus und Anarchismus angekränkelt war, wie das bei südamerikanischen Parteien nur allzu oft der Fall war. Ich machte es mir also zur Aufgabe, nicht nur Unterredungen mit den Führern zu haben, sondern auch ganz systematisch Arbeiterversammlungen aller Parteien zu besuchen.»

Die in Argentinien gesammelten Beobachtungen veröffentlichte er später in dem Buch «Die Arbeiterbewegung in Argentinien» (Leipzig 1925). Zurück in Frankfurt, begann seine Laufbahn als Mäzen. Mit dem von seiner Mutter geerbten Vermögen finanzierte Weil die «Marxistischen Arbeitswochen». Die erste tagte im thüringischen Ilmenau, mit dabei waren Karl Korsch, Georg Lukács und Richard Sorge. Weil fand Gefallen an der Bildungsarbeit und der Forschung. Es gelang ihm, seinen Vater davon zu überzeugen, in Frankfurt ein Institut für Sozialforschung aufzubauen. Beide teilten sich die Kosten: Der Sohn finanzierte den Bau des Instituts in der Viktoria-Allee (heute: Senckenberganlage), um die Gehälter und den Unterhalt kümmerte sich der Vater.

Für sein Engagement bekam Hermann Weil von der Universität Frankfurt die Ehrendoktorwürde verliehen. Er starb am 3. Oktober 1927. Einen Nachfolger, der die argentinische Firma Weil Hermanos & Cia hätte übernehmen können, gab es in der Familie nicht. Das lag vor allem daran, dass Felix Weil kein Interesse an dem Geschäft hatte und andere Prioritäten setzte. Im Jahr 1922 traf er in Berlin den sowjetischen Vertreter Karl Radek und verhandelte mit ihm über Weizenlieferungen in die Sowjetunion. Doch in Moskau rechnete man mit einer guten Ernte, das Geschäft platzte. Am nächsten Tag klingelte bei Weil das Telefon. Am anderen Ende der Leitung war der aufgebrachte Direktor des Rotterdamer Ablegers der Familienfirma. Das *Tageblatt* gibt die Konversation wider: «Du Idiot!», hallte es Weil entgegen. «Für wenigstens 24 Stunden warst du der einzige Nichtrusse in Europa, der wusste, dass die Russen nicht mehr kaufen werden. Wenn wir das gewusst hätten, hätten wir große Mengen Getreide à la baisse verkaufen können und Millionen daran verdient. Warum um Gottes willen hast du uns nicht sofort angerufen?» Weil gab zurück: «Ich habe mich an der Information gefreut, dass die Genossen nicht mehr hungern müssen.»

Trotz solcher Sympathien war er nie der KPD beigetreten, aber er begleitete sie kritisch. Im Jahr 1931 reiste Weil abermals nach Argentinien. Dort half er der lokalen KP beim Bau ihrer Parteizentrale und pflegte enge Kontakte zu den lokalen Vertretern der Komintern. Er schrieb Artikel für das *Argentinische Tageblatt*, spendete für den Aufbau der antifaschistischen Pestalozzi-Schule und stellte mit seinem Vermögen sicher, dass alle seine Familienmitglieder den Nazis entkommen konnten. Vor allem aber widmete er sich der Lehre der Wirtschaftswissenschaften. Unter dem Wirtschaftsminister Ernesto Malaccorto wirkte er an der Ausarbeitung der argentinischen Steuergesetze mit.

Zu dieser Zeit waren in Frankfurt die Räume des Instituts für Sozialforschung bereits verlassen. Schon früh hatte sein Direktor Max Horkheimer die Emigration des Instituts vorbereitet und es an der New Yorker Columbia University untergebracht. Offiziell wurde das Institut am 13. März 1933 geschlossen und kam damit einem Verbot zuvor. Kurz darauf sandte die Gestapo einen Brief. Wegen «staatsfeindlicher Bestrebungen», so schrieben die Sicherheitsbeamten, würde das Institut aufgelöst (Wiggershaus 1986:148).

Auch Weil zieht nach seinem Argentinienaufenthalt 1935 nach New York. Am Institut für Sozialforschung schreibt er 1944 sein

Buch «Argentine Riddle», in dem er Argentinien als ein halbkoloniales Land beschreibt, das politisch relativ unabhängig ist, jedoch wirtschaftlich vom britischen Imperialismus unterworfen wird. Bei der Arbeit an diesem Buch ereilt ihn auch die Nachricht, dass sein Freund Karl Schmückle in der UdSSR erschossen wurde. Seine Einstellung zum Sozialistischen Block verändert sich danach grundlegend. 1945 nimmt Weil die US-amerikanische Staatsbürgerschaft an und zieht nach Kalifornien, wo er die Demokraten bei den Kommunalwahlen unterstützt und Vorlesungen über die lateinamerikanische Wirtschaft hält. 1951 kehrt das Institut wieder zurück nach Frankfurt, wo es als private Stiftung mit öffentlichen Mitteln wiedereröffnet und dem Soziologischen Seminar der Universität angegliedert wird. Zu seinem 65. Geburtstag verleiht das Institut Weil im Jahr 1963 die Ehrenmitgliedschaft. Am 18. September 1975 stirbt Weil in Dover, Delaware, wo er seine Memoiren niederschrieb.

Gesellschaft

Leidenschaft und Wahn:
Der argentinische Fußball

«Der Fußball ist deshalb so populär,
weil während eines Spiels viele
unterschiedliche und komplexe Situationen entstehen,
welche die Gefühle herausfordern.
Dabei entstehen Solidarität, Aggressivität,
Geschicklichkeit, Mut, Ausdauer und Intelligenz.
Deshalb ähnelt der Fußball dem Auf und Ab
des Alltagslebens.
Er ist seine Verlängerung.»
Juan Sasturain, Wing de Metegol, 2004

«Der Fußball ist als Gefühl die Möglichkeit,
mit anderen gemeinsam zu atmen,
ein Vorwand, um zu träumen.
Der Fußball ist ein Spiel,
ein Sport, ein Schauspiel, ein Geschäft.»
Ariel Scher, Interview in *Río Negro*, 7. Mai 2006

Alltagssport Fußball
Das Spiel im Land

Claudio Marangoni, als Stürmer kurzzeitig in der Nationalmann-
schaft und von der Londoner *Times* im Jahr 2007 auf Platz 39 der
50 schlechtesten Kicker der Welt gesetzt, wurde nach Ende seiner
Profilaufbahn Fußballimpresario. Im Parque Las Heras, von Buenos Aires, zwischen den Avenidas Coronel Díaz und Las Heras,
betreibt er seine Fußballschule. Unter Palmen und Platanen lehrt
er dort Jugendliche das Balltreten. Dicker Kunstrasenbelag liegt auf
den Spielfeldern, an den Banden wird für Schmerzmittel und Kraft-

getränke geworben. Morgens üben auf den Feldern Schüler Fußball und Hockey, abends sind die Plätze an Freizeitkicker vermietet. Das Flutlicht knipst der Platzwart erst nach Mitternacht aus.

Die Fußballfelder von Claudio Marangoni zählen zu den komfortableren und teureren Mietplätzen in Buenos Aires. Unter der Rubrik «Canchas de Fútbol» listen die Gelben Seiten von Buenos Aires 86 Einträge auf. Nicht mitgezählt sind die Stadtteilclubs mit ihren Fußballfeldern, die Fußballvereine wie River Plate, die Fußballfelder von Schulen. In Buenos Aires wird jeden Tag Fußball gespielt, jederzeit. Ob unter einer Autobahnbrücke im Viertel Villa Luro, im engen Stadtzentrum oder an der Theaterstraße Avenida Corrientes – überall gibt es Fußballplätze zu mieten. Und zwar in jeder Größe, fünf gegen fünf, acht gegen acht, elf gegen elf. Zur Not geht es aber auch ohne Mietplatz. Die Rasenflächen der Costanera Sur, direkt am Río de la Plata, sind an den Wochenenden ein einziges Fußballfeld. Hunderte von Argentiniern kicken dort zwischen den Holzkohlegrills.

«Der Sport der verrückten Engländer»
Geschichte des argentinischen Fußballs

Es waren die Engländer, die den Fußball Mitte des 19. Jahrhunderts nach Argentinien brachten. Als England als Wirtschaftspartner für Argentinien immer wichtiger wurde, zogen viele Engländer nach Buenos Aires. Und in ihrer Freizeit taten sie dort das, was sie auch zu Hause getan hätten: Sie spielten Fußball. Kein Wunder, dass die Hegemonialmacht der Meere auch bald den argentinischen Fußball dominierte.

Im Jahr 1884 eröffnete der Schotte Alexander Watson Hutton in der Peru-Straße die Buenos Aires High School. Watson Hutton war ein Fußballfanatiker, und so dauerte es keine zwei Jahre, bis er während einer Versammlung den Buenos Aires Football Club ins Leben rief. Später holte er in die Mannschaft English High School A. C. Lehrer, Schüler und ehemalige Schüler. 1901 musste sich das Team gemäß der Statuten des gegründeten Fußballverbandes umbenennen und trat in der Liga ab sofort als «Alumni» an. Zwischen 1900 und 1911 gewannen die Briten mit den weiß-rot gestreiften Trikots zehnmal die argentinische Meisterschaft.

Unter englischem Einfluss entstanden zwischen 1900 und 1920

viele Fußballclubs in Argentinien. Zu dieser Zeit lebten in Buenos Aires 50000 Briten. Vereine wie Ferro Carril Oeste aus dem Viertel Caballito wurden aufgebaut. Bei dessen Gründung versammelten sich im Jahr 1904 im Frachtbüro der von den Briten betriebenen Eisenbahngesellschaft Ferrocarril del Oeste («Eisenbahn des Ostens») 95 Angestellte des Unternehmens und gründeten den Verein Club Atlético de los empleados del Ferrocarril del Oeste de Buenos Aires. Die Eisenbahngesellschaft stellte das Grundstück für das Stadion bereit.

In den 1920er-Jahren war die englische Vorherrschaft über den Fußball längst gebrochen, und der Sport wurde zur Leidenschaft der Massen. Fast jedes Stadtviertel in Buenos Aires hatte seinen eigenen Fußballclub mit Stadion und Vereinsheim. Die Clubs spielten auch im kulturellen Leben eine wichtige Rolle, oft beherbergten sie eine große Bibliothek und einen Theatersaal, der für Geburtstage und Hochzeiten vermietet wurde. Es war die große Zeit der später untergegangenen Amateurclubs San Telmo, Barracas de Central, Defensores de Belgrano, Sportivo Barracas und Sportivo Dok Sud. Fußball war Spiel und soziales Ereignis.

Das Jahr 1931 war für den argentinischen Fußball ein Wendepunkt, aus einer Leidenschaft wurde ein Beruf. Die reichen Clubs führten den Profifußball ein und gründeten die Liga Argentina de Football, aus der später durch die Fusion mit der Asociación Argentina de Fútbol der Verband Asociación de Fútbol Argentino (AFA) hervorgehen sollte. Fortan wird der argentinische Fußball von den großen Fünf dominiert: River Plate, Boca Juniors, San Lorenzo, Independiente und Racing machen in der Regel die Meisterschaft unter sich aus, auch wenn es anderen Vereinen, wie etwa Vélez Sarsfield oder Estudiantes de La Plata, dann und wann gelingt, einen Titel zu holen.

Dribbling und Spiele
Die argentinische Spielweise

Diego Armando Maradona ist der Prototyp des argentinischen Spielers. Einer, der sich den Ball an den Fuß klebt, den Verteidigern einen Knoten in die Beine dribbelt und blitzartig die Richtung wechseln kann und das alles einfach und spielerisch aussehen lässt. Bereits 1928 wollte das Magazin *El Gráfico* einen Unterschied zwischen der argentinischen und der englischen Spielweise ausgemacht haben. Die argentinische Art zu spielen sei «weniger eintönig, weniger diszipliniert und opfert den Individualismus nicht der Summe der kollektiven Kräfte», schrieb das Magazin. Vor allem sehe man im argentinischen Fußball «mehr Dribblings, der persönliche Einsatz ist sehr stark, sowohl beim Angriff wie auch bei der Verteidigung, daher ist es ein agilerer und ansehnlicherer Fußball». Der englische Fußball funktioniert im Gegensatz dazu wie eine «Maschine», die aber «perfekt» arbeite.

In der argentinischen Spielweise, schrieb El Gráfico 1941, funktionierte die Mannschaft wie ein Orchester, das aus grandiosen Einzelspielern besteht. Das schnelle Kurzpassspiel, mit dem sich die Spieler Räume öffnen und den Ball nach vorne treiben, sei hierfür ein Beispiel. Der Chefredakteur von El Gráfico, Eduardo Lorenzo, der unter dem Pseudonym «Borocotó» schrieb, stellte 1928 eine Theorie des «kreolischen Dribblings» auf. Demnach habe der argentinische Spieler im englischen Fußball keinen Raum gefunden für Fantasie und Improvisation. Und weil die argentinischen Jungs meist auf Plätzen oder auf der Straße bolzten, mussten sie dribbeln lernen, weil dort der Raum sehr eng war.

Erst 1950 beantwortete Borocotó die Frage, warum ausgerechnet in Argentinien so gespielt wurde: «Jedes Land spielt Fußball, wie es dem Temperament seiner Spieler entspricht. Warum wollen unsere Jungs den Ball bewegen, ihn aufweichen, Späße mit ihm machen, all das, was ihnen diese perfekte Ballbeherrschung sichert, aber sich mehr als einmal als unpraktisch herausgestellt hat? Weil sie so geboren sind. Es ist ihnen nicht so eingefallen. Es ist so. Etwas mag in der Luft liegen, in der Landschaft, im Blut, im gegrillten Fleisch, im Matetee. Und andernorts sind die Luft, das Blut, die Landschaft, die Ernährung eben anders. Es gibt nicht eine Art, Fußball zu spielen. Es gibt mehrere Arten.»

Fußball unter der Diktatur
Weltmeister 1978

Aber auch wenn in Argentinien viel über Fußball geschrieben und geredet wurde, so blieben die großen internationalen Erfolge lange aus. Bei der ersten Weltmeisterschaft im Jahr 1930 in Uruguay unterlagen die Argentinier im Endspiel den Gastgebern 4:2. Erst

1978 gelang der Gewinn eines Weltmeisterschaftstitel unter dem damaligen Trainer César Luis Menotti – zu Zeiten der blutigsten argentinischen Militärdiktatur.

Es war am Nachmittag des 1. Juni 1978, als General Jorge Rafael Videla in Uniform ans Mikrofon im Monumental-Stadion von Buenos Aires trat. 67 579 Zuschauer saßen auf den Rängen, Millionen vor den Fernsehschirmen. Der General hob an: «Señoras, Señores, heute ist ein Tag des Glücks für unser Land, die Nation Argentinien. Zwei Dinge machen diesen Tag hierzu: der Beginn eines internationalen Turniers, wie es diese Fußballweltmeisterschaft 1978 ist, und der freundschaftliche Besuch von Tausenden Frauen und Männern aus den unterschiedlichsten Regionen der Erde, die uns mit ihrer Anwesenheit ehren und gekommen sind in einem Klima der Freundschaft und des gegenseitigen Respekts. Die Auseinandersetzung auf dem Spielfeld und die Freundschaft unter den Menschen sind es, die uns zeigen, dass das Zusammenleben in einer Gemeinschaft, auch wenn sich die Menschen unterscheiden, möglich ist. (...) Unter dem Banner der Freiheit erkläre ich die elfte Fußballweltmeisterschaft 1978 für eröffnet.» Von den Tribünen tönte Applaus, in den Kabinen warteten die Mannschaften aus Deutschland und Polen. Doch so manchem auf der Tribüne lief ein Schauer über den Rücken.

«25 Millionen Argentinier werden bei der Weltmeisterschaft spielen», klang das offizielle WM-Lied im Stadion. Dabei fehlten einige Sportler auf dem Platz oder auf den Tribünen. Nicht dabei war Carlos Rivada, der Rechtsaußen von Huracán wurde in der Nacht des 2. Februar 1977 zusammen mit seiner Frau entführt und später ermordet. Ihre beiden Kinder legten die Kidnapper vor die Tür eines Krankenhauses. Der Torwart von Almagro, Claudio Tamburrini, konnte sich die Spiele auch nicht ansehen. Die Militärs hatten ihn in die Massión Seré verschleppt, ein Folterlager. «Nimm dies, wenn du ein Torwart bist», befahlen ihm seine Folterer, bevor sie ihn in den Magen schlugen. Sie folterten ihn mit Elektroschocks an den Lippen, den Genitalien, dem Anus. Tamburrini konnte aus dem Lager flüchten.

Über die Verbrechen der Diktatur konnte man damals im Ausland in Zeitungen lesen. Auch Mario Kempes las über sein Land. Er war als Fußballprofi bei Sevilla unter Vertrag. Aber er konnte nicht glauben, was er las, wie er später zugab. Wie die anderen Spieler zog er sich das Nationaltrikot an und wurde bei der WM 1978 Torschützenkönig. Einer aber hatte sich verweigert: Jorge Omar Carrascosa, Kapitän der Nationalelf, trat vor der WM zurück. Nie hat Carrascosa gesagt, warum er bei der WM nicht spielen wollte. Sein Trainer César Luis Menotti nahm die Entscheidung hin. Dem Kommunisten Menotti jedoch kam es nicht in den Sinn, von seinem Posten als Nationaltrainer zurückzutreten. «Ich hatte keine politische Verpflichtung gegenüber niemandem», sagte er später in einem Interview.

Selbst wenn Menotti keine Verpflichtungen hatte, so hatten andere Verpflichtungen ihm gegenüber. Den Radiostationen «Splendid» und «Excelsior» wurde von der Militärregierung jede Kritik an Team und Trainer verboten. Sportlich und politisch wurde die WM ein Erfolg, auch dank Trainer Menotti, der sich intensiv auf das Projekt Weltmeisterschaft vorbereitet hatte. Mit der Mannschaft war er durchs Land getourt, absolvierte ein Spiel pro Monat, dabei entwickelte er eine Vorstellung von der Spielweise seiner Mannschaft. Bei der WM ließ Menotti schließlich eine 4:3:3-Formation auflaufen und spielte spektakulären Angriffsfußball. Das spielerische Element überwog den Arbeitsfußball. Nach dem WM-Sieg triumphierte er, seine Mannschaft habe «die Diktatur der Taktik und den Terror der Systeme besiegt».

Doch während Argentinien im Finale Holland 3:1 schlug, wurden in der nur wenige 100 Meter vom Monumental-Stadion entfernten Escuela Mecánica de la Marina (ESMA) die Gefangenen der Militärs brutal gefoltert. Freigekommene Häftlinge berichteten davon, dass sie die Jubelchöre aus dem Stadion gehört hätten. Der Sieg gegen Holland hatte für die Militärs einen symbolischen Wert. Aus Protest gegen die Militärs hatte der niederländische Spieler Johan Cruyff seine Teilnahme an der WM in Argentinien abgesagt, aus der holländischen Mannschaft wurde Kritik an dem Regime laut – für Videla muss der WM-Sieg gegen Holland eine große Genugtuung gewesen sein.

Als der argentinische Kapitän Daniel Passarella vor Videla stehend den Pokal stemmte, ertrank das Land in einem Jubeltaumel. Nach der WM war die Stimmung in der Bevölkerung gut wie nie. «Die Mittelklasse entdeckte den Fußball massiv und ging auf die Straße zum Feiern. Die Euphorie war unendlich und ehrlich. Niemand sprach von der Repression, und diejenigen, die später schwören werden, sie hätten von nichts gewusst, waren in der Mehrheit», schreibt der Soziologe Amílcar Romero (1985:97).

Der Sport brauchte lange Zeit, um seine Vergangenheit aufzuarbeiten. Erst im April 1997 entzog River Plate den Mitgliedern der Militärjunta die Ehrenmitgliedschaft im Club. Argentinos Juniors brauchte sogar etwas länger, um dem Exgeneral Carlos Suárez Mason, der für viele Verschleppungen verantwortlich war, das Mitgliedsbuch abzunehmen. Als sich 2006 der Putsch zum 30. Mal jährte, ließen sich vor einem Spiel die Mannschaften von Boca Juniors und River Plate mit einem Transparent fotografieren: «24. März 1976: Nie wieder!» Initiiert hatte diese Kampagne Claudio Morresi, Sportminister der Regierung von Néstor Kirchner und ehemaliger Fußballprofi, dessen Bruder von den Militärs verschleppt worden war. Trotz allem ist César Luis Menottis Ruf als linker Fußballphilosoph gerade im Ausland ungebrochen. Seine Selbstkritik beschränkt sich auf den Satz, er hätte sich mit einigen Persönlichkeiten nicht in der Öffentlichkeit zeigen dürfen. «Alle politischen Gefangenen, die Verfolgten, die Gefolterten und die Angehörigen der Verschwundenen erwarteten, dass Menotti etwas sagt, eine solidarische Geste, aber er hat nichts gesagt. Das war sehr schmerzhaft und hinterhältig. Mit seinem Schweigen machte er auch Politik», sagte der Friedensnobelpreisträger Adolfo Pérez Esquivel. Wegen starken internationalen Drucks war Pérez Esquivel zwei Tage vor dem WM-Finale freigekommen.

30 Millionen Fußballtrainer
Das Fachpublikum

Die zweite Weltmeisterschaft gewann 1986 ein Trainer, der in seinem Fußballdenken das genaue Gegenteil von Menotti verkörperte: Carlos Bilardo. Menotti ist ein selbsternannter Fußballphilosoph und Bilardo ein ergebnisorientiertes Schlitzohr. Bilardo ist es egal, wie eine Mannschaft spielt. «Das Wichtigste ist das Ergebnis», dekretiert er. Sein Fußball ist kampfbetont und wahrlich kein Spektakel. 1986 stellte er eine Viererkette in die Abwehr, zementierte das Mittelfeld mit fünf Spielern zu und schickte Diego Maradona als Stürmer an die Front. Auch sonst hat er eigene Methoden. «Ich habe Spieler aus dem Tiefschlaf gerissen, um abzufragen, wen sie im nächsten Spiel decken sollen», gibt er nicht ohne Stolz zu. 1990 scheiterte Bilardo erst im Endspiel an Deutschland durch einen umstrittenen Elfmeter. Es war der Anfang einer Pechsträhne der argentinischen Nationalelf.

Ob Spielzüge, Aufstellungen oder Schiedsrichterentscheidungen – die Fußballnation Argentinien hat ein enormes Gedächtnis, das durch die Fachblätter *Olé* (täglich) und *El Gráfico* (monatlich) gestärkt wird. Der Fußballsachverstand ist sehr hoch. Fußballkommentatoren geben bei TV-Übertragungen selten Platitüden der Sorte «Jetzt tritt das Spiel in seine heiße Phase» von sich. Sie begnügen sich längst nicht damit zu sagen, dass eine Mannschaft über die linke Seite angreift, oder rätseln über Abseits oder nicht. Sie analysieren die Taktik, sehen, wo die Spieler im Feld positioniert sind, entdecken die Schwachstellen einer Mannschaft, erkennen die leeren Räume. Fußballkommentatoren sind Co-Trainer, sehr zum Leidwesen der richtigen Trainer. Im Fernsehen gibt es Programme, in denen ehemalige Trainer und Kommentatoren über die Analyse eines Spiels streiten, so wie es an jedem Kneipentisch geschieht. Etwas genervt sagte der einstige argentinische Nationaltrainer Marcelo Bielsa über die Fußballkultur des Landes: «Argentinien hat 30 Millionen Einwohner und 30 Millionen Fußballtrainer.»

Moderner Sklavenhandel
Das Fußballgeschäft

Argentinien hat jede Menge Talente, die von europäischen Klubs begehrt werden. Doch nicht immer geht bei den Transfers alles mit rechten Dingen zu. Der argentinische Fußballmarkt ist ein undurchschaubares Geschäft. Es tummeln sich dort unzählige Geschäftemacher und zwielichtige Agenten, die Jugendträume zu Geld machen. Viele Spieler fallen schon als Jugendliche in die Hände von windigen Investoren, die sich gegen ein Handgeld ihre Transferrechte sichern. Sie bezahlen wenig, spendieren Sportschuhe oder ein Mobiltelefon – und kassieren kräftig ab, wenn der Spieler ins Ausland verkauft wird. Viele Kicker wissen überhaupt nicht, wem sie eigentlich gehören.

Ohne die Spielervermittler und Investoren ist der argentinische Fußball nicht mehr denkbar. Die Clubs sind dabei Opfer und Komplize zugleich. Oft verdienen Präsidenten mit, ihr Geld stecken sie in Spielerbeteiligungen – und können dann bei Verkäufen mitkas-

sieren. Einige jedoch versuchen, die Spielervermittler abzuschre-
cken. Manche Clubs sichern ihre Trainingslager für junge Spieler
mit Wächtern. Trotzdem wird die Jugendarbeit für die Vereine immer schwieriger. River Plate sichtet jährlich mehr als 20000 Talente aus dem ganzen Land, die besten 100 kommen ins vereins-
eigene Internat nach Buenos Aires, wo sie geschliffen werden.
Hernán Crespo (Inter Mailand), Javier Saviola (Real Madrid),
Javier Mascherano (FC Liverpool) stammen aus dieser Kader-
schmiede. Für River Plate ist der Spielerexport ein wichtiges
Geschäft geworden. Aber die Spieler gehen immer früher, Carlos
Tevez verließ schon mit 21 das Land, Javier Saviola war 19, als er
zunächst zum FC Barcelona wechselte. Und die argentinischen Vereine verkommen zu «Schaufenstern», beschwert sich der Schriftsteller Juan Sasturain. «Wenn man junge Spieler entdeckt hat, sind
sie schon verkauft. Es sind Flipperkugeln, die gehen und kommen,
als Leihgabe, Leasing, Tausch, Versteigerung, Miete, Verkauf.»
Dabei werden die Sitten immer rauer. Zu Beginn der Saison
2007 wussten zahlreiche Clubs Schwierigkeiten mit argentinischen
Spielern und deren Agenten zu melden. Manchester United bekam
den gewünschten Tevez erst nach einem langen juristischen Tauzie-
hen, der Verteidiger Gabriel Heinze wollte sich, trotz laufenden
Vertrages, zum Erzrivalen Liverpool loseisen und endete bei Real
Madrid, der Verteidiger Roberto Ayala hatte zuerst bei dem spanischen Erstligisten Villareal unterschrieben, um sich Wochen
später aus dem Vertrag herauszukaufen und bei Real Zaragoza
anzuheuern.
Auch in der Agentenbranche zählen Freundschaften wenig. Als
Fernando Hidalgo, ehemals rechte Hand des Spielermagnaten Gustavo Mascardi, seinen alten Arbeitgeber verließ, nahm er gleich
dessen wertvollste Spieler Juan Sebastian Verón und Hernán
Crespo mit in die eigene Firma. Mascardi konnte das wohl verkraf-
ten. Über 150 Spieler hatte er einmal unter Vertrag. Und er spricht
über Fußballer wie über eine Ware. «Heute haben wir eine schwere
Depression im Markt, die noch nicht ihren Tiefpunkt erreicht hat»,
klagte Mascardi im Januar 2003 der *Financial Times* und fuhr
fort: «Es gibt einige Länder, die noch nicht untergegangen sind, ich
meine, England hat noch immer etwas Geld, Spanien kann internationale Topstars anstellen, aber das war es. Deutschland ist in
einer schweren Krise und Italien auch.»

Mascardi hat am Ausverkauf des argentinischen Fußballs kräftig mitverdient. Doch spätestens in der Saison 2007 hat sich dies gerächt. Die argentinische Liga wurde vor Saisonstart komplett leer gekauft. Die Folge: Auf dem Platz wurde Durchschnittsfußball geboten, die nachwachsenden Rohstoffe für die Vereinskassen konnten sich nicht mehr mit Topspielern messen. Zum europäischen Saisonbeginn 2007/08 hatten die argentinischen Clubs Spieler im Wert von 115 Millionen US-Dollar verkauft, berechnete die Tageszeitung *Página/12* (3.8.2007). Das war mehr als doppelt so viel, wie sie während der vorausgegangenen Saison an TV-Rechten überwiesen bekommen haben. Das Beratungsunternehmen Deloitte ermittelte: 50 Prozent der Einnahmen der argentinischen Fußballclubs stammen aus Transfers. Die Fernsehrechte schlagen nur mit 22 Prozent zu Buche, Eintrittskarten machen 12 Prozent aus, Sponsorengelder kommen im Gesamtbudget gar nur auf zehn Prozent, Mitgliedsbeiträge machen noch mal sechs Prozent aus. Doch auf dem Platz fehlen die Stars. «Die fehlende Qualität wird mit Jungs aus der Jugendabteilung gefüllt, bevor diese auch gekauft werden», beschwerte sich *Página/12*. Verbittert schrieb das Blatt: «Das Ausbluten des argentinischen Fußballs kennt kein Ende, und das ist lediglich eine neue Etappe des Prozesses des Ausverkaufs des lokalen Fußballs.» Doch das Problem ist in Wahrheit schon älter. Nachdem Argentinien 1930 im Finale der Weltmeisterschaft stand, wurden viele Fußballfachkräfte von Clubs in Europa abgeworben. 1934 entschied die AFA, deshalb keine Profimannschaft zur WM zu schicken. Auch an der WM 1938 nahm Argentinien aus Protest nicht teil.

Boca gegen River
Die ewige Rivalität

Auch wenn die Stars in Europa kicken, so gibt es in Argentinien in der Saison einen Termin, den jeder Fußballfan im Kalender notiert hat. Es ist das Duell zwischen River Plate und den Boca Juniors. Gegen diese Mutter aller Derbys nehmen sich die Duelle von Galatasaray und Fenerbahce, Atlético und Real Madrid oder HSV und St. Pauli wie Kinderturnen aus. Im Superclásico von Buenos Aires ist alles heilig, was den anderen verletzt. Weit über 100 Menschen starben seit den ersten Randalen vor knapp 100 Jahren. Aber auch auf dem Spielfeld geht es meist hoch her. Bei dem Zusammentreffen zwischen Boca Juniors und River Plate wird eine jahrelange Rivalität ausgefochten. Doch manchmal wird aus Rivalität raue Gewalt. Als River Boca im Jahr 1994 2:0 in der Bombonera schlug, ermorden Boca-Fans zwei River-Anhänger. Am nächsten Tag stand ein Graffiti an der Bombonera: «Wir haben ausgeglichen.» Die Rivalität ist längst keine komische Anekdote mehr, die Leidenschaft der Fans wandelt sich in Wahnsinn.

Dabei haben beide Clubs viel gemeinsam. Beide wurden vor etwas mehr als hundert Jahren gegründet, und zwar beide im verruchten Hafenviertel La Boca. Um beide Teams ranken sich zahllose Mythen. Die Namensfindung etwa. Einer der River-Gründer, so die Legende, will im Hafen von La Boca gesehen haben, wie englische Matrosen ein Schiff beluden und in den Pausen Fußball spielten. Neben ihnen standen Kisten mit der Aufschrift: «The River Plate». So kam ein neuer Club zu seinem Namen, der aus der Fusion von zwei Vereinen entstand, von Santa Rosa und von Los Rosales. Die River-Bürokraten setzten das Gründungsdatum auf 1901, Historiker halten 1909 für wahrscheinlicher. Auch die Boca Juniors können in Sachen Namen mit einer Anekdote aufwarten. Auf den Kais wurde damals viel gekickt, einige der Spieler schlossen sich zusammen. Zuerst nannten sie sich Defensores de La Boca. Dann trafen sie sich auf der Plaza, um 1904 den Club offiziell zu gründen. Einig waren sie sich, den Namen des Viertels zu verwenden. Als sie den Club einschrieben, gab einer als Namen «Boca» an. Und weil er jung war und Englisch lernte, soll er «Juniors» noch hinterhergeschoben haben, um dem Verein eine britische Note zu geben.

Nach dem Namen wurden Clubfarben gesucht. Schwarz-weiß gestreifte Hemden waren die ersten, die sich die Boca-Spieler überzogen. Doch das war nicht wirklich nach dem Geschmack der Gründer. Eine Kommission zur Farbfindung wurde beauftragt, etwas Neues zu suchen. Die Mitglieder sollen im August 1907 im Hafen gesessen haben, nahe der Brücke II des Riachuelo-Flusses. Dann fuhr ein schwedisches Schiff in den Hafen, als sie seine gelbblaue Flagge sahen, standen die Farben fest. So weit die offizielle Version. Sicher ist, 1907 liefen einige schwedische Schiffe in den Hafen ein. Alejandro Fabbri listet ihre Namen in seiner Geschichte der argentinischen Fußballclubs auf: «Drottning Sophia»,

«Whakatane», «Oskar II.», «Prinsessan Ingeborg» und «Kronprinsessan Victoria» (2006:175). Und ebenfalls sicher ist: Am 4. August 1907 trugen die Spieler der Boca Juniors zum ersten Mal ihr neues Hemd.

River Plate verließ das Viertel schon 1922 für immer, um sich später in Nuñez, im Norden von Buenos Aires, niederzulassen. Vielleicht haben sich die River-Mitglieder in dem Hafenviertel nicht mehr wohlgefühlt. Während bei Boca viele Arbeiter kickten, waren viele River-Mitglieder Akademiker und Anhänger der Radikalen Bürgerunion (UCR). Und bald hatten sie den Beinamen «Millonarios» weg, weil sie teuer einkauften. Mit Einführung des Profifußballs im Jahr 1931 verpflichtete River für 10 000 Pesos einen neuen Stürmer. Als trotzdem der Titel ausblieb, kaufte River Plate in der folgenden Saison fast alle Topspieler der anderen Clubs. Seither hat sich der Verein des Titels «Millonarios» nicht mehr entledigen können. Seine Gegner ziehen jedoch den Beinamen «Gallinas» – «Hühner» – vor. Als 1966 River gegen Banfield antrat, hielt ein Banfield-Fan ein weißes Huhn mit einer roten Schleife an den Federn.

Als Boca und River zum ersten Mal gegeneinander antraten, ging es um die Vorherrschaft im Viertel La Boca. Das erste Match war am 2. August 1908 ein Freundschaftsspiel, Boca gewann mit 2:1. Das erste offizielle Spiel wurde am 24. August 1913 angepfiffen, River schlug Boca 2:1. Inzwischen sind River Plate und Boca Juniors die wichtigsten und reichsten Mannschaften im Land. Beide Teams zählen zu den ersten Fußballadressen in Südamerika. Ihre Spiele sind Ausnahmesituationen. Am Spieltag steht das Land still. In Buenos Aires bleiben die Gehsteige leer, auf den Avenidas fahren kaum Autos, in den Cafés recken die Gäste ihre Köpfe in den Nacken. Der erleichterte Ruf «Goooooolllll!» erschüttert ein ganzes Stadtviertel. «Die Hälfte plus einer» seien die Boca-Fans, behaupten sie. «La Doce» nennt sich der treuste Boca-Fanclub, «die Zwölf». In der Enge ihres Stadions, der Bombonera, wirken ihre Gesänge wie Drohungen. In ihren Liedern strotzt es vor Brutalität und Sexismus:

Das ist die «12», ja, Señores,
Das sind die Fans ohne Angst,
Die Independiente vertreiben
Und die Schwuchteln vom Ciclón [San Lorenzo],
Und es ist mir egal, wo wir spielen,
Und auch der Polizei, pass auf dich auf, Millonario,
Dich werden wir killen.

Die River-Fans antworten:

Boca wird Meister werden,
Boca wird Meister werden
Am Tag, an dem die Kühe fliegen
Und in Argentinien die Inflation beseitigt ist.

Treue und Gewalt
Die Fans

Fan sein ist eine ernste Angelegenheit in Argentinien. Die Anhänger eines Clubs halten ihm ewig die Treue. «Im Leben wechselt man seine politische Partei, seine Frau, seine Automarke, aber niemals die Fußballmannschaft», sagt Jorge Mondini, Anhänger von Independiente. Sein Vater hat ihn zwei Tage nach seiner Geburt bei seinem Fußballclub angemeldet. Der Anteil der Neugeborenen am Mitgliederstamm ist erstaunlich hoch. Manche Väter bringen ihre Kleinkinder mit ins Stadion, wenn die Fans am Spieltag zu Tausenden zum Spiel strömen. Riesige Fahnen schwingen sie, ihre Gesänge sind einschüchternd und strotzen vor rauer Männerromantik. Vor allem das Motiv der Treue zum Club wiederholt sich in fast allen Fangesängen.

Der harte Kern der Anhänger sind die in Barras Bravas zusammengeschlossenen Fanclubs. Sie organisieren ganze Zuschauerblocks und sorgen für Stimmung. Sie sind es, welche die Fahnen malen, die Lieder dichten und auch an Regentagen im Stadion singen – sie sind es auch, die Gewalt anzetteln. Für die Clubs aber erfüllen sie nicht nur die Funktion der Sänger und Anfeuerer. Die Barras Bravas sind auch aktive Mitglieder im Verein und wählen den Präsidenten. Die Funktionäre sind den Barras Bravas nicht nur ausgeliefert, sie benutzen sie auch. Will ein Club seinen Coach loswerden, hetzt er sie auf ihn. Dann tauchen im Stadion Transparente gegen den Trainer auf, und in den Liedern vom Fanblock wird er «Hurensohn» genannt. Hin und wieder kann es vorkommen, dass sie sein Auto demolieren. Im Gegenzug verlangen die Hooligans kostenlose Eintrittskarten, Geld, Trikots von den Funktionären.

Nicht nur den Clubs haben sich die Hooligangruppen angedient. Der Sportsoziologe Pablo Alabarces sagt: «Die Fanclubs haben die Leidenschaft und Ausdauer in eine Ware verwandelt und verkaufen sie an den, der am meisten bietet.» So werden Fanclubs auch von den Gewerkschaften angeheuert, um bei Demonstrationen Stimmung zu machen. Braucht eine Partei im Wahlkampf Profijubler für ihre Kundgebungen, wendet sie sich vertrauensvoll an einen Fußballklub, dessen Präsident dasselbe Parteibuch hat.

Aber längst sind die Barras Bravas zu einem Problem für die Clubs geworden. Es gehört zum traurigen Alltag des argentinischen Fußballs, dass Richter die Liga unterbrechen, wie 1998, weil es in den Stadien zu Gewaltexzessen kam. Im Jahr 2000 streikten die Spieler gegen die Gewalt in den Stadien. Auch sie wurden Opfer. Feuerwerkskörper, Steine und faules Obst werden regelmäßig auf sie geschleudert. Aber dabei bleibt es nicht. Adrián Barrionuevo, Spieler in der zweiten Liga, hatte im Jahr 2000 das Pech, dass sein Klub beim Auswärtsspiel dem Gastgeber ein Unentschieden abtrotzte. Mit lautem Gebrüll stürzten sich die gegnerischen Fans auf ihn und seine Teamkameraden. Als er versuchte, in die Kabine zu flüchten, stürzte er und wurde fast zu Tode geprügelt. Barrionuevo wurde im Krankenhaus von einem Psychiater betreut, der sagte: «Jedes Mal, wenn vom Fußball die Rede ist, bekommt er Angst.»

Der Sportsoziologe Pablo Alabarces sagt dazu: «Was man verstehen muss bei der Gewalt, ist, dass damit nicht versucht wird, jemanden zu töten. Es wird versucht, eine Bedeutung herzustellen. Die Gewalt wird nicht eingesetzt, um den anderen auszulöschen. Sie hat einen anderen Sinn: Mitglied einer Hooligangruppe zu sein garantiert den Zugang zu bestimmten sozialen Netzen. Das Mitglied einer solchen Gruppe muss beim Krankenhaus nicht mehr Schlange stehen, er bekommt schneller Sozialhilfe. Wer gewalttätig wird, kann symbolisches Kapital ansammeln.» («Perfil» 5.11.2006)

Gefilte Fisch und koschere Hamburger:
Jüdisches Leben in Argentinien

Tradition und Moderne treffen im Abasto-Shopping-Center aufeinander. Einst war der Bau mit den Deckenrundbögen ein Großmarkt, heute ist er eine Einkaufshalle. Im zweiten Stock gibt es eine Ebene für Fast-Food-Lokale. An den Ständen wird Sushi feilgeboten, Pizza, Pasta, Steakbrötchen, McDonald's. So weit, so gewöhnlich. Doch unter dem McDonald's-Schild steht ein Zusatz: «Kosher». Wie in anderen Filialen der Bulettenbrater gibt es dort Big Mac, Chicken McNuggets und Pommes frites. Mit einem Unterschied: In diesem McDonald's sind alle Produkte koscher, die Einhaltung der Regeln wird von einem Rabbiner überprüft. Der koschere McDonald's im Abasto-Shopping-Center von Buenos Aires war der erste seiner Art außerhalb Israels.

Und er findet seine Kunden. Buenos Aires hat eine sehr große jüdische Gemeinde, fünf jüdische Zeitungen werden gedruckt, und über Kabel ist ein jüdischer Fernsehsender zu empfangen. Jüdische Einwanderung nach Argentinien war immer das Ergebnis von Verfolgung und Flucht. Gegen Ende des 19. Jahrhunderts setzten die ersten großen jüdischen Immigrationsswellen nach Argentinien ein. Vor allem aus Russland flüchteten viele Juden vor antisemitischen Pogromen.

Im Jahr 1855 lebten in Buenos Aires lediglich sechs Juden, glauben Historiker. Bereits im Jahr 1862 gründeten die Juden ihre erste Organisation, die Congregación Israelita de Buenos Aires (CIRA). Die erste Synagoge wurde 1889 in der Junín-Straße 1775 eröffnet. Die Thora las dort ein englischer Kaufmann, Henry Joseph. Waren bis dahin die Juden einzeln ins Land gekommen, so setzte nach 1881 die organisierte Einwanderung ein, gefördert von der argentinischen Regierung. Am 6. August 1881 unterschrieb der damalige Präsident Julio Argentino Roca in seinem Arbeitszimmer ein Dekret. Darin ernannte er «den Bürger José María Bustos zum Agenten mit der speziellen Aufgabe, die jüdischen Einwanderer in die Republik Argentinien zu lotsen, die momentan im russischen Imperium leben».

Aber die russischen Juden hatten Argentinien als Auswanderungsland zunächst nicht auf ihrer Liste. Argentinien lag für sie am anderen Ende der Welt, es war eine Region, die wirtschaftlich unterentwickelt war, und im Russland des Zaren war wenig zu erfahren über die Lebensbedingungen dort. Doch dann wurde am 13. März 1881 Zar Alexander I. ermordet, es kam zu schweren antisemitischen Pogromen, die drei Jahre lang andauerten. Zar Alexander III. verabschiedete im Mai 1882 ein Gesetzespaket, das die Rechte der Juden massiv einschränkte, später wurde es den Juden verboten, auf dem Land zu leben. 1889 wurde das Berufsrecht für jüdische Rechtsanwälte eingeschränkt, zum Pessachfest 1891 wurden die Juden aus Moskau verbannt. Armut und Verfolgung vertrieben zwischen 1881 und 1914 1,3 Millionen Juden aus Russland.

Vergessen in der Wüste
Die Gründung von Moisesville

Die Flucht ins Ausland war für viele die einzige Hoffnung. Auch Lázaro Kaufman wollte Russland verlassen. Er vertrat 130 Familien, die 1887 beschlossen hatten, aus Russland auszuwandern. Kaufman reiste im Auftrag der Familien nach Paris, wo er J.B. Frank traf. Frank vertrat die argentinische Regierung und war Repräsentant des argentinischen Großgrundbesitzers Rafael Hernández. Kaufman und Frank unterzeichneten eine Urkunde über den Kauf von zahlreichen Ländereien in Argentinien, jede Familie kaufte eine 24 Hektar große Parzelle für 3000 Franken. 400 Franken Anzahlung mussten sofort geleistet werden, der Rest lastete als Hypothek auf dem Grundstück, das die Käufer noch nicht gesehen hatten.

Am 14. August 1889 gingen die 820 Auswanderer an einem kühlen Wintertag in Buenos Aires von Bord der *SS Weser*. Ihre erste Nacht in ihrem neuen Land verbrachten sie im Hotel de Inmigrantes am Hafen. Dann erlebten sie im fremden Argentinien eine böse Überraschung. Die von ihnen anbezahlten Ländereien waren schon verkauft worden. Die Einwanderungsbehörde schaltete sich ein. J.B. Frank in Paris wusste von nichts, auch Rafael Hernández schaltete auf stur. Wer die Schuld daran trug, dass sie nicht auf die von ihnen gekauften Ländereien ziehen konnten, wurde nie geklärt. Schließlich trafen sie auf Pedro Palacios, einen weiteren argentinischen Großgrundbesitzer, der Geschäfte machen wollte. Er bot ihnen den Kauf von Ländereien in der Provinz Santa Fé an.

Das Angebot klang attraktiv. Die Eisenbahnlinie Buenos Aires – Tucumán fuhr direkt an den Ländereien vorbei. Eine Delegation schaute sich die Gegend an. Am 28. August 1889 unterschrieben die jüdischen Einwanderer den Kaufvertrag. Mit dem Schiff fuhren sie den Paraná hinauf bis Santa Fé, von wo aus sie zur Eisenbahnstation Palacios gebracht wurden, nicht jedoch auf ihre Parzellen. Sie hausten in den ersten Monaten in ausrangierten Eisenbahnwaggons und in einer Lagerhalle. Nie schickte Palacios die versprochenen Lebensmittel und Werkzeuge. Die Einwanderer lebten von Almosen, Fahrgäste warfen ihnen aus dem fahrenden Zug heraus Lebensmittel zu, die Eisenbahnarbeiter schenkten den Kindern Kekse. Nach Wochen des Hungers zogen einige der Familien nach Santa Fé, andere gingen nach Buenos Aires zurück.

Erst als der Arzt Wilhelm Löwenthal zufällig die Einwanderer in ihrer verzweifelten Situation entdeckte, änderte sich ihre Lage. Löwenthal schlug Alarm. Er schaltete in Paris die Alliance Israelite Universelle ein und in Buenos Aires die Regierung. Nach dem Druck von außen kam der Großgrundbesitzer Palacios seinem Versprechen nach, die jüdischen Einwanderer auf die ihnen zugesagten Felder zu bringen. Jeder der Familien ließ er Material für den Bau von Häusern liefern. Im März des Jahres 1889 gaben die Eingewanderten ihrer Siedlung den Namen Moisesville. Die Idee für den Namen kam von dem Rabbiner der Auswanderer, Arón Goldman, und sollte an Mose erinnern, der die Juden aus Ägypten geführt hatte. Goldman sagte damals: «Nachdem wir das zaristische Russland verlassen haben und in das freie Argentinien gekommen sind, fühlen wir uns genauso wie unsere Vorfahren.» Doch die ersten Jahre in Moisesville waren hart. Viele der Neulandwirte hatten wenig Erfahrung mit Rinderzucht und Ackerbau, sie hatten zuvor ihr Geld als Ärzte, Rechtsanwälte oder Buchhalter verdient.

Der Baron als Retter
Die Gründung jüdischer Siedlungen

Aufbauhilfe für die jüdischen Siedlungen leistete Baron Mauricio von Hirsch. Im Jahr 1887 war sein einziger Sohn Lucien gestorben, und Hirsch plante, sein Vermögen dem jüdischen Volk zu überlassen. Er finanzierte jüdische Schulen in Russland, half jüdischen

Einwanderern in den USA und Kanada. Dann fiel sein Blick auf Argentinien. In einem Brief an die in Paris ansässige Alliance Israelite Universelle versicherte er, dass er dabei helfen wolle, den aus Russland geflüchteten Juden in Argentinien einen sicheren Ort zu schaffen, «mit dem Ziel, dass sie sich ein neues Leben aufbauen können, weit weg von dem Horror ihres Geburtslandes». Um seine Hilfe besser zu kanalisieren, gründete Hirsch 1891 die Jewish Colonization Association (JCA). Die JCA richtete Büros in Argentinien ein und ließ weitere Siedlungen für Juden aus Russland bauen. Im Jahr 1891 kaufte die JCA die Ländereien der Bewohner von Moisesville in Santa Fé.

Aber nicht nur dort. In den Provinzen Buenos Aires, Santa Fé und Entre Ríos kaufte die JCA weitere Ländereien. Als Baron von Hirsch im Jahr 1896 starb, besaß die JCA in Argentinien 200 619 Hektar Land. Mit dem später einsetzenden Agrarboom vergrößerte sich auch die JCA, zwischenzeitlich besaß sie 617 468 Hektar Land in Argentinien, auf denen um 1940 3454 Menschen lebten. Nachdem in Deutschland die Nazis die Macht übernommen hatten, zogen neue Bewohner in die jüdischen Siedlungen, die dem deutschen Faschismus entkommen waren. In den Kolonien lernten die jüdischen Einwanderer zu reiten, Kuhherden großzuziehen, zu schießen und sich vor Wind und Wetter zu schützen. Und sie behielten ihre alten Gewohnheiten bei. Sie bauten Schulen, Synagogen, Kulturzentren. Am Sabbat saßen sie mit schwarzen Fingernägeln in der Synagoge oder hörten im Kulturzentrum Vorträge über mittelalterliche Geschichte. Argentinien bedeutete für die Einwanderer nicht nur eine neue Welt, sondern ein komplett neues Leben. Es muss ein unvorstellbarer Schock für sie gewesen sein. Der Schriftsteller Alberto Gerchunoff (1883–1950), selbst in einer jüdischen Kolonie geboren, beschreibt den Alltag in den Siedlungen in seiner Novelle «La Trilla»: «Wir leerten das Dreschgut in den Trichter, während die Arbeiter die Maschine ölten. Da sprach der Bürgermeister: ‹Moisés, hattest du in Wilna auch Dreschgut? Dort warst du Juwelier und hast alte Uhren zusammengesetzt; du hast einige Rubel im Monat verdient. Und hier Moises, hier hast du Land, Weizen und Vieh!›» Aus dem Juwelier in Wilna wurde ein jüdischer Gaucho in Argentinien.

Ihre Nachbarn betrachteten die jüdischen Siedler mit Skepsis. Nie verstanden die argentinischen Nachbarn, dass man das frische

Fleisch nicht sofort auffisst, sondern es ausbluten lässt. Kopfschüttelnd standen Besucher an den Weiden, als sie sahen, dass die jüdischen Gauchos ihre Rinder mit einem Schnitt durch die Kehle schlachteten – dabei blieb von der Lederhaut doch viel mehr übrig, wenn man ihnen längs den Nacken aufschnitt. Ebenfalls fremd waren den argentinischen Nachbarn auch die Sonnenblumen- und Reisfelder der jüdischen Kolonien, wo diese Nutzpflanzen in Argentinien zum ersten Mal auf den Feldern wuchsen. Nicht weniger ungewöhnlich war der Bau von Theatern und Bibliotheken auf dem Land. In den Bibliotheken standen große Sammlungen hebräischer und jiddischer Literatur. Der Schriftsteller Robert Schopflocher hat lange als Verwalter einer dieser Siedlungen gearbeitet. In seiner wunderbaren Erzählung «Wie Reb Froike die Welt rettete» lässt Schopflocher den Ich-Erzähler von der Ankunft der Neuankömmlinge berichten. Darunter war so mancher, der zuvor Bankangestellter war und Mühe damit hatte, die «ihm nicht wohlgesinnten Gäule» vor den Pflug zu spannen.

Moisesville existiert noch heute. 2000 Menschen leben in dem Dorf, von den vier Synagogen ist nur noch eine geöffnet. Die Gottesdienste werden oft verschoben, weil es nicht mehr genügend Gläubige gibt. Nur noch 300 Juden leben in dem Dorf, aber die jüdische Kultur ist geblieben. Die Bäckerei verkauft Sabbatbrot, den Einkäufern kommen oft jiddische Begriffe über die Lippen, viele Gebäude haben einen Davidstern in ihrer Fassade. Die Kinder der Dorfgründer haben Moisesville spätestens zum Studium verlassen, viele sind nach Buenos Aires gezogen.

Jüdischer Alltag
Kosmopolitische Kultur

In Buenos Aires leben gegenwärtig 180000 Juden, 20000 in Rosario, 9000 in Córdoba, 4000 in Santa Fé. In den Städten La Plata, Bahía Blanca, Mendoza und Mar del Plata leben jeweils 4000 Juden. Die 230000 Juden in Argentinien stellen etwa zwei Prozent der Gesamtbevölkerung. Es ist die größte jüdische Gemeinde in Südamerika. Das jüdische Leben ist Teil von Buenos Aires. Die Supermarktkette Tia stand einst für das Kürzel «Tiendas Israelitas de la Argentina», die jüdischen Feiertage werden von der Gemeinschaft begangen, und an den Zeitungskiosken liegt *Mundo Israe-*

lita. Daniel Barenboim, Dirigent und Pianist, wurde am 15. November 1942 in Buenos Aires geboren. Obwohl er die meiste Zeit seines Lebens außerhalb von Buenos Aires verbracht hat, zieht es ihn immer wieder zurück, meist mit einem Orchester im Gefolge und einer Auftrittsserie im Teatro Colón.

Im Interview mit dem Sonntagsmagazin der Tageszeitung *La Nación* (25.8.2004) beschreibt er die Atmosphäre von Buenos Aires: «Eine Sache hat mich sehr bewegt. Es war eine kleine Zeremonie, vergangenen Donnerstag, wo ich vom Islamischen Zentrum der Republik Argentinien geehrt wurde. Dieser Moment hat mich nachdenklich gestimmt. Wir kritisieren Argentinien stark, wir lachen über die Argentinier, wir machen Witze darüber, wie eingebildet wir sind, aber es gibt kein Land in der Welt, in der eine solche Zeremonie möglich gewesen wäre. Argentinien ist ein kosmopolitisches Land. Man muss es stark betonen, weil der kosmopolitische Charakter eine wichtige Eigenschaft dieses Landes ist. Diese Zeremonie beim Islamischen Zentrum hat mich nämlich deshalb sehr bewegt, weil es keine Veranstaltung war, die man macht, um sich selbst zur Schau zu stellen. Nein, bei dieser Veranstaltung zeigten die Moslems in Argentinien, dass sie frei genug sind, einen Israeli zu ehren. Und der Redner, Omar Abboud, sagte, die islamische Gemeinde ehre mich für mein Engagement für den Frieden zwischen Palästinensern und Israelis. Danach sprach er aber etwas aus, das mich ganz besonders beeindruckt hat. Und zwar: dass es ihn sehr bewege, dass ich ein Landsmann von ihm bin, ein Argentinier. (...) Argentinien ist so kosmopolitisch, dass die Juden und die Moslems ohne Probleme zusammenleben können, ohne dass ihr Moslemsein oder ihr Jüdischsein in Konflikt mit ihrer argentinischen Identität geraten würden.»

Dass Barenboims Vision vom kosmopolitischen Argentinien nicht immer Gültigkeit hat, mussten die Argentinier am 18. Juli 1994 grausam lernen. Am Morgen jenes Tages detonierte um 9.53 Uhr in der Einfahrt des Verbandes jüdischer Organisationen (AMIA) eine Autobombe. Stinkende Ammoniakgase, gelbe und schwarze Rauchwolken pressten sich durch die Gänge des Gebäudes. In nur vier Sekunden brach das siebenstöckige Gebäude durch die Wucht der Bombe zusammen. In den Trümmern aus Stein, Zement und Stahlträgern starben 85 Menschen. Mehr als 400 wurden zum Teil schwer verletzt. «Wir wissen heute genauso viel wie drei Tage nach dem Anschlag», sagt Adriana Reisfeld, Präsidentin von Memoria Activa, dem Zusammenschluss der Opfer und Geschädigten des Attentats auf das jüdische Zentrum.

Über zehn Jahre lang kamen die Angehörigen jeden Montagmorgen um 9.53 Uhr auf die Plaza Lavalle. Inzwischen haben sie es aufgegeben, nur noch an den Jahrestagen versammeln sie sich gegenüber dem Obersten Gerichtshof und fordern die Aufklärung des Verbrechens. Reisfeld sitzt in einem Café mit Blick auf den Justizpalast und bestellt einen kleinen Milchkaffee im Glas. Sie schaut zu dem drohenden, aber heruntergekommenen Gebäude hinüber und sagt: «Wir nennen ihn den ‹Palast der Ungerechtigkeit›.»

Ihre Schwester Noemí Reisfeld kam bei dem Attentat ums Leben. Sie arbeitete als Sozialarbeiterin im Pensionswerk der AMIA im vierten Stock des Gebäudes. Durch die Wucht der Bombe stürzten zuerst Grundmauern im Erdgeschoss ein. Die sieben darüber liegenden Stockwerke implodierten, die Decken und Wände begruben die jeweils darunter liegende Etage. Sechs Tage lang war Noemí Reisfeld in dem Trümmerfeld vermisst, ehe man ihre Leiche barg.

Als die Bombe im AMIA-Gebäude explodierte, waren ihre Kinder in der Schule, und Noemís Schwester Adriana Reisfeld saß zu Hause und nahm Privatunterricht bei einer Englischlehrerin. Das Telefon unterbrach sie. Ihre Tante war dran und berichtete geschockt, dass im Gebäude der AMIA eine Bombe explodiert sei. Sofort schaltete Reisfeld den Fernseher an. Dort liefen Livebilder vom Ort des Grauens, auf denen nur Trümmer und Staub zu sehen waren. Erst später erfuhr sie, dass ihre Schwester zum Zeitpunkt der Explosion im vierten Stock des Gebäudes arbeitete. «In keiner Sekunde hätte ich damals gedacht, dass ich nie erfahren werde, wer meine Schwester ermordet hat», sagt Reisfeld. Mit Memoria Activa unterstützte sie zunächst die Ermittlungen. Die Gruppe lieferte dem Richter Zeugen und ermittelte selbst. Und jeden Montag stand sie auf der Plaza. Bald stellte Reisfeld fest: «Vor dem Gericht gibt es mehr Informationen als drinnen.»

In zehn Jahren Ermittlungen wurde das Wort AMIA in Argentinien zum Synonym für Terror und Vertuschung. Bis heute sind den Behörden nur Helfershelfer ins Netz gegangen. Die Hintermänner, die Auftraggeber, diejenigen, die die Bombe gezündet haben, sind unsichtbar geblieben. Dabei hat es an Indizien nicht gemangelt. Allein, der zuständige Richter ist ihnen nicht nachgegangen. Da ist etwa die Spur, die in die iranische Botschaft führt. Moshe R., der Kulturattaché, war dabei gefilmt worden, wie er sich wenige Wochen vor dem Anschlag bei einem Autohändler für einen Renault Trafic interessierte, genau den Wagentyp, in dem die Bombe explodierte. Doch der Richter lädt ihn nicht vor, weil er als Diplomat Immunität genießt vor Strafverfolgung. «Man kann ihn aber auch vorladen und dann zur Antwort bekommen, er mache von seiner Immunität Gebrauch», sagt Reisfeld verärgert, und selbst dabei bleibt sie erstaunlich ruhig. R. streitet alle Vorwürfe ab.

Als sicher gilt, dass der Sprengstoff über die Stadt Ciudad del Este in Paraguay nach Argentinien gelangte. Ciudad del Este liegt im tropischen Dreiländereck von Argentinien, Brasilien und Paraguay. Die Stadt zählt eine sehr große arabische Gemeinde, auch pensionierte Hisbollah-Kämpfer hat es dorthin verschlagen. Der argentinische Geheimdienst hält die Stadt für ein Zentrum des internationalen Terrorismus. Der israelische Geheimdienst Mossad, die CIA und der BND beobachten die Stadt, sagen argentinische Agenten. Doch die Grenze im Dreiländereck ist fast so durchlässig wie eine innereuropäische Grenze. Korrupte Zöllner sorgen dafür, dass alles die Grenze passiert, was auch hinübersoll, alles eine Frage des Geldes.

«Wir sind uns sicher, dass eine internationale Terrorgruppe in den Anschlag verwickelt ist», sagt Reisfeld. Sprengstoffexperten haben ermittelt, dass es die bei dem Anschlag verwendeten Zünder in Argentinien gar nicht gibt. Argentinier haben für die Logistik vor Ort gesorgt.

Reisfeld blickt noch einmal hinüber zum Justizpalast. Dann rührt sie ihren Kaffee um. Die beiden Töchter ihrer Schwester sind bei ihrem Vater aufgewachsen und fragen oft: «Warum musste meine Mutter sterben?» Dass sie auf diese Frage noch einmal eine Antwort bekommen, glaubt Reisfeld nicht. «In mehr als zehn Jahren sind Beweise verschwunden, Zeugen verlieren ihr Erinnerungsvermögen, es ist sehr unwahrscheinlich, dass wir je etwas wissen werden», sagt sie und fügt an: «Im jüdischen Glauben dauert die Trauer ein Jahr lang, danach muss das Leben wieder normal werden.» Doch zurück zur Normalität ist, nach allem, was passiert ist, unmöglich. Und deshalb hofft sie weiter: «Es gibt immer einen, der nach Jahren seine Tat bedauert und dann alles gesteht.»

Literatur

Politik

Geschichte

Boris, Dieter/Hiedl, Peter (1978): Argentinien. Geschichte und politische Gegenwart, Köln: Pahl-Rugenstein

DAIA (Hrsg.) (1998): Proyecto testimonio. Revelaciones de los Archivos Argentinos sobre la política oficial en la era nazi-fascista, Buenos Aires: Planeta

Donghi, Tulio Halperin (1992): Historia contemporánea de América Latina, Buenos Aires/Madrid: Alianza Editorial

König, Hans-Joachim (2006): Kleine Geschichte Lateinamerikas, Stuttgart: Reclam

Luna, Félix (1992): Fracturas y continuidades en la historia Argentina, Buenos Aires: Editorial Sudamericana

Müller, Jürgen (1997): Nationalsozialismus in Lateinamerika: Die Auslandsorganisation der NSDAP in Argentinien, Brasilien, Chile und Mexiko, 1931–1945, Stuttgart: Verlag Hans-Dieter Heinz Akademischer Verlag

Rey, Romeo (2006): Geschichte Lateinamerikas vom 20. Jahrhundert bis zur Gegenwart, München: Beck'sche Reihe

Sabsay, Fernando (2001): Los Presidentes Argentinos. Quiénes fueron, que hicieron cómo vivieron, Buenos Aires: Editorial El Ateneo

Sáenz Quesada, María (2001): La Argentina. Historia del país y de su gente, Buenos Aires: Editorial Sudamericana

Peronismus

Anguita, Eduardo/Caparrós, Martín (1997): La Voluntad. Una historia de la militancia revolucionaria en la Argentina 1966–1978, Buenos Aires: Norma

Borón, Atilio (1992): Estado, Capitalismo y Democracia en América Latina, Buenos Aires: Ediciones El Cielo por Asalto

Borón, Atilio/Mora y Araujo, Manuel/Nun, José/Portantiero, Juan Carlos/Sidicaro, Ricardo (1995): Peronismo y Menemismo. Avatares del populismo en la Argentina, Buenos Aires: Ediciones El Cielo por Asalto

Caballero, Roberto/Larraquy, Marcelo (2001): Galimberti. De Perón a Susana. De Montoneros a la CIA, Buenos Aires: Grupo Editorial Norma

Galeano, Eduardo (1986): Memoria del Fuego, Madrid: Siglo Veintimo Editores

Galasso, Norberto (2005): Perón, Buenos Aires: Colihue

Gillepsie, Richard (1982): Soldiers of Perón — Argentina's Montoneros, Oxford: Clarendon Press

Gramser, Antonio (1991): Gefängnishefte, Hamburg

James, Daniel (2006): Resistencia e integración. El peronismo y la clase trabajadora argentina, 1946–1976, Buenos Aires: Siglo Veintiuno Editores

Lubertino Beltrán, María J. (1987): Perón y la Iglesia (1943–1955, Buenos Aires: Centro Editor de América Latina S. A.

Malcher, Ingo (2005): Kirchner, der unerwartete Präsident. Grenzen und Spielräume neuer argentinischer Politik, in: Jahrbuch Lateinamerika. Analysen und Berichte, Band 29, Neue Optionen lateinamerikanischer Politik, Münster: Westfälisches Dampfboot, S. 41–61

Murmis, Miguel/Portantiero, Juan Carlos (2004): Estudios sobre los orígenes del Peronismo. Edición Definitifa, Buenos Aires: Siglo Veintiuno editores

Natanson, José (Hrsg.) (2004): El presidente inesperado. El gobierno de Kirchner según los itelectuales argentinos, Rosario: Homo Sapiens Ediciones

Perón, Juan Domingo (1951): Apuntes de la historia militar, Buenos Aires: Círculo Militar

Perón, Juan Domingo (1971): Condacción política, Buenos Aires: Freeland

Sidicaro, Ricardo (2002): Los tres Peronismos. Estado y poder económico 1946–55/1973–76/1989–99, Buenos Aires: Siglo Veintiuno Editores

Diktatur

Caraballo, Liliana/Charlier, Noemí/Garuli, Liliana (1996): La dictadura (1976–1983). Testimonios y documentos, Buenos Aires: Oficina de Publicaciónes Ciclo Básico Común

Comisión Nacional sobre la Desaparición de Personas (1984): Nunca Mas. Informe de la CONADEP, Buenos Aires: EUDEBA

Haig, Alexander (1984): Caveat. Realism, Reagan, and Foreign Policy. New York: Macmillan

Muleiro, Vicente/ Seoane, María (2001): El Dictador. La historia secreta y pública de Jorge Rafael Videla, Buenos Aires: Editorial Sudamericana

Novaro, Marcos/Palermo, Vicente (2003): La Dictadura Militar 1976/1983. Del golpe de estado a la restauración democrática, Buenos Aires: Paidós

Página/12 (1997): Historia de las Madres de Plaza Mayo, Buenos Aires: Página/12

Thatcher, Margret (1993): The Downing Street Years, New York: Harper-collins

Weber, Gaby (2001): Die Verschwundenen von Mercedes-Benz, Hamburg: Verlag Libertäre Assoziation

Wirtschaft

Geschichte

Barrento, Ignacio Ismael (2003): Liebig's fábrica y pueblo, Concepción del Uruguay: Eigenverlag

Ferrer, Aldo (2000): El capitalismo argentino, Buenos Aires: Fondo de Cultura Económica

Neffa, Julio César (1998): Modos de Regulación, Regímenes de Acumulación y sus crisis en Argentina (1880–1996). Una contribución a su estudio desde la teoría de la regulación, Buenos Aires: EUDEBA

Prebisch, Raúl (1949): El desarollo económico de América Latina y algunos de sus principales problemas, Santiago: CEPAL

Schvarzer, Jorge (1996): La industria que supimos conseguir. Una historia político-social de la industria argentina, Buenos Aires: Planeta

Tarcus, Horacio (2007): Marx en Argentina. Sus primeros lectores obreros, intelectuales y científicos, Buenos Aires: Siglo Veintiuno Editores

Krise

Boyer, Robert/Neffa, Julio C. (2004): La economía argentina y su crisis (1976–2001). Visiones institucionalistas y regulacionistas, Buenos Aires: Ceil-Piette

Malcher, Ingo (2005): Der Mercosur in der Weltökonomie. Eine periphere Handelsgemeinschaft in der neoliberalen Globalisierung, Baden-Baden: Nomos Verlagsgesellschaft

Marcó del Pont, Mercedes/Valle, Héctor W. (2001): La crisis social de los años noventa y el modelo de la convertibilidad, in: Lascano, Marcelo R. (Hg.): La Economía Argentina Hoy. Un Análisis riguroso de un país en crisis, Buenos Aires, S. 175–202

Kultur

Cafés

Comisión de Protección y Promoción de los Cafés, Bares, Billares y Confiterías Notables de la Ciudad de Buenos Aires (Hrsg.) (2003): Cafés de Buenos Aires, Buenos Aires: Gobierno de la Ciudad

Tango

Castro, Donald S. (1990): The Soul of the People. The Argentine Tango as Social History, 1880–1955, San Francisco: Mellen Research University Press

Delhor, Aldo/Fernández, Laureano/Nudler, Julio (2001): Astor Piazolla. El tango culminante, Buenos Aires: Editorial la Página S. A.

Mina, Carlos (2007): Tango. Le Mezcla Milagrosa (1917–1956), Buenos Aires: Editorial Sudamericana

Reichardt, Dieter (1984): Tango, Frankfurt/Main: Suhrkamp

Intellektuelle

Frondizi, Arturo (1954): Petróleo y Política, Buenos Aires

Germani, Gino (1962): Política y sociedad en una época de transición. De la sociedad tradicional a la sociedad de masas, Buenos Aires: Paidós

Germani, Gino (1987): Estructura Social de la Argentina, Buenos Aires: Solar

Giardinelli, Mempo (2004): El país y sus intelectuales. Historia de un desencuentro, Buenos Aires: Capital Intelectual

González, Horacio (1999): Restos Pampeanos. Ciencia, Ensayo y Política en la Cultura Argentina del Siglo XX, Buenos Aires: Ediciones Colihue

González, Horacio (2000): Cien años de Sociologia Argentina: La Leyenda de un nombre, in: ders. (Hrsg): Historia crítica de la Sociologia Argentina. Los raros, los clásicos, los cientifícos, los discrepantes, Buenos Aires: Colihue, S. 15–100

González, Horacio (2004): Filosofía de la conspiración. Marxistas, Peronistas y Carbonarios, Buenos Aires: Ediciones Colihue

Groth, Hendrik (1996): Das Argentinische Tageblatt. Sprachrohr der demokratischen Deutschen und der deutsch-jüdischen Emigration, Hamburg: Lit

Ingenieros, José (1957): Sociologia Argentina, Buenos Aires: Elmer

Plan Fénix (2001): Hacia el Plan Fénix. Una alternativa económica, Buenos Aires: Prometeo

Portantiero, Juan Carlos (1999): Los usos de Gramsci, Buenos Aires: Grijalbo

Rapoport, Mario (2006): El viraje del Siglo XXI. Deudas y desafíos en la Argentin, América Latina y el mundo, Buenos Aires: Norma Grupo Editorial

Rubinich, Lucas (1999): Los sociólogos intelectuales: cuatro notas sobre la sociología de los años sesenta, in: Apuntes de Investigación del CECYP, Buenos Aires

Sarlo, Beatriz (2007): Escritos sobre Literatura Argentina, Buenos Aires: Siglo Veintiuno Editores

Getreidekörner und Marxismus

Tarcus, Horacio (Hrg.) (2007): Diccionario Biográfico de la izquierda argentina. De los anarquistas a la «nueva izquierda» (1870–1976), Buenos Aires: Emecé

Weil, Felix (1921): Sozialisierung: Versuch einer begrifflichen Grundlegung, Berlin

Weil, Felix (1923): Die Arbeiterbewegung in Argentinien, Leipzig

Weil, Felix (1944): Argentine Riddle, New York: The John Day Company

Wiggershaus, Rolf (1986): Die Frankfurter Schule. Geschichte, Theoretische Entwicklung, Politische Bedeutung, München: dtv

Gesellschaft

Fußball

Alabarces, Pablo (2002): Fútbol y patria. El fútbol y las narrativas de la nación en la Argentina, Buenos Aires: Prometeo Libros

Alabarces, Pablo/Rodriguez, Maria Graciela (1996): Cuestión de pelotas. Fútbol/Deporte/Sociedad/Cultura, Buenos Aires: Atuel

Fabbri, Alejandro (2006): El nacimiento de una pasión. Historia de los clubes de fútbol, Buenos Aires: Capital Intelectual

Maradona, Diego Armando (2000): Yo soy el Diego de la gente, Buenos Aires, Planeta

Romero, Amílcar G. (1985): Deporte, violencia y política. Crónica negra 1958–1983, Buenos Aires: Centro Editor de América Latina

Sasturain, Juan (2004): Wing de Metagol, Buenos Aires: Libros des Rescoldo

Jüdisches Leben

Feierstein, Ricardo (1999): Historia de los Judíos Argentinos, Buenos Aires: Ameghino

Mozarteum Argentino (2003): Daniel Barenboim en Buenos Aires. Recuerdos de una visita, Buenos Aires: Mozarteum Argentino

Belletristik

Arlt, Roberto (1995): El juguete rabioso, Buenos Aires: Altamira (dt.: Das böse Spielzeug, Frankfurt/Main: Suhrkamp, 2006)

Arlt, Roberto (1997): Cuentos Completos, Buenos Aires: Seix Barral

Arlt, Roberto (2003): Aguafuertes porteñas: Cultura y Política, Buenos Aires: Losada

Bayer, Osvaldo (2004): La Patagonia Rebelde, Bd. 1–4, Buenos Aires Booket

Borges, Jorge Luis (1983): Gesammelte Werke, 9 Bde., München: Carl Hanser

Borges, Jorge Luis (1997): Lotterie in Babylon, Berlin: Wagenbach

Borges, Jorge Luis (2003): Das Aleph. Erzählungen, Frankfurt/Main: Fischer

Caparrós, Martín (1999): La Historia, Buenos Aires: Norma

Caparrós, Martín (2004): Valfierno, Buenos Aires: Planeta (dt.: Valfierno, Frankfurt/Main: Eichborn, 2006)

Caparrós, Martín (2006): El Interior, Buenos Aires: Planeta/Seix Barral

Cortázar, Julio (2002): Rayuela, Buenos Aires: Alfaguara (dt.: Rayuela, Frankfurt/Main: Suhrkamp, 1963)

Cortázar, Julio (2002): Libro de Manuel, Buenos Aires: Punto de Lectura (dt.: Album für Manuel, Frankfurt/Main: Suhrkamp, 1983)

Cortázar, Julio (1996) El Perseguidor, Buenos Aires: Colihue (dt. Der Verfolger, Frankfurt/Main, Suhrkamp 1988)

Giardinelli, Mempo (1991): Santo oficio de la memoria, Cali (Kolumbien): Grupo Editorial Norma

Giardinelli, Mempo (1999): El decimo Infierno, Buenos Aires: Editorial Planeta (dt.: Die zehnte Hölle, Frankfurt/Main: Fischer, 2001)

Giardinelli, Mempo (2000): Final de Novela en Patagonia, Barcelona: Ediciones B

Hernández, José (1986): Martín Fierro, Buenos Aires: ALBA

Ocampo, Silvina/Ocampo, Victoria (1999): Testimonios, Buenos Aires: Editorial Sudamericana

Ocampo, Victoria (2002): Autobiografia, Buenos Aires: Alianza Editorial

Piglia, Ricardo (1997): Plata Quemada, Buenos Aires: Planeta (dt.: Brennender Zaster, Berlin: Wagenbach, 2002)

Piglia, Ricardo (2007): Kurzformen. Babylon, Borges, Buenos Aires, Berlin: Berenberg

Sarmiento, Domingo Faustino (2007): Barbarei und Zivilisation. Das Leben des Facundo Quiroga, Frankfurt/Main: Eichborn

Tizón, Héctor (2004): La belleza del mundo, Buenos Aires: Seix Barral

Schopflocher, Robert (1998): Wie Reb Froike die Welt rettete, Göttingen: Wallstein Verlag

Walsh, Rodolfo (2003): Operación Masacre, Buenos Aires: De la Flor (dt.: Operación Masacre, Zürich: Rotpunktverlag, 1983)